KB212012

여성의 심리학

Die Psychologie der Frau

여성의 심리학

초판 1쇄 발행   2015년 8월 15일

원제   Die Psychologie der Frau
지은이   카렌 호나이
옮긴이   김세영 정명진
펴낸이   정명진
디자인   정다희
펴낸곳   도서출판 부글북스
등록번호   제300-2005-150호
등록일자   2005년 9월 2일

주소   서울시 노원구 공릉로63길 14, 101동 203호(하계동, 청구빌라)
                (139-872)
전화   02-948-7289
팩스   02-948-7269
전자우편   00123korea@hanmail.net

ISBN   978-89-92307-98-7 03180

여성의 심리학

Die Psychologie der Frau

차례

1장

—

여성의 거세 콤플렉스의
기원에 대해

거세 콤플렉스가 여자들에게 나타나는 형태에 대한 지식이 많이 늘어
났다. 그러나 이 콤플렉스의 본질에 대한 통찰은 대체로 그 지식의 크
기를 따라잡지 못하고 있다. 지금까지 거세 콤플렉스에 관한 자료가
많이 수집됨에 따라, 거세 콤플렉스도 이제 더 이상 우리에게 낯설지
않게 되었다. 동시에 거세 콤플렉스라는 현상의 특징도 우리에게 더욱
강하게 다가오고 있다. 따라서 그 현상 자체가 하나의 문제가 되기에
이르렀다.

　지금까지 관찰된 여성의 거세 콤플렉스의 형태들과 거기서 암묵적
으로 끌어낸 추론을 종합적으로 검토하면, 거세 콤플렉스라는 개념이
어떤 근본적인 견해를 바탕으로 하고 있다는 사실이 확인된다. 이 견
해는 간단히 다음과 같이 요약될 수 있다. 여기서 나는 이 부분은 아브
라함(Karl Abraham)이 이 주제에 대해 쓴 글의 내용을 압축한 것임을

밝혀둔다.

　아이나 어른 할 것 없이 많은 여자들은 여자라는 사실 때문에 일시적으로 혹은 영원히 고통을 받는다. 여자의 정신생활에서 자신이 여자라는 사실에 반대한 결과 나타나는 증후들의 흔적을 찾아 거슬러 올라가면, 그녀가 어린 소녀였을 때 품었던 남근 선망에까지 닿는다. 자신에게 페니스가 없다는 불쾌한 생각에 거세 공상이 절로 일어나는 한편, 특권을 누리는 남자에 대한 반감에서 능동적인 공상들이 생겨난다. 이것이 여자들이 거세 콤플렉스를 겪는다고 주장하는 견해의 골자이다.

　이 견해는 여자가 자신의 생식기 때문에 불리한 입장이라는 느낌을 받는다는 것을 너무나 자명한 사실로 받아들이고 있다. 그런 시각 자체가 문제일 수 있다는 데에 대한 고려는 전혀 없다. 이는 아마 남자의 나르시시즘(자기애)에는 여자가 남근 선망을 품는 것이 너무나 자명한 사실로 보이는 까닭에 거기에 대해선 설명조차 필요하지 않은 것으로 여겨지기 때문일 것이다. 그럼에도 불구하고, 거세 콤플렉스에 관한 연구에서 지금까지 나온 결론은 여성의 자기애에만 아니라 생물학적 과학에도 아주 불만족스럽다.

　지금까지 정신분석학에서 나온 결론은 대체로 이렇다. 인간의 반이 자신의 성에 불만을 품고 있으며, 이 불만은 오직 호의적인 환경에서만 극복될 수 있다는 것이다. 여기서 이런 문제가 제기된다. 여성에게 나타난다는 거세 콤플렉스의 형태들이 신경증의 발달뿐만 아니라 모든 실용적 기준에 비춰 정상인 여자들의 성격 형성과 운명에도 엄청난 의미를 지닌다는데, 그 거세 콤플렉스의 형태들이 과연 여자의 남근 선망에 따른 불만 때문에 일어나는 것일까? 혹은 여자들의 거세 콤플렉스라는 것이 다른 힘들, 그러니까 우리가 신경증 형성에 관한 연구를 통해서 이미 잘 알고 있는 역동적인 힘들에 의해 전면으로 밀려나온 어떤 구실일 수도 있지 않을까?

나는 이 문제에 다방면으로 접근할 수 있다고 생각한다. 여기서는 단지 순수하게 '형태학적' 관점에서, 여러 해 동안 치료 활동을 벌이는 과정에 점점 더 강하게 굳어진 여러 가지 사항들을 제시할 생각이다. 그러면 이 사항들이 거세 콤플렉스라는 문제에 대한 해답을 어느 정도 제시하게 될 것이라고 나는 기대한다. 나의 환자들 중 절대 다수는 여자들이며, 대체로 보면 이들의 내면에서 거세 콤플렉스가 매우 두드러지게 작용하고 있다.

지배적인 인식에 따르면, 여성의 내면에서 작용하는 거세 콤플렉스는 전적으로 남근 선망 콤플렉스에 집중되고 있는 것으로 여겨진다. 사실 '남성성 콤플렉스'라는 용어가 거세 콤플렉스라는 표현과 실질적으로 동의어로 사용되고 있다. 그렇다면 저절로 나타나는 첫 번째 질문은 이것이다. 남자의 생활 방식을 경험하지 않은 여자에게서조차 이 남근 선망이 거의 전형적인 현상으로 관찰되는 이유는 무엇인가? 세상에는 가족의 총애를 받는 남자 형제가 없거나 또 남자의 역할이 더 바람직하게 보이도록 만들 그런 "우연적인 재앙"을 겪지 않은 여자들도 있다. 이런 여자라면 남근 선망을 일으키지 않아야 되는 것이 아닌가?

여기서 이보다 더 중요한 것은 이런 질문을 제기한다는 사실 자체인 것 같다. 질문이 제기되기만 하면, 그에 대한 대답은 거의 자동적으로 우리가 익히 잘 알고 있는 자료들에서 나오게 되어 있기 때문이다. 남근 선망이 가장 빈번하게 표현되는 형태, 즉 남자처럼 소변을 보고 싶어 하는 욕망을 출발점으로 받아들인다고 가정해보자. 그러면 지금까지 발표된 자료들을 바탕으로 비판적으로 조사하다 보면, 이 욕망은 3가지 중요한 요소로 이뤄져 있으며 또 이 요소 중에서 어떤 때는 이것이 더 중요하고 또 어떤 때는 저것이 더 중요하다는 식의 답변이 금방 나오게 된다.

내가 가장 간단히 논할 수 있는 부분은 바로 '요도애(尿道愛)'(남근기 동안에 요도에 리비도가 집중되고 오줌을 누는 행위를 통해서 성적 만족을 얻는 것을 일컫는다/옮긴이)이다. 왜냐하면 이 요소가 가장 명백한 요소인 만큼 이미 충분히 강조되었기 때문이다. 만약에 요도애에서 비롯되는 선망의 강도를 정확히 검토하기를 원한다면, 우리는 먼저 아이들이 배설 과정에 대해 자기애적으로 과도하게 평가하고 있다는 점을 깨달아야 한다. 전능에 관한 공상들, 특히 가학적 성격의 공상들은 사실상 남자들의 오줌 줄기와 아주 쉽게 연결되고 있다. 이 같은 공상을 보여주는 예는 아주 많은데 그 중 한 예를 든다면, 남자 학교의 학생들에 관한 이야기가 있다. 소년 둘이 소변을 보면서 오줌 줄기로 십자가를 그리며 하는 말이 오줌을 누면서 머릿속에 떠올린 사람이 죽게 된다는 것이었다고 한다.

지금은 어린 소녀의 내면에서 요도애와 관련하여 자신이 불리한 입장이라는 느낌이 강하게 일어난다는 것이 거의 정설처럼 여겨지고 있다. 설령 그게 사실이라 할지라도, 만약에 지금까지 우리가 여러 영역에서 그래 왔듯이 여자가 남자처럼 오줌을 누고 싶어 하는 욕망을 내용으로 하는 모든 증후와 공상을 직접적으로 요도애로 돌리는 것은 요도애라는 요소가 하는 역할을 과장하는 결과를 낳을 것이다. 반대로, 이 같은 소망을 일으키고 지속시키는 원동력은 종종 다른 본능적 요소들에서, 특히 능동적이거나 수동적인 절시증(竊視症: 이상 성욕의 하나로, 남의 성기나 성교 장면을 몰래 훔쳐보면서 성적 만족을 얻는 증세를 일컫는다/옮긴이)에서 발견된다. 남자처럼 소변을 보려는 소망과 절시증 사이의 이 같은 연결은 소년이 자신의 성기를 드러내고 직접 볼 수 있는 것이 오줌을 누는 바로 그 행위 안에서 이뤄지는 상황 때문에 가능하다. 또 어떤 의미에서 보면 소년이 오줌을 눌 때마다 적어도 자신의 육체와 관련해서 성적 호기심을 충족시킬 수 있는 상황도 그 연결에 큰 작용을 한다.

절시증적 본능에 그 뿌리를 내리고 있는 이 요소가 특별히 두드러졌던 환자가 한 사람 있었다. 남자처럼 오줌을 누고 싶다는 욕망이 한 동안 내면을 지배한 환자였다. 이 욕망이 강하게 작용하는 동안에 그녀가 분석을 위해 나를 찾을 때면 어김없이 길에서 오줌 누는 남자를 보았다는 이야기가 빠지지 않았다. 그런 가운데 그녀는 언젠가 꽤 무의식적으로 이렇게 외쳤다. "신에게 선물을 하나 달라고 요구할 수 있다면, 딱 한 번 남자처럼 오줌을 눌 수 있게 해 달라고 하고 싶어!" 그녀의 연상도 의문의 여지없이 이 같은 생각을 성취시키는 내용이었다.

여자들은 오줌을 누면서 자신의 생식기를 보지 못하는데 남자들은 그렇게 할 수 있다는 사실은, '전생식기'(前生殖期)(프로이트(Sigmund Freud)는 심리성적 발달의 단계를 5단계로, 즉 구강기, 항문기, 남근기, 잠복기, 생식기로 나누었다. 전생식기는 구강기에서 남근기까지를 일컫는다/옮긴이) 단계에서 발달이 거의 멈춰버린 이 환자의 내면에서 실제로 매우 두드러진 남근 선망을 일으킨 핵심적인 원인 중 하나였다.

여자가 생식기가 숨어 있어서 남자에게 중요한 수수께끼인 것과 마찬가지로, 남자는 생식기가 보인다는 이유로 여자에게 생생한 질투의 대상이 된다.

요도애와 절시증 사이의 밀접한 연결은 또 다른 환자에게서도 분명하게 나타났다. 이 여자 환자를 나는 Y라고만 부를 것이다. 그녀는 자위를 매우 특이한 방식으로, 말하자면 자기 아버지처럼 오줌을 누는 자세로 했다. 이 환자가 겪고 있던 강박적 신경증의 경우에 주된 요인은 절시증적 본능이었다. 그녀가 자위를 하는 동안에 다른 사람들이 그러는 자신의 모습을 볼지도 모른다는 생각에 엄청난 불안을 느꼈기 때문이다. 따라서 그녀는 어린 소녀일 적에 품었던 아주 오래된 소망을 표현하고 있었다. 나도 오줌을 눌 때마다 아버지처럼 보여줄 수 있는 그런 생식기를 가졌으면 좋으련만….

게다가, 나는 소녀들이 당혹감을 과장되게 표현하고 얌전한 척 구는 태도에도 이 요소가 중요한 역할을 하고 있다고 생각한다. 더 나아가 나는 적어도 개화된 인종들 사이에 남자와 여자의 의상에 나타나는 차이도 그 흔적을 거꾸로 거슬러 올라가면 바로 이 상황에 닿게 될 것이라고 짐작한다. 소녀는 자신의 생식기를 드러낼 수 없고, 따라서 노출적인 성향 속에서 자신을 드러내려는 소녀의 욕망이 육체 전체에 적용되는 단계로까지 퇴행하는 것이다. 이는 여자가 목 부분이 깊이 파인 옷을 입고 남자가 연미복을 입는 이유에 대한 설명이 되기도 한다. 나는 또 이 연결이 남자와 여자의 차이점에 대해 논할 때면 반드시 언급되는 기준, 즉 남자는 객관적인데 비해 여자는 대단히 주관적인 점에 대해서노 어느 정도 설명해준다고 생각한다. 그 설명은 아마 이럴 것이다. 무언가를 조사하고자 하는 남자의 충동은 자신의 신체에 대한 검토에서 만족을 얻고 따라서 관심을 외부의 대상들로 옮기게 되는 반면, 여자는 자기 자신에 대해서조차도 명확한 지식을 얻지 못하고 따라서 자기 자신으로부터 놓여나는 것이 훨씬 더 어렵다는 사실을 깨닫게 될 것이다.

마지막으로, 내가 남근 선망의 원형이라고 여기는 그 소망은 세 번째 요소를 갖고 있다. 즉 억압된 수음의 소망이 그것이다. 이 소망은 대체로 깊이 숨겨져 있지만 그럼에도 불구하고 바로 그런 이유 때문에 중요한 요소이다. 이 요소는 (대부분 무의식적인) 어떤 생각들의 연결로까지 거슬러 올라간다. 이 생각들의 연결을 통해서 소년들에겐 오줌을 눌 때 자신의 생식기를 잡는 것이 허용된다는 사실이 마치 자위를 허용하는 것처럼 해석된다.

한 예로, 어떤 아버지가 어린 딸이 작은 손으로 자신의 그 부위를 건드린다고 꾸짖는 것을 본 어떤 환자는 나에게 아주 분개한 목소리로 이렇게 말했다. "저 사람은 자기 딸에겐 저런 것조차 하지 못하도록 금지하고 있어요. 자기는 하루에도 대여섯 번씩이나 그러면서도 말입니다." 환자 Y의 예에서도 이와 똑같은 생각들의 연결을 쉽게 확인할 것이다. 이 환자의 경우에는 남자처럼 오줌을 누는 것이 자위 형식에 중요한 요소가 되었다. 더욱이, 이 환자의 경우에는 자신이 남자여야 한다는 생각을 무의식중에 품고 있는 한에는 자위의 충동으로부터 절대로 벗어나지 못하는 것이 분명했다. 내가 이 환자를 관찰한 결과 내리게 된 결론은 아주 전형적인 결론이라고 나는 생각한다. 나의 결론은 이렇다. 소녀들은 자위를 극복하는 데 특별히 어려움을 겪는다. 그들이 신체적인 특성상 소년들에게 허용된 무엇인가를 부당하게 금지당하고 있다고 느끼고 있기 때문이다. 혹은 우리가 다루고 있는 문제의 관점에서 말한다면, 육체의 형성에 나타나는 차이가 상해를 입었다는 감정을 아주 쉽게 불러일으킨다고 할 수 있다. 그러기에 뒤에서 여성성의 부정을 설명하는 데 동원될 주장, 즉 남자들은 자신의 성생활에서 훨씬 더 큰 자유를 누린다는 주장은 어린 시절의 실제 경험에 근거한 것이다. 네덜란드 정신분석가 옵휘센(Van Ophuijsen)은 여자들의 남성성 콤플렉스에 관한 연구의 결론 부분에서, 남성성 콤플렉스와 유아기의 클리토리스 자위, 요도애 사이의 연결을 분석하면서 받은 강렬한 인상을 강조했다. 내가 방금 여러분에게 제시한 설명에서도 그런 연결이 발견될 것이다.

남근 선망이 전형적으로 일어나는 이유에 대한 대답이 될 이 같은 고려사항들은 다음과 같이 요약될 수 있다. 어린 소녀의 열등감은 결코 기본적인 것은 아니다. 그러나 소년과 비교할 때 소녀는 전생식기 단계에 대단히 중요한 어떤 본능적인 요소들을 만족시킬 가능성과 관련해 제약을 받고 있는 것처럼 보인다. 이 대목에서 전생식기의 단계에 있는 아이의 관점에서 이 단계의 아이가 실제로 겪는 '사실'로 바꿔 이야기를 전개한다면 이해가 훨씬 더 쉬울 것이다.

정말로, 이 단계의 소녀들은 본능을 만족시킬 가능성과 관련해서는 소년들과 비교할 때 불리한 입장에 놓여 있다. 만약에 여기서 이 같은 불리함이 실제로 어떤 것인지에 대해 명확히 알지 못한다면, 우리는 남근 선망이 여자 아이의 삶에서 거의 불가피한 현상이라는 것을, 여자의 발달을 더욱 복잡하게 만들어 놓을 그런 현상이라는 것을 절대로 이해하지 못할 것이다. 훗날 소녀가 성숙기로 접어들면 성생활의 큰 부분(생명을 창조하는 파워에 관해서라면 여자의 역할이 남자의 역할보다 더 크다)이 여자에게 맡겨지게 된다는 사실은 이 단계에 있는 어린 소녀에게는 어떠한 보상도 되지 못한다. 그 같은 사실이 아직 직접적 희열을 느낄 수 있는 잠재력 밖에 있기 때문이다.

여기서 나는 지금까지 걸어온 사고의 길에서 벗어나려 한다. 왜냐하면 지금 더욱 복잡한 두 번째 문제에 당도했기 때문이다. 지금 우리가 논의하고 있는 거세 콤플렉스의 바탕에는 정말로 남근 선망이 깔려 있으며, 또 남근 선망이 그 콤플렉스를 일으키는 종국적인 힘일까?

이 질문을 출발점으로 삼으면서, 우리는 남근 콤플렉스가 다소 성공적으로 극복될 것인지 아니면 고착이 일어날 정도로 남근 콤플렉스가 퇴행적으로 강화될 것인지를 결정하는 요소들이 어떤 것인지를 고려해야 한다. 다양한 가능성들을 고려하다 보면, 그런 환자들의 내면에서 '대상 리비도'(자신이 아닌 다른 사람이나 대상으로 향하는 리비도를 일컫는다/옮긴이)의 형식을 더욱 면밀히 검토하지 않을 수 없게 된다. 그러면 남자가 되고 싶은 욕망이 매우 분명한 소녀와 여자의 경우에는 삶의 아주 초기에 극도로 강한 아버지 고착의 단계를 거쳤다는 사실이 확인될 것이다. 달리 표현하면, 그런 소녀와 여자는 무엇보다 먼저 어머니와의 원래의 동일시를 유지하고 어머니처럼 아버지를 사랑의 대상으로 여김으로써 정상적인 방식으로 오이디푸스 콤플렉스를 극복하려고 노력했다.

이 단계에서 소녀가 자신에게 피해를 안기지 않고 남근 선망 콤플렉스를 극복할 수 있는 길은 두 가지가 있다. 소녀는 남근에 대한 욕망에서부터, 자기 어머니와의 동일시를 통해서 남자(혹은 아버지)에 대한 욕망으로 넘어가거나 아니면 (자기 아버지에 의한) 아이에 대한 모성애적인 욕망으로 넘어갈 수 있다. 이어서 벌어질, 비정상적인 여자들뿐만 아니라 건강한 여자들의 사랑 생활에 대해 말하자면, (대단히 긍정적인 예에서조차도) 남자에 대한 욕망이나 모성애적인 욕망의 기원이 그 성격상 자기애적이고 또 거기에 소유욕이 들어 있다는 점을 깊이 생각하면 이해에 많은 도움을 얻게 될 것이다.

지금 고려되고 있는 환자들을 보면, 여자답고 모성애적인 발달이 상당한 정도로 이뤄진 것이 분명하다. 구체적으로 Y라는 환자를 보자. 여기서 내가 소개할 다른 환자들과 마찬가지로, Y의 신경증은 발병 내내 거세 콤플렉스의 흔적을 보였다. 강간의 공상이 자주 일어났는데,

이 공상은 그녀가 거세 콤플렉스를 겪고 있다는 사실을 보여주는 예이다. 그녀가 자신에게 강간을 저지르고 있다고 생각하는 남자들은 하나같이 자기 아버지의 이미지를 닮았다. 따라서 이 공상들은 당연히 어떤 근원적인 공상이 강박적으로 반복되는 것으로 해석되어야 한다. 인생 후반인 지금도 자신과 어머니를 동일시하는 환자는 이 근원적인 공상에서 성적인 성격이 강한 아버지의 행동을 경험했다. 여기서 이 환자의 마음은 다른 측면에서는 완벽하게 깨끗했다는 점에, 그리고 분석이 시작되는 단계에서 그녀가 이 강간의 공상을 실세로 일어난 사실로 여기는 경향이 강했다는 점에 주목할 필요가 있다.

다른 환자들도 이와 비슷한 공상에 매달리면서 그것이 실제로 일어난 일이라고 생각하는 경향을 다른 형태로 보여주고 있다. X라고만 부를 또 다른 환자로부터 나는 자기 아버지와의 이 같은 사랑의 관계가 그녀에게는 마치 현실처럼 느껴진다는 점을 뒷받침하는 말을 많이 들었다. 예를 들면, 그녀는 자기 아버지가 자신에게 사랑의 노래를 어떤 식으로 불러주었는지에 대해서 회상했으며, 그 회상으로 인해 환멸과 절망을 느끼며 큰 소리로 외치기도 했다. "모두 거짓말이었어!" 그녀의 증후 중 하나에도 이와 똑같은 생각이 표현되었다. 이 증후를 나는 여기서 비슷한 증후들의 전형으로 언급하고 싶다. 그녀는 간혹 많은 양의 소금을 먹어야 한다는 충동에 사로잡혔다. 그녀의 어머니는 폐의 출혈 때문에 억지로 소금을 섭취해야 했는데, 이를 그녀는 무의식적으로 자기 부모가 성교를 한 결과로 해석하고 있었다. 그렇다면 이 증후는 그녀가 자기 아버지로부터 자기 어머니가 당하는 것과 똑같은 일을 당하면서 힘들어하고 있다고 무의식적으로 주장하고 있다는 의미이다. 그녀가 자기 자신을 매춘부(실제로는 처녀였다)로 여기게 하고, 또 그녀가 새로운 사랑의 대상에 어떤 종류의 고백이든 털어놓을 필요성을 강박적으로 느끼게 하는 것도 똑같은 무의식적 주장이었다.

너무나 분명한 이 관찰들은 아이가 아주 어린 단계에서부터 자기 어머니와의 (적대적 혹은 호의적) 동일시를 바탕으로 자신이 아버지에게 성적 학대를 당한다는 내용의 공상에 빠진다는 사실을 우리 분석가들이 깨닫는 것이 얼마나 중요한지를 잘 보여주고 있다. 더 나아가, 공상에서 이 같은 일이 실제로 일어난 것처럼 제시된다는 사실을 깨닫는 것도 중요하다. 모든 여자들이 원칙적으로 아버지의 재산이었던 아득한 옛날에 실제로 있었던 그런 경험처럼 말이다.

이 같은 사랑의 공상이 맞을 운명은 현실에 의해 부정당하는 것이라는 사실을 우리는 잘 알고 있다. 따라서 거세 콤플렉스에 지배당하게 된 환자들을 보면, 이 좌절감은 종종 깊은 실망으로 바뀌며 이 실망의 깊은 흔적은 신경증에 남는다. 그 결과 현실 감각의 발달에 다소의 교란이 일어난다. 그러면 어떤 사람은 아버지에게 애착을 느끼는 강도가 대단히 강한 나머지 그 관계가 기본적으로 비현실이라는 점을 인정하지 못하게 된다. 또 다른 환자들의 경우에는 분석 치료를 시작할 때부터 공상의 힘이 지나치게 컸던 탓에, 그들이 현실을 정확히 파악하도록 하는 것이 대단히 어려울 수 있다. 마지막으로 부모와의 관계가 불행하여서 그런 공상에 집착하는 환자들도 있다.

이 환자들은 마치 자기 아버지가 한때 실제로 자신의 연인이었다가 자신을 배신하고 버린 것처럼 느낀다. 간혹 이런 생각은 환자가 의심을 품는 출발점이 된다. 이 모든 것들이 상상인가, 아니면 진짜로 일어난 일인가? Z라고 부를 환자에 대해서도 곧 논의하게 될 터인데, 이 환자의 경우에는 이런 의심의 태도가 어떤 '반복 강박'으로 나타난다. 남자가 그녀에게 매력적인 존재로 다가올 때마다, 그녀 혼자서만 그렇게 상상하는 것이 아닌가 하는 불안이 일어나는 것이다. 심지어 실제로 약혼을 할 때조차도, 그녀는 그 모든 것이 상상이 아니라는 점을 끊임없이 자신에게 재확인시켜야 했다. 어떤 공상에는 그녀기 어떤 남자의 공격을 받고는 그 사람의 코를 주먹으로 뭉개놓고 페니스를 발로 지근지근 밟는 장면도 있었다. 그 공상을 계속 이어가면서, 그녀는 그 사람을 고발할 생각을 하다가 참았다. 그가 모든 장면들이 그녀의 상상일 뿐이라고 주장할까 두려웠기 때문이다. Y라는 환자에 대해 이야기할 때, 나는 그녀가 자신의 강간 공상이 실제로 일어났는지에 대해 의심을 품었다고 말하고 또 그 의심이 그녀의 아버지와 원래 했던 경험과 관계가 있었다고 덧붙였다. 그녀의 내면에서 이 공상에서 생겨난 의심이 그녀의 삶의 모든 영역으로까지 확산되고 그리하여 실제로 강박적 신경증의 바탕이 되는 과정이 확인되었다. 다른 많은 환자들과 마찬가지로 그녀의 예에서도, 분석 과정을 거치면서 의심의 기원이 자신의 성(性)에 대한 불안보다 더 깊은 뿌리를 갖고 있을 수도 있다는 인상을 나는 받았다.

X라는 환자는 자주 어린 시절의 추억에 젖으며 그 시절을 낙원으로 표현하곤 했는데, 이 환자의 실망은 그녀가 대여섯 살 때 아버지가 가

한 불공정한 처벌에 관한 기억과 밀접히 연결되어 있었다. 그 시기에 여동생이 태어났고, 이 환자는 아버지의 사랑을 여동생에게 빼앗겼다는 느낌을 받은 것이 확인되었다. 내면의 보다 깊은 층이 드러남에 따라, 자기 여동생에 대한 질투 뒤에 그녀의 어머니에 대한 성난 질투가 숨어 있는 것이 분명해졌다. 그녀의 어머니에 대한 질투를 보여주는 첫 번째 예는 어머니의 잦은 임신과 관계있었다. "엄마는 언제나 아기를 갖고 있었어요."라고 그녀가 언젠가 볼멘소리로 말했다. 그녀가 아버지가 더 이상 자신에게 정성을 쏟지 않는다는 느낌을 갖게 만든 더욱 깊은 원인 두 가지는 더 깊이 억눌러져 있었다. 한 원인은 부모가 성교를 하는 장면을 본 이후로 갖게 된 어머니에 대한 성적 질투였다. 당시의 그녀의 현실 감각으로는 그녀가 눈으로 본 장면을 자신이 아버지의 연인으로 나오는 그 공상으로 통합시키는 것이 불가능했다. 그녀의 감정이 나오는 이 마지막 원천을 확인하게 된 것은 그녀가 나의 말을 잘못 알아들은 것이 계기가 되었다. 나는 "실망을 겪은 뒤"(nach der Enttäuschung)의 어느 때에 대해 말하고 있었는데, 그녀는 내가 "실망한 그 날 밤"(Nacht der Enttäuschung)이라고 말한 것으로 이해한 것이다. 이 오해가 환자로 하여금 트리스탄과 이졸데가 사랑을 나누던 밤에 밤을 꼬박 새우는 시녀 브랑게네를 연상하게 만든 것이다.

이 환자의 경우에 어떤 반복 강박이 아주 분명하게 나타나고 있었다. 그녀의 연애 생활이 전형적으로 먼저 그녀가 아버지를 대체할 상대를 사랑하고 그런 다음에 그 사람이 불성실하다는 사실을 깨닫는 식으로 전개되었던 것이다. 이런 식의 연애와 관련해서 그 콤플렉스의 마지막 원인이 아주 분명하게 밖으로 드러났다. 나는 지금 그녀의 죄책감에 대해 언급하고 있다. 분명히 이 감정의 상당 부분은 처음에는 그녀의 아버지에게로, 다음에는 그녀 자신에게로 돌려지는 비난으로 해석될 수 있었다. 그러나 죄책감, 특히 그녀의 어머니를 없애고 싶어 했던 강력한 충동에 따른 죄책감이 그녀의 내면에서 어떤 재앙을 예상하게 만드는 과정을 거슬러 짚어 올라가는 것이 가능했다. 물론 그녀가 예상한 재앙도 자기 아버지와의 관계와 관련 있었다.

나는 이 환자의 예에서 (아비지를 통해서) 아이를 갖고 싶어 하는 욕망이 아주 중요하다는 인상을 받게 되었다는 점을 특별히 강조하고 싶다. 이 같은 욕망을 중요하게 여기는 이유는 우리가 이 소망의 무의식적 힘을, 특히 이 소망의 성적인 성격을 과소평가하는 경향을 갖고 있다고 생각하기 때문이다. 이 소망의 무의식적 힘을 과소평가하는 이유는 이 소망이 에고가 다른 많은 성적 충동에 비해 보다 쉽게 동의할 수 있는 것이기 때문이다.

아이를 갖고 싶어 하는 소망과 남근 선망 콤플렉스의 관계는 이중적이다. 한편으로 보면, 모성애 본능이 남근에 대한 욕망으로부터 무의식적으로 "리비도의 강화"를 받는다는 것은 잘 알려져 있다. 그런데 이 욕망은 자기발정적인 시기에 속하기에 시간적으로 보면 모성애 본능보다 더 일찍 나타난다. 그러다가 어린 소녀가 자기 아버지와의 관계에서 앞에 묘사한 실망을 경험할 때, 소녀는 아버지에 대한 주장뿐만 아니라 아이에 대한 욕망까지 포기한다. 이어 항문기에 속하는 관념과 남근에 대한 옛날의 요구가 퇴행적으로 나타난다. 이런 일이 일어날 때, 그 요구는 단순히 다시 일어나는 것이 아니고 아이에 대한 소녀의 욕망에 실린 에너지에 의해 강화된다.

나는 Z라는 환자의 예에서 이 연결을 매우 분명하게 볼 수 있었다. 강박적 신경증의 몇 가지 증후들이 사라진 뒤에도, 임신과 출산에 대한 공포를 아주 집요한 증후로 계속 보였던 그런 환자였다. 이 증후를 낳은 경험은 그녀가 두 살 때 있었던 어머니의 임신과 남동생의 출생인 것으로 드러났다. 그런 한편, 그녀가 유아에서 벗어난 뒤에도 부모의 성교를 계속 관찰하게 된 것도 똑같은 결과에 기여했다. 오랫동안 이 환자는 남근 선망 콤플렉스의 결정적 중요성을 잘 보여주는 예로서 분석이 특별히 잘 된 것처럼 보였다. 남근(남동생의 남근)에 대한 그녀의 갈망과 그녀를 독녀의 자리에서 내쫓아버린 버린 침입자인 남동생에 대한 격한 분노도 뒤에 분석을 통해 드러나자마자 의식 속으로 들어왔다. 더욱이 그 선망에는 분석 과정에 드러나게 되어 있는 모든 증후들이 다 수반되었다. 가장 먼저, 남자들에 대한 복수의 태도가 있었다. 거기에는 강력한 거세 공상이 따랐다. 그리고 여자의 임무와 기능에 대한, 특히 임신에 대한 거부가 있었다. 게다가 동성애 성향이 무의식에 있었다. 그녀의 경우에 남근 선망의 원천은 그녀가 아니라 그녀의 어머니가 아버지로부터 얻은 아이 때문에 일어난 선망이라는 것이 분명해진 것은 분석 작업이 아주 강력한 저항 때문에 깊이 묻혀 있는 층을 파고든 뒤의 일이었다. 이 경우에 '전치'(轉置)의 과정을 통해서 아이 대신에 남근이 선망의 대상이 되었다. 마찬가지로, 그녀의 남동생에 대한 격한 분노는 그녀를 속인 것 같은 아버지와 그녀 대신에 아이를 받은 어머니를 향한 것으로 드러났다. 이 전치가 사라질 때에만, 그녀는 남근 선망과 남자가 되고 싶어 하는 갈망으로부터 진정으로 자유로워지고 또 진정한 여자가 되어 자신의 아이를 갖고 싶어 할 수 있었다.

지금 어떤 과정이 벌어졌는가? 대충 말하면, 다음과 같이 요약할 수 있다. 아이에 관한 선망이 남동생과 남동생의 생식기로 전치되었고, 그 다음에는 프로이트가 발견한 기제가 작동했는데 이 기제에 의해서 사랑하는 대상으로서의 아버지는 포기되고 아버지와의 대상 관계는 퇴행적으로 아버지와의 동일시로 대체되었다.

후자의 과정은 이미 말한 대로 나의 여자 환자가 남자처럼 굴었던 데서 잘 드러났다. 남자가 되고 싶어 하는 그녀의 욕망은 일반적인 의미로는 절대로 이해되지 않지만, 그녀의 주장의 진정한 의미는 그녀의 아버지의 역할을 맡는 것이라는 점을 증명하기는 쉬웠다. 그래서 그녀는 자기 아버지와 똑같은 직업을 택했고, 아버지가 죽은 뒤 그녀가 어머니에게 취한 태도도 자기 아내에게 요구하고 지시를 하는 남편의 태도였다. 언젠가 그녀의 입에서 무심코 한마디가 튀어나왔을 때, 그녀는 만족스런 마음을 품지 않을 수 없었다. "꼭 아빠처럼." 그럼에도 그녀는 동성애 대상을 선택할 단계까지 가지는 않았다. 오히려 대상 리비도의 발달이 완전히 교란되고 있는 것 같았다. 결과는 자기발정적인 자기애의 단계로 퇴행하는 것으로 나타났다. 요약하면, 아이와 관계있는 선망이 남동생과 남동생의 생식기로 전치된 것과 아버지와의 동일시, 그리고 전생식기 단계로의 퇴행은 모두 같은 방향으로 작용했다. 모두가 남근 선망을 강하게 불러일으킨 것이다. 그런 다음에 남근 선망이 전면에 남은 채 전체 그림을 지배한 것 같다.

지금 나의 의견엔 거세 콤플렉스의 지배를 받는 환자들의 경우에 오이디푸스 콤플렉스는 전형적으로 그런 식으로 전개되는 것 같다. 이때 현실에서는 어머니와의 동일시 단계가 대부분 아버지와의 동일시 단계로 바뀐다. 그와 동시에 전생식기 단계로의 퇴행이 일어난다. 나는 이처럼 아버지와 동일시하는 과정이 여성에게 나타나는 거세 콤플렉스의 한 원인이라고 믿는다.

이 대목에서 나는 이와 관련해 제기될 수 있는 두 가지 반대에 대해 한꺼번에 대답하고 싶다. 한 가지 반대는 이런 식일 것 같다. 아버지와 어머니 사이를 오가는 것은 특별할 게 하나도 없다. 오히려 그런 동요는 모든 아이에게서 확인되고 있다. 프로이트에 따르면, 우리 각자의 리비도는 일생 동안 남자 대상과 여자 대상 사이를 오간다. 두 번째 반대는 동성애와의 연결과 관련 있으며, 아마 이런 식으로 표현될 것이다. 여성 동성애의 심리적 기원에 관한 논문에서, 프로이트는 아버지와 동일시하는 방향으로 이뤄지는 발달은 명백한 동성애의 바탕이 될 것이라는 점을 강조했다. 그럼에도 지금 나는 그와 똑같은 과정을 거세 콤플렉스를 낳는 것으로 묘사하고 있다. 이에 대한 대답으로, 나는 나 자신이 여성의 거세 콤플렉스를 이해하도록 도운 것이 바로 프로이트의 그 논문이라는 점을 강조하고 싶다. 한편으론 리비도가 정상적으로 변동하는 범위는 양적인 관점을 벗어나 있고, 또 다른 한편으론 아버지를 대하는 사랑의 태도와 아버지와의 동일시에 대한 억압은 동성애를 억압하는 것만큼 완벽하게 성공하지 못한다는 것이 확인된 것은 바로 이 예들을 통해서이다. 그래서 두 가지의 발달 과정에 나타나는 유사점은 그것이 여성의 거세 콤플렉스에 의미를 지닌다는 점을 반박할 주장이 절대로 될 수 없다. 반대로, 이 관점은 동성애를 훨씬 덜 독립적인 현상으로 보고 있다.

거세 콤플렉스의 지배를 받는 환자들의 경우에는 예외 없이 동성애 경향을 다소 보인다는 점을 우리는 알고 있다. 아버지의 역할을 한다는 것은 언제나 어떤 의미에서 보면 어머니를 원하는 것이나 마찬가지이다. 자기애적인 퇴행과 동성애 대상에 정신 에너지를 집중하는 것 사이의 관계는 아주 밀접한 것에서부터 아주 먼 것에 이르기까지 다양하게 나타난다. 그래서 의식에 나타나는 동성애의 정도도 사람마다 크게 다르다.

여기서 저절로 나타나는 세 번째 비판은 남근 선망과 일시적으로, 또 인과적으로 연결되어 있는 것과 관계있는 것으로, 다음과 같은 내용일 것이다. 남근 선망 콤플렉스와 아버지와의 동일시 과정의 관계는 여기서 묘사된 것과 정반대가 아닌가? 이런 식으로 아버지와의 영원한 동일시를 이루기 위해선 먼저 특별히 강한 남근 선망이 있어야 하는 것이 아닌가? (타고나는 것이든 개인적인 경험의 결과이든) 특별히 강력한 남근 선망이 환자가 아버지와 자신을 동일시하는 전환이 일어날 길을 닦아준다는 점을 보지 못할 사람은 없을 것이라고 나는 생각한다. 그럼에도, 내가 묘사한 환자들의 삶의 역사는 물론이고 다른 환자들의 삶의 역사도 남근 선망에도 불구하고 아버지와의 사이에 아주 여자다운 사랑의 관계가 강하게 형성되었음을, 그리고 여자의 역할을 포기하는 것은 이 사랑에 실망할 때라는 점을 보여주고 있다. 이 포기와 그에 따른 아버지와의 동일시는 남근 선망을 되살리고, 남근 선망의 감정은 이 같은 막강한 원천으로부터 자양물을 끌어낼 수 있을 때에만 힘을 최대한 발휘한다.

이처럼 아버지와 동일시하는 변화가 일어나기 위해선, 현실 감각이 최소한 어느 정도는 일깨워져야 한다. 따라서 어린 소녀가 예전처럼 단순히 남근에 대한 욕망을 공상을 통해 충족시키는 것에 더 이상 만족하지 않고, 이젠 자신이 페니스를 갖고 있지 않다는 사실에 대해 골똘히 생각하거나 페니스를 가질 가능성에 대해 생각하기 시작해야 한다. 이때 이 생각의 경향은 소녀의 정서적 성향에 의해 결정된다. 거기엔 다음과 같은 전형적인 태도들이 따른다. 아직 완전히 식지 않은, 아버지에게 느낀 사랑의 정서와 격한 분노의 감정, 아버지로 인해 겪은 실망 때문에 생긴 아버지에 대한 복수의 감정, 마지막으로 상실의 압박 하에서 맹렬히 일어나는 (아버지와 근친상간의 공상을 했다는) 죄책감 등이 그런 태도들이다. 따라서 이 깊은 생각은 불가피하게 아버지와 연결될 수밖에 없다.

나는 이미 한 번 이상 언급한 바 있는 Y라는 환자에게서 이 과정을 매우 분명하게 볼 수 있었다. 앞에서 이미 밝힌 대로, 이 환자는 강간의 공상을 일으켰고 또 그 공상을 사실로 여겼으며, 종국적으로 이 공상은 자기 아버지와 관련 있는 것이었다. 그녀는 또 자신을 자기 아버지와 상당히 많이 동일시했다. 예를 들면, 어머니를 대하는 그녀의 태도는 정확히 아들의 태도였다. 그래서 그녀는 자기 아버지가 뱀이나 야생 동물의 공격을 받는 꿈을 꾸고 그녀가 그런 곤경에 처한 아버지를 구하는 꿈을 꾸기도 했다.

그녀의 거세 공상은 흔히 그러는 것처럼 생식기 부위가 정상적으로 만들어지지 않았다고 상상하는 형식을 취했으며, 이 외에 그녀는 생식기에 부상을 당한 것 같은 느낌을 갖기도 했다. 이 두 가지 사항을 놓고 그녀는 많은 생각을 했다. 주로 강간의 결과라는 식이었다. 정말로, 그녀가 자신의 생식기와 관련하여 이런 감정과 생각을 고집한 것은 실제로 이런 폭력적인 행위들의 현실성을 증명하고, 그렇게 함으로써 종국적으로 그녀와 아버지의 사랑의 현실성을 증명하기 위한 것이었다. 분석 작업 전에 그녀가 개복 수술을 여섯 차례 받았고 그 중 몇 차례는 단순히 통증 때문이었다는 사실은, 이 공상의 중요성과 반복 강박의 힘을 뒷받침하고 있다.

남근 선망이 매우 괴상한 형태로 나타나는 다른 환자의 경우에, 상처를 입었다는 느낌이 다른 기관으로 전치(轉置)되었다. 그래서 그녀의 강박적 증후들이 해결되었을 때, 그녀에게는 갑자기 건강 염려증이 두드러지게 나타났다. 이 지점에서 이 환자의 저항은 다음과 같은 형식을 취했다. "나의 심장과 폐, 위, 창자가 모두 병에 걸린 걸 보면, 내가 분석되고 있다는 말은 터무니없는 것 같네." 그녀도 마찬가지로 자신의 공상의 현실성을 대단히 강하게 주장했다. 그러다 보니 한 번은 창자를 수술하기 직전까지 가는 상황이 벌어졌다. 그녀의 연상은 그녀가 자기 아버지에 의해 병에 걸렸다는 생각을 품고 있다는 점을 끊임없이 보여주었다. 사실, 이 건강 염려증의 증후들이 사라지자, 그녀의 신경증에서 공격당하는 공상이 가장 두드러진 특성이 되었다. 내가 볼 때에는 이런 증후들을 단순히 남근 선망 콤플렉스로 만족스럽게 설명하는 것은 불가능한 것 같다. 그러나 만약에 그 증후들을 아버지의 손에 겪게 된 고통을 새롭게 다시 경험하고 그 고통스런 경험의 현실성을 스스로에게 입증해 보이려는 충동의 결과로 볼 수만 있다면, 증후들의 중요한 특성들은 완벽하게 이해된다.

이런 범주에 속하는 자료들을 모으자면 아마 끝이 없을 것이다. 그러나 그 자료들은 한결같이 아버지와의 사랑 관계를 통해서 거세의 고통을 겪는다는 기본적인 공상을 아주 다양한 모습으로 전할 것이다. 여러 환자들을 관찰한 결과, 나는 우리 모두에게 익숙한 이 공상이 너무나 전형적이고 근본적으로 중요하다는 사실을 확인할 수 있었다. 그래서 나는 이 공상을 여자들에게 나타나는 거세 콤플렉스의 두 번째 뿌리라고 부른다.

이 결합이 의미하는 바는 억압당한 여성성 중에서 매우 중요한 한 조각이 거세 공상과 아주 밀접하게 연결되어 있다는 것이다. 혹은 이 결합을 시간적 연결의 측면에서 본다면, 거세 콤플렉스를 일으키는 것은 상처 입은 여성성이고 또 여성의 발달에 상처를 입히는 것은 이 거세 콤플렉스라는 뜻이 된다.

여기서 아마 거세 콤플렉스를 분명하게 보이는 여자들에게 자주 나타나는, 남자에게 복수하려는 태도의 가장 근본적인 바탕이 확인될 것이다. 남자에 대한 복수의 태도를 남근 선망의 결과로 설명하거나 아버지가 선물로 페니스를 줄 것이라는 기대를 품은 어린 소녀가 실망한 결과로 설명하려는 시도는 마음의 보다 깊은 층을 분석한 결과 나오는 사실들에는 제대로 통하지 않는다. 물론 정신분석에서 남근 선망은 아주 깊이 억압된 공상, 말하자면 남자 생식기의 상실을 아버지를 파트너로 한 성적 행동의 탓으로 돌리는 그런 공상보다 훨씬 쉽게 드러난다. 남근 선망 자체에는 어떠한 죄책감도 수반되지 않기에 남근 선망은 그리 깊이 억눌러지지 않는다.

　남자에 대한 이 같은 복수의 태도가 처녀성을 빼앗는 남자에게 특별히 맹렬하게 나타나는 경우가 자주 있다. 이에 대한 설명은 쉽다. 공상에 따르면, 환자가 처음으로 결합한 상대가 바로 아버지이다. 그래서 훗날 실제 연애 생활에서 첫 번째 상대는 꽤 이상한 방식으로 아버지를 의미하게 된다. 이 같은 견해는 프로이트가 '처녀성의 터부'에 관한 에세이에서 묘사한 관습에 잘 표현되어 있다. 이 관습에 따르면, 처녀성을 빼앗는 행위는 실제로 아버지를 대체하는 인물에게 맡겨지고 있다. 무의식적인 마음엔 처녀성을 빼앗는 행위는 아버지와 함께 한 성적 공상의 반복이며, 따라서 처녀성을 빼앗는 행위가 일어날 때 그 공상에 따랐던 온갖 감정이 다 일어난다. 근친상간에 대한 혐오와 결합된 애착의 감정도 강하게 나타나고, 실망한 사랑과 그 행동으로 인해 일어난 것으로 여겨지는 거세 때문에 앞에서 설명한 보복의 태도도 나타난다.

　이제 마무리해야 할 때가 되었다. 지금까지 내가 거론한 내용은 남근 선망의 결과로 나타나는, 여자의 성적 역할에 대한 불만이 정말로 여자의 거세 콤플렉스의 중요한 요소인가 하는 문제였다. 여성 생식기의 해부학적 구조가 여성의 정신적 발달에 대단한 의미를 지닌다는 사실이 확인되었다. 또한 남근 선망이 기본적으로 거세 콤플렉스가 나타나는 형식을 좌우한다는 것 또한 논란의 여지가 없는 사실이다. 그러나 그렇다고 해서 여자들이 여성성을 부정하는 태도가 남근 선망에 있다고 추론하는 것은 정당하지 않은 것 같다. 오히려 반대로, 남근 선망이 아버지에 대한 깊은 사랑의 감정을 전혀 방해하지 않는 것이 확인되고 있다. 이 선망이 여자 자신의 성적 역할에 대한 혐오로 이어지는 것은 어린 소녀와 아버지의 관계가 오이디푸스 콤플렉스(남자 신경증 환자에게 나타나는 것과 똑같다)로 인해 힘들어할 때뿐이다.

어머니와 자기 자신을 동일시하는 남자 신경증 환자와 아버지와 자기 자신을 동일시하는 여자 신경증 환자는 똑같은 방식으로 자신의 성적 역할을 부정한다. 이런 관점에서 본다면, 남자 신경증 환자의 거세 공포(남자의 거세 공포 뒤에는 거세의 소망이 숨어 있는데, 내가 볼 때 이 점은 아직 제대로 강조되지 않고 있다)는 여자 신경증 환자의 남근 욕망과 정확히 일치한다. 남자가 어머니와의 동일시를 대하는 내면적 태도가 여자가 아버지와의 동일시를 대하는 내면적 태도와 정반대라는 점을 고려한다면, 이 같은 조화는 더욱 놀랍다. 이를 남녀의 측면에서 보면 이렇게 된다. 남자의 내면에서, 여자가 되기를 원하는 소망은 그의 의식적인 자기애와 모순될 뿐만 아니라 두 번째 이유, 즉 여자가 된다는 것이 동시에 생식기에 집중되는 처벌에 대한 온갖 두려움이 실현된다는 것을 암시한다는 이유로도 거부된다. 그런 한편, 여자의 내면에서 아버지와의 동일시는 똑같은 방향을 향하던 옛날의 소망들에 의해 확인되며 어떠한 죄책감도 수반하지 않고 오히려 해방의 느낌을 일으킨다. 왜냐하면 내가 거세에 대한 생각들과 아버지와 관련한 근친상간 공상 사이에 존재한다고 설명한 바로 그 연결로부터 어떤 결정적인 결과가 나오기 때문이다. 남자의 내면에서 일어나는 것과 정반대인 이 결과는 여자라는 사실 자체가 저주스럽게 느껴진다는 점이다.

  '비탄과 멜랑콜리', '여자 동성애 환자의 심리적 기인', '집단 심리와 에고의 분석'이라는 제목의 논문에서, 프로이트는 동일시의 과정이 인간의 심리에서 매우 중요하다는 점을 아주 충실하게 보여주었다. 내가 볼 때, 남녀 모두에서 동성애와 거세 콤플렉스의 발달이 시작되는 지점도 바로 반대 성의 부모와의 동일시인 것 같다. 〈1922년 9월〉

2장

———

여성성으로부터의 도피

최근 일부 저작물을 통해서, 프로이트는 정신분석 연구에 나타나고 있는 어떤 일방성에 긴급히 주의를 기울이도록 만들었다. 지금 나는 최근까지도 소년과 남자의 정신만 연구 대상이 되고 있다는 사실에 대해 언급하고 있다.

이렇게 된 이유는 명백하다. 정신분석이 어느 남자 천재의 창조물이고, 이 천재의 사상을 발달시킨 사람들 거의 전부도 역시 남자이기 때문이다. 그들이 남자의 심리학을 더 쉽게 발달시켰고 여자보다는 남자들의 발달을 더 잘 이해할 수 있었다고 말하는 것이 타당할 것 같다.

특별히 여자를 이해하려는 중대한 한 걸음을 뗀 사람도 프로이트 본인이었다. 그런데 그 걸음은 남근 선망이란 것이 존재한다는 것을 확인하는 과정에 이뤄진 것이었다. 그 직후 판 옵휘센과 아브라함의 연구는 남근 선망이 여성의 발달과 여성의 신경증 형성에 엄청난 역할을 한다는 점을 보여주었다. 남근 선망의 의미는 최근 남근기(男根期)라는 가설에 의해 더욱 확장되었다. 이는 남녀 유아의 생식기의 형성에서 오직 하나의 생식기만, 말하자면 남자의 생식기만 어떤 역할을 하고 또 유아의 생식기와 성인의 성숙한 생식기를 구분하는 것도 바로 남자의 생식기라는 뜻이다. 이 이론에 따르면, 클리토리스도 하나의 음경으로 인식되고 있으며, 사람들은 소년뿐만 아니라 어린 소녀도 페니스에 부여하는 것과 똑같은 가치를 클리토리스에 부여하고 있다고 짐작한다.

이 남근기의 영향은 그 다음 발달을 부분적으로 저지하기도 하고 부분적으로 촉진하기도 한다. 오스트리아 태생의 미국 정신분석가 헬렌 도이치(Helene Deutsch)는 주로 저지하는 효과를 보여주었다. 그녀는 새로운 성적 기능이 시작될 때마다, 이를테면 사춘기나 성교, 임신, 출산 등이 시작될 때마다 남근기 단계가 다시 활성화되어 극복되어야만 여성적인 태도가 생겨나게 된다는 의견을 제시하고 있다. 프로이트는 그녀의 주장을 긍정적인 측면으로 다듬었다. 왜냐하면 그의 입장에서 볼 때 아이에 대한 욕망을 일으키고 또 그렇게 함으로써 아버지와의 사랑이 형성되도록 하는 것이 바로 남근 선망과 남근 선망의 극복이기 때문이다.

여기서 이런 가설들이 여성의 발달에 관한 통찰(프로이트 자신은 이 통찰에 대해 불만스럽고 불완전하다는 식으로 언급했다)을 보다 명확하고 만족스러운 방향으로 이끄는 데 도움을 주었는가 하는 문제가 제기된다.

과학 분야에서는 오랫동안 익숙한 사실도 새로운 관점에서 다시 바라보는 것이 유익할 때가 종종 있다. 이따금 그런 시간을 갖지 않을 경우에 모든 새로운 관찰을 본의 아니게 이미 명확히 정의된 관념으로 분류할 위험이 있다.

내가 여기서 언급하고자 하는 새로운 관점은 철학에서 얻은 것이다. 구체적으로 말하면 독일의 사회학자 게오르그 짐멜(Georg Simmel)의 일부 에세이에서 얻은 아이디어이다. 짐멜이 어느 에세이에서 처음 제시한 이후로 여성의 관점에서 줄곧 다듬어 온 주장은 이렇다. 우리의 문명 전체는 남성의 문명이다. 국가와 법률, 도덕, 종교, 과학은 남자들의 창조물이다. 짐멜은 다른 작가들과는 달리 이런 사실들로부터 여성의 열등을 끌어내지 않고 먼저 남성 문명이라는 개념에 깊이와 폭을 더하고 있다. "전반적으로는 예술과 애국심과 도덕적 요건들, 구체적으로는 사회사상, 실용적 판단의 정확성, 이론적 지식의 객관성, 삶의 에너지와 심오함 등은 일반적으로 인류 모두에게 해당되는 범주인데도 실제 역사적 맥락에서 파고들면 철저히 남자의 범주이다. 이것들을 '객관적'이라는 단 한 단어로 묘사한다고 가정해보자. 그러면 인류의 역사에서 '객관적'이라는 단어는 곧 '남성적'이라는 단어와 같은 뜻으로 쓰인다는 사실이 확인될 것이다."

지금 짐멜은 이런 역사적인 사실들을 인식하는 것이 그렇게나 어려운 이유를 인류가 남자와 여자의 본성의 가치를 평가하는 기준 자체에서 찾고 있다. "기준은 남녀의 차이를 바탕으로 만들어진 중립적인 것이 아니고 그 자체로 남성적이다. …… 우리는 남녀 젠더의 문제가 개입되지 않는, 순수한 '인간'의 문명을 믿지 않는다. 그런 문명의 존재를 가로막고 있는 바로 그 이유, 즉 '인간 존재'의 개념과 '남자'의 개념을 순진하게도 동일시하는 현상 때문이다. 이런 현상 때문에 많은 언어들이 '인간 존재'와 '남자'를 같은 단어로 사용하고 있다. 우리 문명의 근본적인 요소들에 담겨 있는 이런 남성적인 기원이 남녀의 근본적인 본질에 있는가 아니면 남자들의 힘의 우위에 있는가 하는 문제에 대해서는 지금 대답을 하지 않을 생각이다. 어쨌든, 다양한 분야에서 부적절한 성취가 있으면 경멸의 투로 '여자 같다'고 말하고 여성이 두드러진 성취를 내놓기라도 하면 칭송의 표시로 '남자 같다'는 식으로 말하는 이유는 바로 그런 태도에 있다."

모든 과학이나 평가와 마찬가지로, 여자들의 심리학도 지금까지 오직 남자의 관점에서만 고려되어 왔다. 남자가 유리한 입장에 섬에 따라서, 남자가 여자와 맺는 주관적이고 정서적인 관계조차도 객관적인 관계라는 평가를 얻기에 이르렀다. 또 델리우스(Rudolf von Delius)에 따르면, 여성의 심리학은 지금까지 실제로 남자들의 욕망과 실망의 침전물들을 표현하고 있다.

이 상황에서 매우 중요한 한 가지 요인은 여성들이 스스로를 남자들의 바람에 적응했으며 그러는 가운데 그 적응이 자신들의 진정한 본질이라고 느끼고 있다는 점이다. 말하자면, 여자들은 남자들이 요구하는 대로 자신을 보거나 보았다. 그래서 여자들은 무의식적으로 남자의 사고를 그대로 받아들였다.

만약에 여기서 여자의 존재와 사고와 행동이 남자들의 기준에 어느 정도 동조하고 있는지에 대해 명확히 알게 된다면, 우리는 남자 개인과 여자 개인이 이런 사고방식을 벗어던지는 것이 얼마나 어려운 일인지를 금방 알게 될 것이다.

그렇다면 질문은 이것이다. 분석 심리학이 여자를 대상으로 연구를 할 때 이런 사고방식의 주문(呪文)에 얼마나 강하게 사로잡혀 있는가? 솔직히 말해, 분석 심리학은 아직 남자의 발달만을 고려의 대상으로 삼는 그런 단계에서 벗어나지 못하고 있다. 달리 말하면, 오늘날 분석 작업을 통해 우리에게 제시되고 있는 여성들의 발달이 어느 정도로 광범위하게 남자의 기준으로 평가되고 있는지를 물어야 한다는 뜻이다. 사정이 이렇다 보니, 정신분석이 제시하는 그림은 여자들의 진정한 본질을 제대로 그려내지 못하고 있다.

문제를 이런 관점에서 본다면, 우리는 먼저 아주 놀라운 인상을 받게 될 것이다. 정신분석이 현재 여성의 발달을 그리는 그림은 (정확한지 여부를 떠나서) 소년이 소녀에 대해 품고 있는 전형적인 생각과 조금도 다르지 않다.

우리는 소년이 즐겨 품고 있는 생각들을 잘 알고 있다. 그래서 나는 소년들의 생각 중 몇 가지만 간단히 소개할 생각이다. 비교를 위해서 여성의 발달에 관한 분석가들의 생각과 소년의 생각을 나란히 놓고자 한다.

소년의 생각들	여성의 발달에 대한 분석가들의 생각
순진하게도, 소년뿐만 아니라 소녀도 페니스를 갖고 있을 것이라고 짐작한다	남자와 여자 모두에게 어떤 역할을 하는 것은 남자의 생식기뿐이다
소녀에게는 페니스가 없다는 사실을 깨닫는다	여자가 페니스가 없다는 사실을 깨달으며 슬픔을 느낀다
소녀를 거세된, 말하자면 육체의 일부가 잘린 소년으로 여긴다	소녀는 한때 페니스를 가졌으나 거세로 잃어버렸다고 믿는다
소녀는 이미 처벌을 받았고, 그 처벌이 소년까지 위협하고 있다고 믿는다	거세를 처벌이 가해진 결과로 받아들인다
소녀를 열등한 존재로 여긴다	소녀는 자신을 열등한 존재로 여기며 남근 선망을 품는다
소년은 소녀가 남근의 상실 혹은 남근 선망을 어떤 식으로 극복하는지 상상하지 못한다	소녀는 결핍감과 열등감을 결코 극복하지 못하며, 따라서 남자가 되고 싶은 욕망을 끊임없이 극복해야 한다
소년은 소녀의 선망을 두려워한다	소녀는 자신이 갖지 않은 것을 소유한 남자에게 평생 복수를 갈망한다

이처럼 분석가들의 생각과 소년의 생각 사이에 지나칠 정도로 일치가 이뤄지고 있다는 사실이 그 일치의 객관적 정확성을 뒷받침하는 기준이 될 수는 없다. 유아기 어린 소녀의 생식기의 조직이 지금까지 여겨져 온 대로 소년의 그것과 놀랄 정도로 닮아 보일 수는 있다. 하지만 우리는 여기서 다른 가능성들을 고려해 보아야 한다. 예를 들어 우리는 게오르그 짐멜의 생각의 기차를 따르면서 여자가 남자 중심의 구조에 적응하는 것이 그처럼 일찍부터, 그리고 어린 소녀의 특별한 본질을 가려버릴 정도로 심하게 일어나는지 여부를 고려해볼 수 있을 것이다. 뒷부분에서 나는 남자의 관점에 의한 이런 영향이 어린 시절에 일어나는 문제를 간단히 다시 돌아보게 될 것이다. 그러나 지금 당장에는 자연이 부여한 것이 어떻게 흔적 하나 남기지 않고 남자의 관점에 흡수되어 버릴 수 있는지가 분명하지 않아 보인다. 그래서 우리는 내가 앞에서 제시한 문제로 돌아가야 한다. 내가 지적한 그 현저한 유사점은 우리의 관찰이 일방적이어서 그런 것이 아니라 관찰 자체가 남자의 관점에서 이뤄져서 그런 것이 아닌가 하는 문제로 말이다.

이 같은 제안은 즉시 내면의 항의에 직면하게 된다. 왜냐하면 우리가 분석적 연구가 이뤄지고 있는 경험의 확실한 바탕을 상기하게 되기 때문이다. 그러나 그와 동시에 이론적인 과학 지식은 그 바탕이 그다지 신뢰할 만하지 않으며 모든 경험은 그 성격상 주관적인 요소를 담고 있다고 우리에게 일러주고 있다. 한 예로, 우리 분석가의 경험조차도 환자들이 분석 과정에 자유연상과 꿈, 증후 등을 통해 내놓는 자료들에서, 그리고 그 자료에 대한 우리의 해석이나 결론에서 나온다.

따라서 기법이 정확히 적용되었을 때조차도, 이론적으로 보면 그 경험에 왜곡이 일어날 가능성은 언제나 도사리고 있다.

여기서 만약에 우리의 마음이 남성적 사고 유형에서 벗어나기를 원한다면, 여성의 심리학에 나타나는 거의 모든 문제는 아주 다른 모습을 보이게 될 것이다.

가장 먼저 우리의 관심을 끌게 되는 것은 정신분석에서 가장 중요하게 여겨지는 요소가 언제나, 아니면 주로 남녀 성기의 차이라는 점이다. 다른 중요한 생물학적 차이, 말하자면 남자와 여자가 생식에서 맡는 서로 다른 역할 같은 것은 고려의 대상에서 제외되고 있는 것이다.

남자의 관점이 모성의 개념에 미치는 영향은 산도르 페렌치(Sándor Ferenczi)의 훌륭한 생식기 이론에서 아주 분명하게 드러나고 있다. 그의 견해는 남녀에게 있어서 성교를 하게 하는 자극과 성교의 진정한 의미는 어머니의 자궁으로 돌아가려는 욕망에서 찾아야 한다는 것이다. 경쟁의 시기 동안에, 남자는 자신의 생식기를 통해서 여자의 자궁 속으로 한 번 더 들어갈 특권을 얻었다. 그러면 이전에 종속적인 위치에 있던 여자는 이런 유기적인 상황에 자신의 신체 조직을 적응시켜야 했고 또 그에 대한 '보상'을 받았다. 그녀는 공상의 성격을 가진 대체물로 만족해야 했고, 특히 아이를 갖는 것에, 아이의 행복을 공유한다는 생각에 "만족"해야 했다. 그러나 여자가 남자들에게 거부된 쾌감을 누리는 것은 출산 행위를 통해서이다.

이 견해에 따르면, 여자의 심리적 상황은 분명히 매우 유쾌한 것은 아닐 것이다. 여자는 진정으로 성교를 하고 싶어 할 근원적 충동이 없거나 적어도 부분적인 성취마저도 직접적 성취로부터 절대적으로 배제된다. 만약에 이게 사실이라면, 성교와 성교에 따른 쾌락을 추구하려는 충동은 틀림없이 여자가 남자에 비해 약할 것임에 틀림없다. 왜냐하면 여자가 일차적 열망을 성취하는 길은 오직 우회적으로만 이뤄지기 때문이다. 말하자면 여자는 부분적으로 자기학대적인 태도에 의해서, 또 부분적으로는 임신하게 될 아이와 자신의 동일시에 의해서 성교에 따른 쾌락을 느끼기 때문이다. 그러나 이런 것들은 단지 "보상적인 장치들"에 지나지 않는다. 궁극적으로 여자가 남자에 비해 이점을 누릴 수 있는 유일한 것은 물론 논란거리가 될 게 틀림없지만, 출산 행위의 쾌감뿐이다.

이 대목에서 여자인 나로서는 이런 질문을 던지지 않을 수 없다. 그렇다면 모성은 어떻게 되는가? 자신의 몸 안에 새로운 생명을 잉태하고 있다는 사실에 대한 그 행복한 자각은? 이 새로운 존재가 세상에 태어나는 모습을 상상하는 데 따르는 그 형용할 수 없는 행복은? 새 생명이 드디어 세상에 태어나 처음으로 가슴에 안길 때의 그 희열은? 그리고 새 생명에게 젖을 빨릴 때의 그 깊은 만족감과 아이가 엄마의 손길을 필요로 하는 동안의 그 행복은?

페렌치가 대화를 통해 밝힌 의견은 이렇다. 여자에게 아주 비참한 결과를 안기는 것으로 끝난 초기의 갈등의 시기에, 남자가 승자로서 여자에게 모성의 부담뿐만 아니라 모성에 수반되는 다른 모든 일까지 안겼다는 것이다.

물론 사회적 투쟁의 관점에서 본다면, 모성은 하나의 단점이 될 수 있다. 지금과 같은 시대에는 모성이 더욱더 단점으로 작용할 수 있다. 그러나 인간들이 자연과 보다 가까운 상태에서 살아갈 때에도 모성이 여자에게 단점이 되었는지에 대해서는 확실히 말하기 어렵다.

게다가 우리는 남근 선망 자체에 대해 생물학적 관계로 설명하고 있을 뿐 사회적 요소로는 설명하지 않고 있다. 그러면서도 우리는 반대로 여성이 사회적으로 불리하다고 느끼고 있는 점에 대해서는 별 망설임 없이 여자의 남근 선망을 뒷받침하는 것으로 해석하는 데 익숙하다.

그러나 생물학적 관점에서 본다면 여자는 모성 혹은 모성의 가능성에서, 논란의 여지가 없지만 그렇다고 결코 무시할 수 없는 그런 생리학적 우월성을 갖고 있다. 이는 모성을 치열하게 선망하는 소년에게서 보듯, 남자의 무의식에 분명히 드러나고 있다. 우리는 그러한 것으로서 소년의 모성 선망을 잘 알고 있다. 그러나 이 선망이 역동적인 요소로 제대로 고려되는 경우는 거의 없다. 나처럼 여자들을 오랫동안 분석하면서 경험을 쌓은 뒤에 남자들을 분석하기 시작하면, 남자들이 젖가슴이나 아이들에게 젖을 빨게 하는 행위뿐만 아니라 임신이나 출산, 모성 등에 대한 선망을 아주 강하게 품고 있다는 사실에 크게 놀라게 될 것이다.

환자들을 분석한 결과 얻은 이 같은 인상에 비춰본다면, 당연히 우리는 앞에 언급한 모성의 관점에 혹시 여자의 가치를 떨어뜨리려는 남자의 무의식적인 경향이 지적으로 표현되고 있는 것은 아닌가 하고 의문을 제기해야 한다. 여자의 가치를 경시하는 태도는 다음과 같은 방식으로 나타날 것이다. 실제로 여자들은 남근을 선망한다. 왜냐하면 모성이 결국에는 생존 투쟁을 더욱 어렵게 만드는 부담이 될 것이기 때문이다. 따라서 남자들은 자신이 모성의 부담을 지지 않는 것을 다행으로 여길 것이다.

헬렌 도이치가 여자의 내면에 있는 남성성 콤플렉스가 남자의 내면에 있는 여성성 콤플렉스보다 훨씬 더 큰 역할을 한다고 쓸 때, 그녀는 소년의 모성 선망이 소녀의 남근 선망보다 더 성공적으로 승화될 수 있다는 사실을 간과한 것 같다. 또 노이치는 남자의 선망이 문화적 가치들을 설정하는 데 있어서 근본적인 동력은 아니더라도 하나의 동력으로 작용한다는 사실도 무시한 것 같다.

언어 자체가 문화적 생산성이 이런 기원을 가졌다는 사실을 잘 보여주고 있다. 우리에게 잘 알려진 역사의 시대에, 문화적 생산성을 보면 남자가 여자보다 월등히 더 높았다. 남자들은 생명의 창조에 상대적으로 작은 역할을 한다는 바로 그 느낌에 대한 보상으로 다른 모든 분야에서 더 많은 것을 성취해야겠다는 충동을 느꼈을 것이다. 이것이 바로 남자들에게 엄청난 강점으로 작용하지 않았을까?

만약 이런 식으로 연결시키는 것이 옳다면, 여자 쪽에서 남근 선망을 보상하려는 충동이 일어나지 않은 이유는 무엇인가 하는 문제가 제기된다. 두 가지 이유가 있을 수 있다. 여자의 선망이 남자의 선망보다 절대적으로 약할 수 있다. 아니면 여자의 선망이 다른 길로 제대로 해소되지 않았을 수도 있다. 우리는 어느 쪽의 이유든 뒷받침할 수 있는 사실들을 제시할 수 있다.

남자의 선망이 대단히 강하다는 점을 지지하고자 한다면, 우리는 여자가 해부학적으로 불리한 점은 전생식기(前生殖期) 수준의 관점에서 볼 때에만 존재한다는 점을 지적할 수 있다. 성인 여성의 생식기를 기준으로 보면, 거기에는 어떠한 불리한 점도 존재하지 않는다. 왜냐하면 여자들의 성교 능력은 남자들의 성교 능력보다 덜한 것이 아니고 단지 다를 뿐이기 때문이다. 그런 한편, 남자가 생식에서 하는 역할은 최종적으로 여자의 역할에 비해 약하다.

더 나아가, 남자들이 여자들의 가치를 떨어뜨려야 할 필요성이 거꾸로 여자들이 남자들의 가치를 떨어뜨려야 할 필요성보다 월등히 더 크다는 것이 관찰된다. 여자는 열등한 존재라는 믿음의 기원이 남자의 어떤 무의식적 경향에 있다는 사실을 깨닫는 것이 중요하다. 그런데 이런 깨달음을 얻으려면, 먼저 여자는 열등한 존재라는 견해가 현실에서 정당화되는지에 대해 의문을 품을 수 있어야 한다. 그러나 만약에 남자의 내면에서 여자의 가치를 떨어뜨리려는 경향이 작용한 결과 여자는 열등하다는 인식이 생겨나게 되었다면, 우리는 여자의 가치를 떨어뜨리려는 무의식적 충동이 매우 강한 충동이라고 추론해야 한다.

이 외에도, 여자들이 자신들의 남근 선망을 남자들만큼 성공적으로 해결하지 못하는 편이라는 견해를 문화적 관점에서 뒷받침하는 쪽으로 할 말이 더 있다. 이 선망이 아주 바람직하게 해결될 경우에 남편과 아이를 향한 욕망으로 바뀌게 되고, 또 이 변화로 인해 여자의 남근 선망의 힘 중 많은 부분이 승화를 자극하는 데 할애된다는 것을 우리는 알고 있다. 그러나 바람직한 방향으로 해결되지 못할 경우에, 이 선망은 당연히 유익하게 활용되지 못하고 거기에 죄책감까지 얹히게 된다. 반면에 남자가 절대로 모성을 성취하지 못하는 그 무능력은 아마 그냥 하나의 열등감으로 느껴지고 따라서 하나의 동력으로 온전히 발달할 수 있을 것이다. 여자의 남근 선망에 죄책감까지 더하게 되는 예에 대해서는 앞으로 세세하게 설명할 것이다.

이 논의에서 나는 이미 프로이트가 최근에 관심권으로 끌어들인 어떤 문제, 말하자면 아이에 대한 욕망의 기원과 작용이라는 문제를 건드렸다. 지난 10년 동안 이 문제를 대하는 전문가들의 태도가 크게 바뀌었다. 그래서 나도 이 문제의 역사적 전개의 시작과 끝에 대해 간단히 묘사해도 괜찮을 것 같다는 생각이 든다.

원래의 가설은 여자의 남근 선망이 아이에 대한 소망과 남자에 대한 소망 둘 다를 리비도로 강화하지만 남자에 대한 소망은 아이에 대한 소망과 별도로 일어난다는 것이었다. 그 이후 강조의 초점이 남근 선망 쪽으로 옮겨졌다. 그러다가 이 문제에 관한 최근의 저서에서, 프로이트는 이런 추측을 제시하기에 이르렀다. 아이에 대한 소망은 오직 남근 선망과 남근의 부재에 대한 실망을 통해서만 생겨나고, 아버지에 대한 다정한 애정은 우회적인 길, 말하자면 남근에 대한 욕망과 아이에 대한 욕망을 통해서만 생겨나게 된다는 것이다.

아버지에 대한 다정한 애정이라는 가설은 분명히 이성에 끌리는 생물학적 원칙을 심리학적으로 설명할 필요성에서 나온 것이었다. 이는 그 문제에 대한 그로덱(Georg Groddeck)의 설명과 일치한다. 그로덱은 소년이 어머니를 사랑의 대상으로 간직하는 것은 자연스럽지만

"어린 소녀가 이성에 끌리게 되는 것은 어떻게 설명되는가?"라고 묻는다.

이 문제에 접근하기 위해서는 먼저 여자의 내면에 있는 남성성 콤플렉스와 관련해 경험적으로 축적된 자료들은 그 중요성이 크게 다른 두 개의 원천에서 나온 것이라는 사실부터 강조되어야 한다. 그 경험적 자료들이 나온 첫 번째 원천은 어린이들을 대상으로 한 직접적 관찰이다. 이런 관찰의 경우에는 주관적인 요소가 상대적으로 덜 중요해진다. 겁 없이 자라는 모든 어린 소녀는 남근 선망을 솔직히 드러내며 당혹감을 전혀 느끼지 않는다. 우리는 어린 소녀에게 이 같은 선망이 있는 것이 보통이라는 것을 알고 있고 또 왜 그런 선망이 생기는지 그 이유도 잘 이해하고 있다. 또 우리는 어린 소녀가 소년이 가진 것을 갖지 않은 사실에 대해 수치심을 느끼게 되고 또 이 수치심이 전생식기의 단계에 확인되는 일련의 불리한 점들에 의해 강화된다는 사실도 잘 알고 있다. 요도애, 절시증적 본능, 자위 등과 관련하여 소년들이 누리는 명백한 특권이 소녀에게는 불리한 점으로 여겨지기 마련이다.

이 대목에서 나는 단순히 해부학적 차이에 근거하고 있는 것이 틀림없는, 어린 소녀의 남근 선망에 '일차적'이라는 형용사를 붙여야 한다고 주장하고 싶다.

경험적 자료가 나오는 두 번째 원천은 바로 성인 여자들이다. 성인 여자들을 분석하는 과정에서 얻은 자료들에 대해 평가를 내리는 작업은 당연히 더 어렵기 마련이다. 따라서 거기에는 주관적인 요소가 개입할 여지가 아주 많다. 우리는 여기서 가장 먼저 남근 선망이 엄청난 동력을 지닌 요소로 작용하고 있다는 것을 확인한다. 여성의 역할을 부정하는 환자들도 있는데, 이들이 그렇게 하도록 만드는 무의식적 동기는 남자가 되고 싶어 하는 욕망이다. "한때 나에게도 페니스가 있었어. 지금 나는 거세당한 남자야." 이런 내용의 공상을 품는 환자도 있다. 이런 공상에서 열등감이 일어나며, 이 열등감은 온갖 종류의 집요한 건강 염려증을 일으킨다. 남자들에 대한 적대감이 두드러지게 나타나는 환자도 있다. 이 적대감은 남자들의 가치를 떨어뜨리는 형태로 나타나기도 하고 남자를 서세시기거나 잘라버리고 싶어 하는 욕망으로 나타나기도 한다. 어떤 여자들의 경우에는 운명 자체가 이 요소에 좌우되기도 한다.

이 같은 인상들과 일차적인 남근 선망을 서로 연결시킬 수 있다고 결론을 내리고, 또 남근 선망이 그런 결과를 낳는 것을 보면서 거꾸로 이 선망이 엄청난 힘을 가졌다고 결론을 내리는 것이 자연스러웠다. 우리의 사고가 남성 중심적이기 때문에 그 같은 결론은 특히 더 자연스러웠다. 여기서 우리는 남자가 되고 싶어 하는 욕망은 초기에 형성되는 유아의 일차적인 남근 선망과 거의 아무런 관계가 없다는 사실을 간과했다. 성인 여자들을 대상으로 한 분석을 통해 자주 목격하는, 남자가 되고 싶어 하는 욕망은 소녀가 어른으로 성장하는 과정에 실패로 끝난 모든 것들이 서로 함께 맞물려 작용하면서 부차적으로 형성되는 것이라는 사실이 무시되고 있는 것이다.

시종일관 나의 경험은 여자들의 내면에 있는 오이디푸스 콤플렉스가 남근 선망으로 퇴행한다는 점을 명쾌하게 보여주고 있다. 물론 그 정도는 다 다르다. 평균적으로 보면, 남자의 오이디푸스 콤플렉스와 여자의 오이디푸스 콤플렉스의 차이는 이런 것 같다. 소년들의 내면에서 거세에 대한 두려움 때문에 엄마가 성적 대상으로 부정되고 있지만 남자의 역할 자체는 그 후의 발달 과정에 더욱 강화될 뿐만 아니라 거세 공포에 대한 반발로 실제로 과도하게 강조된다. 우리는 사춘기 이전의 소년들에게서 이 점을 분명히 확인하고 있다. 대체로 보면 그 이후에도 남자의 역할이 강화되는 것으로 확인된다. 반면 소녀들은 아버지를 성적 대상으로 부정할 뿐만 아니라 동시에 여성의 역할도 혐오하게 된다.

소녀들이 이처럼 여성성으로부터 도피하려 하는 현상을 이해하기 위해서 우리는 오이디푸스 콤플렉스로 인해 일어나는 흥분을 육체적으로 표현하는 것인 유아기의 자위와 관련한 사실들을 고려해야 한다.

여기서도 또 다시 상황은 소년의 경우에 더욱 명확해진다. 아니면 우리가 단지 소년들에 대해 더 많은 것을 알게 되어 그렇게 보일 수도 있을 것이다. 유아기 소녀의 자위에 관한 사실들이 우리에게 그렇게 신기하게 느껴지는 이유는 단지 우리가 남자들의 눈으로 소녀들을 보아 왔기 때문일까? 그런 것 같다. 우리가 어린 소녀들에게 특별한 형식의 자위를 인정하지 않고 별다른 생각 없이 소녀들의 자위행위를 남자들의 것으로 묘사할 때, 그리고 반드시 존재하기 마련인 차이를 긍정적인 것과 부정적인 것의 차이로 인식할 때, 오히려 소녀들의 그런 행위가 신기하게 느껴지는 것 같다. 예를 들어, 자위에 따른 불안에 대해 논하면서 위협 받고 있는 거세와 실제로 일어난 거세 사이의 차이를 내세우며 한쪽을 긍정적인 것으로 다른 한쪽을 부정적인 것으로 인식한다면, 그 불안에 대한 정확한 이해는 불가능해진다. 정신분석을 통해 얻은 나의 경험은 어린 소녀들은 나름대로 여성적인 형태의 자위를 하고 있다는 것이다. 덧붙여 말하자면, 그 방법이 소년들의 방법과 다를 뿐인 것이다. 설령 우리가 어린 소녀는 전적으로 클리토리스로 자위를 한다고 단정하더라도, 그것이 여성적인 방법임에는 틀림없다. 그리고 나는 클리토리스가 정당하게 여성 생식기에 속하고 또 여성 생식기의 일부라는 점을 인정하지 않아야 할 이유를 알지 못한다.

생식기가 발달하는 초기 단계에 소녀의 질 부위에 감각이 있는지 여부를 성인 여자들이 제시하는 해부학적 자료를 바탕으로 결정하는 것은 매우 어려운 문제이다. 여러 환자들을 접해본 결과를 바탕으로 나는 어린 소녀도 질 부위에 감각을 느낀다고 결론을 내리고 싶다. 내가 이런 결론을 내리게 만든 자료에 대해서는 앞으로 언급하게 될 것이다. 그런 감각이 있다는 결론은 이론적으로 보면 다음과 같은 이유로 타당하다. 아주 큰 남근이 강제로 뚫고 들어오면서 고통과 출혈을 낳고 무엇인가를 파괴할 것 같은 두려움을 느끼게 하는 그런 흔한 공상은 어린 소녀가 아버지와 자신의 육체적 크기에 나타나는 불균형 때문에 오이디푸스 공상을 품게 된다는 점을 보여준다. 나는 또한 오이디푸스 공상과 거기에 논리적으로 따를 내부의 부상, 즉 질의 부상에 대한 두려움은 클리토리스뿐만 아니라 질도 여자들의 유아기 생식기에서 일정 역할을 한다는 점을 보여준다고 생각한다. 여기서 더 나아가서, 훗날의 성적 불감증으로부터 우리는 (불안과 그걸 방어하려는 노력으로) 질 부위에서 클리토리스에서보다 더 강력한 카섹시스(cathexis: 성욕이나 공격 등의 정신적 에너지를 개인이나 사물에 집중하는 현상을 일컫는다/옮긴이)가 일어나며, 이는 근친상간의 소망들이 무의식적으로 정확히 질을 가리키고 있기 때문이라고 추론할 수 있다. 이 관점에서 본다면, 성적 불감증은 에고에 위험이 될 것들로 가득한 공상들을 물리치기 위한 시도로 여겨져야 한다. 그리고 이 같은 접근은 여러 전문가들이 주장하는 바와 같이 분만에 수반되는 무의식적 쾌감과 출산의 두려움의 실체를 새롭게 밝힐 기회를 제시할 것이다. 왜냐하면 (질과 아이 사이에 크기 차이가 많이 나고 또 고통이 수반되는 탓에) 무의식에게는 분만이 성교에 비해 초기의 근친상간 공상을 훨씬 더 강력하게 실현하는 것으로 여겨지고 또 그 실현에는 어떠한 죄책감도 수반되지 않는 것으로 여겨지기 때문이다. 여자의 생식기 불안은 소년들의 거세 공포처럼 불가피하게 죄책감을 수반하며 여자에게 지속적으로 영향을 미치게 된다.

그 상황에서 똑같은 방향으로 작용하는 또 하나의 요소는 남녀의 해부학적 차이에 따른 어떤 결과이다. 소년은 자신의 생식기를 보면서 무섭게 느껴지는 자위의 결과가 어떤 식으로 나타나는지를 살필 수 있는 한편, 소녀는 이 점에 있어서는 그야말로 어둠 속에 갇혀 있는 것처럼 불확실한 상태로 남아 있을 수밖에 없다는 사실이 바로 그것이다. 물론 거세 불안이 대단히 심각한 소년인 경우에는 이처럼 직접 눈으로 확인할 수 있는 가능성도 별로 중요하지 않을 것이다. 그러나 거세 불안을 약하게 겪는 소년의 경우에는 이 차이가 매우 중요하다고 나는 생각한다. 현실에서 보면 거세 불안을 약하게 겪는 소년들이 월등히 더 많다. 여하튼, 내가 여자들을 분석한 결과 얻은 자료들을 근거로 판단한다면, 이 요소가 여자들의 정신생활에 상당한 역할을 하며 또 여자들의 내면에서 자주 일어나는 특별한 불확실성의 원인이 되기도 한다고 결론을 내리지 않을 수 없다.

이 같은 불안의 압박 아래에서 소녀는 허구의 남자 역할에서 피난처를 찾는다.

그렇다면 소녀가 이 같은 도피로 얻는 심리적 이득은 무엇일까? 여기서 나는 모든 분석가가 공유하고 있을 법한 어떤 경험에 대해 언급하고 싶다. 대체로 보면 소녀가 남자가 되고 싶은 욕망을 인정하기까지 상당한 의지가 필요하고, 또 그런 욕망을 인정하기만 하면 소녀들은 그 욕망에 끈질기게 매달리는 경향을 보인다. 이유는 아버지와 관련해 성적 충동이 실린 소망들이나 공상들이 실현되는 것을 피하려는 욕망 때문이다. 따라서 남자가 되려는 소망은 이 같은 여자들의 소망들을 억누르거나 그 소망들의 공개에 저항하도록 만든다. 지속적으로 일어나고 있는 이런 전형적인 경험 앞에서, 정신분석의 원칙들에 충실한 분석가라면 남자가 되는 공상은 그 소녀가 삶의 초기에 아버지와의 관계에서 성적 충동이 실린 소망을 품지 않도록 보호하기 위해 고안된 것이라는 식으로 결론을 내리지 않을 수 없다. 남자가 되는 허구를 통해서 소녀는 지금 죄책감과 불안감이 실린 여자의 역할로부터 달아날 수 있다. 그녀 자신의 길에서 벗어나 남자의 길로 옮기려는 이같은 시도는 불가피하게 열등감을 낳는 것이 사실이다. 왜냐하면 그 소녀가 자신의 특별한 생물학적 본성과는 동떨어진 자질과 가치들을 바탕으로 자신을 평가하기 시작하기 때문이다. 이 자질과 가치들 앞에서 소녀는 자신이 부적절한 존재라고 느끼지 않을 수 없게 된다.

이 열등감이 매우 고통스러운 것임에도 불구하고, 분석에서 얻은 경험은 에고가 여자의 태도에 수반되는 죄책감보다는 열등감을 더 쉽게 견뎌낸다는 사실을 분명히 보여주고 있다. 따라서 에고의 입장에서 보면 소녀가 죄책감의 스킬라(그리스 신화에 등장하는 바다 괴물로, 카리브디스와 함께 2대 바다 괴물로 통한다/옮긴이)로부터 열등감의 카리브디스로 달아나는 것이 틀림없이 이득이 된다.

마무리를 위해 나는, 모두가 잘 아는 바와 같이, 그와 동시에 일어나는 아버지와의 동일시 과정에 여자들에게 생기는 또 다른 이득에 대해 언급할 생각이다. 나는 이 과정 자체의 중요성에 대해서는 이전의 책에서 말한 것 이상으로 아는 바가 없다.

아버지와 동일시하는 과정 자체가 소녀가 아버지에게 품는 여자다운 소망으로부터 도피하려 할 때면 언제나 남자 같은 태도를 취하게 되는 이유가 무엇인가 하는 질문에 대한 대답이기도 하다는 사실을 우리는 알고 있다. 이미 말한 내용과의 연결 속에서 조금만 더 깊이 생각해본다면, 이 문제를 밝혀줄 또 다른 관점이 드러난다.

리비도가 발달 과정에서 어떤 장벽에 봉착할 때마다, 발달의 그 전 단계가 퇴행적으로 활성화된다. 프로이트의 최근 연구에 따르면, 남근 선망은 아버지를 향한 진정한 대상 사랑으로 이어질 예비적인 무대를 만들어준다. 그래서 프로이트가 제안한 이 생각의 기차는 리비도가 근친상간의 벽에 부닥칠 때마다 이 예비적인 무대로 거꾸로 흐르게 해야 할 필요성에 대해 어느 정도 설명해준다.

나는 소녀가 남근 선망을 통해 어떤 대상에 대한 사랑을 키운다는 프로이트의 이론에 원칙적으로는 동의하지만 이 발달의 본질에 대해서는 그림을 달리 그릴 수 있다고 생각한다. 이유는 이렇다. 일차적인 남근 선망의 힘 중에서 오이디푸스 콤플렉스로부터의 퇴행에 의해서만 생기는 부분이 아주 크다는 것이 확인될 때, 우리는 그처럼 기본적인 자연의 어떤 원칙이 표출되는 것을 남근 선망에 비춰 이성 간의 상호 매력의 표출로 해석하지 않도록 조심해야 하기 때문이다.

여기서 이처럼 중요한 생물학적 원칙을 심리학적으로 어떤 식으로 받아들여야 하는가 하는 문제에 직면하게 되는데, 정말이지, 우리는 또 다시 무지를 고백하는 수밖에 없을 것이다. 이 문제라면, 인과관계적인 연결은 절대로 아닐 것이다. 어린 소녀의 성적 관심이 페니스에 끌리는 것은 아주 어릴 때부터 작용하는, 이성에 대한 끌림이 아닐까 하는 짐작만 할 수 있을 뿐이다. 발달 단계에 따라 달라지는 이 관심은 내가 이전에 설명했듯이 자기발정적이고 자기애적인 태도로 나타난다. 만약 우리가 이 관계들을 이런 식으로 본다면, 남자의 오이디푸스 콤플렉스의 기원과 관련해 새로운 문제들이 대두될 것이지만 이 문제에 대한 논의는 다른 논문을 위해 뒤로 미룰 것이다. 그러나 만약에 남근 선망이 이성에 대한 신기한 끌림이 최초로 표현된 것이라면, 정신분석의 결과 남근 선망의 존재가 아이에 대한 욕망과 아버지에 대한 다정한 애정이 일어나는 층보다 더 깊은 층에서 확인되더라도 이상하게 여길 구석은 하나도 없을 것이다. 아버지에게 이렇게 다정한 태도를 취하게 만드는 길은 페니스와 관련한 실망에 의해서만 준비되는 것이 아니라 다른 길로도 준비될 것이다. 그러면 우리는 남근에 대한 성적 관심을 아브라함의 용어를 빌려 일종의 "부분적 사랑"으로 보아야 할 것이다. 아브라함에 따르면, 그런 사랑은 언제나 대상을 향한 진정한 사랑의 예비적 단계를 이룬다. 우리는 그 과정을 훗날의 삶에 빗대서도 설명할 수 있다. 경탄을 자아내는 선망이 특별히 사랑의 태도로 이어지게 된다는 사실을 두고 하는 말이다.

이 퇴행이 대단히 쉽게 일어나는 사실과 관련해서, 나는 분석 과정에 얻은 어떤 발견에 대해 언급해야 한다. 여자 환자들의 연상을 보면, 페니스를 가지려는 자기애적인 욕망과 페니스에 대한 성적 갈망이 자주 서로 얽혀 있는 것으로 나타나는 까닭에 환자들이 "페니스에 대한 욕망"이라는 표현의 의미를 금방 파악하지 못한다는 점이다.

어떤 콤플렉스의 일부인 거세 공상이 가장 두드러진다는 이유로 그 콤플렉스 자체가 거세 공상이라는 이름으로도 불리고 있는 만큼, 거세 공상에 대해 한 마디 더 해야 할 것 같다. 여성의 발달에 관한 나의 이론에 따라서, 나는 이 공상들을 또한 부차적으로 형성되는 것으로 보아야 한다. 나는 이 공상들의 기원을 다음과 같이 그리고 있다. 여자가 허구의 남자의 역할에서 피난처를 찾을 때, 그녀의 생식기 불안은 어느 정도 남자의 용어로 바뀌게 된다. 질의 부상에 대한 두려움이 거세 공상이 되는 것이다. 그러면 소녀는 이 전환을 통해 혜택을 누리게 된다. 왜냐하면 그녀가 처벌의 예상에 따른 불확실성(그녀의 해부학적 형성에 따른 불확실성)을 어떤 구체적인 생각으로 바꿔놓기 때문이다. 더욱이, 거세 공상도 마찬가지로 그 전의 죄책감의 그늘 아래에 가려져 있으며, 그래서 페니스가 결백의 한 증거로 갈망의 대상이 된다.

이제 남자의 역할로의 도피를 꾀하게 하는 전형적인 동기들, 말하자면 그 기원을 오이디푸스 콤플렉스에 두고 있는 동기들은 여자들이 사회생활을 하며 겪는 불리한 점에 의해 강화되고 뒷받침된다. 물론 우리는 남자가 되고 싶은 욕망이 사회생활에서 느끼는 불리한 점에서 비롯되는 경우에 그런 무의식적 동기들을 합리화하는 데 아주 적절히 쓰인다는 점을 인정해야 한다. 그러나 이 불리한 점이 실제로 현실의 일부이고 또 대부분의 여자들이 자각하는 것보다 훨씬 더 크다는 사실을 우리는 잊어서는 안 된다.

게오르그 짐멜은 이 맥락에서 "사회적으로 남자에게 더욱 큰 중요성이 부여되는 것은 아마 남자가 누리는 막강한 지위 때문일 것"이며, 역사적으로 남자와 여자의 관계는 노골적으로 묘사하자면 주인과 노예의 관계가 될 것이라고 말한다. 늘 그렇듯, 여기서도 "주인의 특권 중 하나는 자신이 주인이라는 사실을 끊임없이 생각하지 않아도 된다는 점이다. 반면에 노예의 지위는 노예가 결코 망각할 수 없는 그런 지위이다".

여기서 우리는 아마 정신분석 관련 기록에서 이 요소에 대한 평가가 제대로 이뤄지지 않는 이유에 대한 설명을 듣게 될 것이다. 실제로 보면 소녀는 세상에 태어나는 순간부터 직접적이든 간접적이든 끊임없이 자신의 열등에 관한 말을 들으며 산다. 이것은 소녀의 남성성 콤플렉스를 지속적으로 자극하는 그런 경험이다.

여기서 고려해야 할 것이 한 가지 더 있다. 우리 문명이 지금까지 순수하게 남자 중심으로 움직여 왔기 때문에, 여자들이 자신의 본성을 만족시킬 그런 승화를 성취하는 것이 그만큼 더 어려웠다. 왜냐하면 모든 평범한 직업들이 남자들로 채워지고 있기 때문이다. 이 같은 현실은 다시 여자들의 열등감에 영향을 미쳤음에 틀림없다. 여자들로서는 당연히 남자들이 판치는 직업에서 남자와 똑같은 것을 성취할 수 없기 때문이다. 그러다 보니 여자들의 열등에는 실제로 어떤 근거가 있는 것이 아닌가 하는 의구심마저 들기도 한다. 내가 볼 때에는 여성성으로부터 도피하려는 여자들의 무의식적 동기가 사회에서 실제로 일어나고 있는 여성의 예속화에 의해 어느 정도 강화되고 있는지를 파악하는 것은 불가능할 것 같다. 어떤 사람은 이 연결을 심리적 요인과 사회적 요인의 상호 작용으로 볼 수도 있을 것이다. 그러나 나는 여기서는 단지 이런 문제들을 제기하는 선에서 그칠 것이다. 왜냐하면 그 문제들은 대단히 중요한 까닭에 하나하나 별도의 조사를 필요로 하기 때문이다.

똑같은 요소도 남자의 발달에는 상당히 다른 영향을 미칠 것임에 틀림없다. 한편으로 보면, 남자들은 여자처럼 되고 싶은 소망을 훨씬 더 강하게 억압할 수 있다. 그런 소망에 낙인이 찍혀 있기 때문이다. 또 다른 한편으로 보면, 남자들이 여자가 되고 싶은 소망을 승화시키는 것도 훨씬 더 쉽다.

앞에서 전개한 논의에서 나는 여성 심리학의 문제들에 대해 설명했다. 이 설명은 여러 면에서 현재의 관점들과 크게 다르다. 내가 지금까지 그린 그림이 반대의 관점에서 보면 일방적일 수 있고 또 실제로 일방적일 수도 있다. 그러나 이 논문을 쓴 나의 주된 관심은 관찰자의 성별에서 비롯될 수 있는 실수의 원천을 제시하고 또 그렇게 함으로써 우리 모두가 닿기를 원하는 목표를 향해 한 걸음 더 가까이 다가서는 것이다. 그 목표란 남자 혹은 여자의 관점이라는 주관성을 뛰어넘어서 여자의 정신적 발달에 관한 그림을 여자의 본질에 관한 사실들과 더욱더 부합하는 쪽으로 그려내는 것이다. 당연히 남자의 특성과 다른 여자만의 특성이 그대로 살아 꿈틀거리는 그런 그림이다. 〈1926년〉

3장

—

억눌러지는 여성성

여자들 사이에 성 불감증이 아주 많이 나타나고 있는 현상 앞에서, 의사들과 성과학자들은 흥미롭게도 두 가지 상반된 견해를 내놓고 있다.

한 집단은 여성의 성 불감증이 그 사람 개인에게 지니는 중요성을 바탕으로 그것을 남자의 성기능 장애와 비교하고 있다. 따라서 그들은 여자들의 성 불감증도 남자의 성기능 장애와 마찬가지로 하나의 질병이라는 주장을 편다. 이 같은 견해를 가진 전문가들은 성 불감증을 겪는 사람이 많기 때문에 이 증후의 원인과 치료를 심각하게 다루는 것이 매우 중요하다는 태도를 보이고 있다.

그런 한편, 여자들 사이에 성 불감증이 특별히 많다는 사실에 주목하면서 그처럼 흔한 현상을 질병으로 보아서는 안 된다고 생각하는 전문가들이 있다. 사람에 따라 정도의 차이가 많이 나는 성 불감증을 병으로 볼 것이 아니라 문명화된 여성의 정상적인 성적 태도로 보아야 한다는 입장이다. 이 같은 입장을 뒷받침하기 위해 제기된 과학적 가설들은 하나같이 여성의 성 불감증과 관련해서는 의사들이 개입하고 나서야 할 이유도 없고 또 그런 개입을 통해서 성공할 가능성도 없다고 결론을 내린다.

이런 현실에서 사람들은 찬성하거나 반대하는 일반적인 주장들이 사회적 요소를 강조하든 아니면 기질적 요소를 강조하든 똑같이 주관적 확신에 그 바탕을 두고 있다는 인상을 받는다. 따라서 사실들을 바탕으로 그 문제를 명쾌하게 설명하는 것은 불가능한 것처럼 보인다. 정신분석학은 처음부터 다른 방향을 취했다. 정신분석의 본질 때문에 불가피한 일이었다. 그 방법은 개인과 개인의 발달을 의료 심리학적으로 관찰하는 것이다.

만약 이 길이 그 문제의 해결에 얼마나 가까이 다가서게 할 수 있을 것인지를 고려하게 된다면, 다음 두 가지 질문에 대한 대답을 기대해도 좋다는 판단이 설 것이다.

1) 우리의 경험에 따르면, 어떤 발달의 과정들이 여자의 내면에서 성 불감증의 증후를 낳는가?
2) 여자의 성적 충동에 나타나는 이 같은 현상에 어떤 의미를 부여할 수 있는가?

이 질문들을 이론적인 냄새를 조금 지워 다시 표현한다면 이런 식이 될 것이다. 여자의 성 불감증은 하나의 독립적인 증후이고, 또 그러한 것으로서 별로 중요하지 않은 것인가? 아니면 성 불감증은 심리적 혹은 육체적 건강의 장애와 밀접히 연결되어 있는가?

이 질문들의 의미 혹은 잠재적 가치를 조잡한, 그래서 여러 모로 엉성할 수 있는 그런 비교를 통해서 쉽게 설명하고 싶다. 만약에 기침의 증후를 낳는 병리학적 과정에 대해 아는 것이 아무것도 없다면, 우리는 감기가 병의 신호인지 아니면 단순히 그 사람 혼자서만 귀찮아해야 하는 무엇인지를 놓고 논의의 가능성을 떠올릴 것이다. 그러나 기침을 둘러싼 의견의 차이는 우리가 기침과 보다 깊은 장애들 사이의 연결을 모르는 한에서만 존재한다.

썩 훌륭하다는 생각이 들지 않는데도 불구하고 내가 이런 식으로 비교하는 근거는 어떤 특별한 견해가 아직 우리에게 알려지지 않은 채 숨어 있을 수 있다는 점이다. 기침처럼 성 불감증도 단지 내면의 깊은 곳에 있는 무엇인가가 잘못되었다는 점을 알려주는 하나의 신호일 수도 있지 않을까?

하지만 즉각 의문이 일어난다. 우리는 성 불감증을 겪으면서도 건강하게 능력을 발휘하며 살아가는 여자들을 많이 알고 있다. 그러나 이 같은 반대는 2가지 이유로 얼핏 보이는 것만큼 그다지 설득력을 발휘하지 못한다. 무엇보다도 먼저, 개인을 놓고 세세하게 면밀히 조사할 수 있어야만 성 불감증과 연결시킬 수 있는 장애들이 존재하지 않는다는 점을 확인할 수 있다. 여기서 나는 예를 들어 어떤 사람이 성격적으로 삶의 계획을 제대로 세우지 못해서 인생을 엉망으로 사는데도 불구하고 그 원인이 외적 요소로 잘못 돌려질 수 있다는 점에 대해 생각하고 있다. 둘째, 우리의 심리적 구조가 기계처럼 정밀하지 않다는 점을 고려해야 한다. 기계는 어느 연결 부위에나 약간의 결함이 있어도 전체가 제 기능을 발휘하지 못하게 된다. 그러나 우리는 성적인 힘들을 비(非)성적인 힘들로 바꿔놓을 능력을 상당히 많이 갖추고 있다. 그렇게 함으로써 성적인 힘들을 문화적으로 소중한 방법으로 성공적으로 승화시킬 수 있는 것이다.

성 불감증의 개인적 기원을 파고들기 전에, 나는 그것과 연결되어 있는 것으로 자주 확인되는 현상부터 먼저 살피고 싶다. 나는 다소 정상적인 범위 안에 있는 현상으로 논의를 한정시킬 것이다.

성 불감증의 원인을 신체적인 것으로 보든 심리적인 것으로 보든 상관없이, 성 불감증은 여자의 성적 기능이 억제되는 현상이다. 그러므로 여자의 성 불감증이 여자의 다른 특별한 기능의 장애와 연결되어 있다는 것이 확인된다 해도 전혀 놀라운 일이 아니다. 많은 환자들에게서 월경 장애가 다양하게 나타난다. 생리 주기의 불규칙, 생리통, 혹은 심리적 영역에서 월경 8일 전부터 14일 사이에 자주 나타나는 긴장이나 짜증 혹은 허약 등이 그 장애에 포함된다. 심리적 영역의 장애들은 일어날 때마다 그 사람의 심리적 균형을 크게 깨뜨려 놓는다.

다른 환자들의 경우에는 모성을 대하는 태도에 문제가 있다. 일부 예를 보면, 임신을 노골적으로 거부하면서 거기에 대해 합리화를 꾀한다. 또 다른 환자들의 경우에는 임신에 대한 불만이 나타난다. 출산 중에 신경증적 불안이 나타나기도 한다. 또 다른 여자들의 경우에는 아이를 돌보는 것 자체가 문제로 작용하기도 한다. 아이에게 젖을 물리지 못하는 극단적인 예에서부터 신경 쇠약에 이르기까지 다양한 형태의 장애가 나타난다. 아니면 아이를 대하는 태도가 엄마로서 적절하지 못한 경우도 있다. 그런 한편으론 걱정이 지나치게 많고 신경이 날카로워져서 아이를 적절히 보살피지 못해 아이를 유모에게 맡기는 여자도 있다.

여자의 집안일과 관련해서도 이와 비슷한 일이 종종 벌어진다. 집안일을 지나치게 중요하게 여긴 나머지 집안일을 갖고 가족을 고문하다시피 하는 여자도 있다. 아니면 집안일에 지쳐 파김치가 되는 여자도 있다. 그렇듯 억지로 하는 모든 일은 여자에겐 스트레스가 될 수 있다.

그러나 여자의 기능에 이런 장애가 전혀 없는 곳에서조차도, 한 관계, 즉 남자를 대하는 태도가 정기적으로 훼손되거나 불완전할 수 있다. 이 장애들의 본질에 대해서는 다른 곳에서 다시 논하게 될 것이다. 여기서는 나는 단지 이 점만을 밝혀두고 싶다. 이 장애들이 무관심이나 병적 질투, 불신이나 조급증, 요구나 열등감, 연인에 대한 욕구나 여자들과의 친밀한 우정 등 어떤 것에서 일어나든, 거기에는 공통점이 한 가지 있다. 이성의 사랑의 대상과 완전한(즉 육체와 영혼을 포함하는) 사랑의 관계를 이루지 못하는 무능력이 그 공통점이다.

만약 분석 작업 중에 이런 여자들의 무의식적인 정신생활을 보다 깊이 들여다보게 된다면, 우리는 거기서 여자의 역할을 단호하게 부정하는 태도를 확인하게 될 것이다. 이런 여자들의 의식적 에고에는 종종 여성성을 단호히 부정하는 증거가 담겨 있지 않기 때문에, 이 같은 태도가 더욱 놀랍게 다가온다. 반대로, 이런 여자들의 의식적인 태도뿐만 아니라 전반적인 모습은 아주 여자답다. 그렇다면 성 불감증을 겪는 여자들은 성적으로 잘 반응하고 또 성적인 요구도 많을 수 있다는 지적도 타당해진다. 이는 성 불감증과 섹스 거부를 동일시해서는 안 된다는 경고나 다름없다. 사실 보다 깊은 차원으로 들어가면 섹스에 대한 거부를 만나는 것이 아니라 여자의 역할을 맡길 꺼려하는 태도를 만나게 된다. 이 혐오가 겉으로 드러나기라도 하면, 그것은 대체로 여성에 대한 사회적 차별이나 남편 혹은 남자들에 대한 비난으로 정당화된다. 그러나 그보다 더 깊은 차원으로 내려가면 또 다른 명확한 동기가 있다. 남성성에 대한 다소 강한 소망 혹은 남성성의 공상이다. 여기서 나는 우리가 이미 무의식의 영역 안에 들어와 있다는 점을 강조하고 싶다. 비록 그런 소망이 부분적으로 의식적일 수는 있을지 몰라도, 여자는 대체로 그 소망의 범위나 보다 깊은 본능적 동기를 의식하지 않는다.

여자라는 이유로 차별을 당하고 있다는 느낌이나 남자에 대한 선망, 남자가 되고 싶은 소망, 여자의 역할을 버리고 싶은 소망 등의 감정과 공상으로 이뤄진 콤플렉스를 우리는 여자의 남성성 콤플렉스라고 부른다. 이 콤플렉스가 신경증적인 여자뿐만 아니라 다소 건강한 여자의 삶에까지 미치는 영향은 대단히 복합적이다. 그래서 나는 그 영향의 중요한 방향에 대해서는 대략적으로 설명하는 것으로 만족하지 않을 수 없다.

남자에 대한 선망이 가장 눈에 두드러지게 나타난다는 점에서 본다면, 이 같은 소망들은 남자에 대한 분개로, 특권을 누리는 존재인 남자에게 느끼는 내면의 반감으로 표현된다. 노동자가 고용주에 대한 적대감을 숨긴 가운데 고용주를 곤란하게 만들려고 노력하거나 일상의 게릴라전을 통해서 심리적으로 무력화시키려고 애를 쓰는 것과 비슷하다. 한마디로 말해, 우리는 그런 그림을 한눈에 알아볼 수 있다. 왜냐하면 그런 그림이 수많은 결혼 생활에 나타나고 있기 때문이다.

그러나 동시에 우리는 모든 남자들을 헐뜯는 바로 그 여자가 그럼에도 불구하고 남자들을 자신보다 우월한 존재로 여기고 있다는 사실을 눈으로 확인하고 있다. 그런 여자는 진정한 성취를 이룰 수 있는 능력이 여자에게도 있다는 사실을 절대로 믿지 않으며 오히려 남자들의 여자 멸시에 동의하는 태도를 보인다. 그녀는 자신이 남자가 아님에도 불구하고 적어도 여성에 대한 판단에서만은 남자와 한편이 되기를 갈망한다. 종종 이 같은 태도는 남자를 깎아내리려는 태도와 번갈아 나타난다. 그래서 그런 여자를 보면 여우와 신포도 이야기가 떠오른다.

게다가 그런 식의 무의식적 선망의 태도는 여자가 자신의 미덕을 보지 못하도록 만든다. 심지어 모성까지도 그런 여자에겐 부담으로만 보일 뿐이다. 모든 것은 남자에 비춰 평가된다. 말하자면 근본적으로 여자와 어울리지 않는 잣대를 기준으로 삼고 있는 것이다. 따라서 여자는 쉽게 자기 자신에 대해 불충분하다는 식으로 인식한다. 그 결과 오늘날 상당한 성취를 이룬 재능 있는 여자들의 내면에서도 어느 정도의 불확실성이 발견되고 있다. 이 불확실성은 그 여자들의 내면 깊은 곳에 있는 남성성 콤플렉스에서 비롯되며 여자들이 비판에 과민하게 반응하거나 소심하게 대처하도록 만들 것이다.

그런 한편, 근본적으로 손상을 입었다거나 운명적으로 차별을 받고 있다는 감정은 또한 무의식적으로 인생이 자신들에게 그런 잘못을 저지른 데 대해 보상을 요구하게 할 수 있다. 이 요구들이 실제로 결코 충족될 수 없다는 사실은 이 요구들의 기원과 일치한다. 끊임없이 요구사항만 늘어놓거나 불만을 표현하는 여자 앞에서 대체로 사람들은 그 원인을 전반적인 성적 불만으로 설명한다. 그러나 보다 깊이 파고들면, 그 불만 자체가 이미 남성성 콤플렉스의 결과일 수 있다는 점이 명확히 드러난다. 무의식적으로 남성성을 강력히 주장하는 것은 여자의 태도에 바람직하지 않다는 것은 경험으로도 입증될 뿐만 아니라 이해도 쉽게 된다. 이 같은 요구들은 그 은밀한 논리 때문에 성 불감증으로 이어질 것임에 틀림없다. 남자를 섹스 파트너로 모조리 거부하지 않아도, 그런 현상이 나타날 것이다. 거꾸로 성 불감증은 앞에서 설명한 열등감을 강화하는 것 같다. 왜냐하면 보다 깊은 차원에서 성 불감증이 틀림없이 사랑에 대한 무능으로 경험될 것이기 때문이다. 이는 성 불감증을 단정한 몸가짐이나 순결로 보는 의식적인 도덕적 평가와는 정반대이다. 성적인 영역에서 능력이 떨어진다는 무의식적 감정은 아주 쉽게 다른 여자들에 대한 신경증적 질투로 이어질 수 있다.

남성성 콤플렉스의 다른 결과들은 무의식 속에 더욱 깊이 뿌리를 내리고 있으며 무의식적 방어 기제에 대한 정확한 지식 없이는 쉽게 이해되지 않는다. 많은 여자들의 꿈과 증후들은 기본적으로 여자들이 자신의 여성성을 제대로 받아들이지 않고 있다는 점을 분명히 보여주고 있다. 이 여자들은 반대로 무의식적 공상의 삶에서 자신이 실제로 남자로 태어났다는 허구를 고집하고 있다. 그들은 자신들이 어떤 영향들 때문에 부상을 입거나 몸의 일부가 잘리게 되었다고 믿고 있다. 그런 공상에 따라, 여자의 성기는 병들고 손상을 입은 신체기관으로 여겨진다. 이 같은 생각은 훗날 월경이라는 증거를 통해서 재확인되고 활성화될 수 있다. 여자들이 의식적으로는 훌륭한 지식을 갖추었음에도 불구하고, 여자들의 무의식에서는 이런 현상이 나타난다. 그런 성격을 지닌 무의식적 공상과 연결될 경우에는 앞에서 설명한 월경 관련 장애들이나 성교 중 통증, 임신 관련 문제들이 쉽게 나타날 수 있다.

다른 환자들을 보면, 무의식적 공상과 연결된 이런 생각들과 불평, 건강에 대한 두려움 등이 성기 자체와 결합되어 있지 않고 다른 신체기관으로 전이되고 있다. 이런 환자들을 상대할 때에는 다른 정신분석 관련 자료를 두루 세세하게 조사해야만 각 개인의 내면에서 일어나는 세세한 과정들에 대한 통찰을 얻을 수 있다. 분석 과정 자체만으로는 무의식적인 남성성 소망이 집요하다는 인상만 받을 뿐이다.

만약에 이런 여자들의 심리적 발달에서 이 신기한 콤플렉스의 기원을 찾는다면, 어린 소녀들이 실제로 소년들의 생식기 때문에 소년들을 선망하게 되는 그런 단계가 확인되고 관찰될 것이다. 이 단계는 직접적 관찰을 통해 쉽게 확인된다. 결국엔 주관적이기 마련인 분석적 해석은 이런 관찰에 전혀 아무것도 보태지 못한다. 그럼에도 직접 확인할 수 있는 지점에서조차도, 분석가들은 강한 불신에 직면하고 있다. 비평가들은 아이들도 그런 생각들을 표현할 수 있다는 사실을 효과적으로 반박하지 못하게 되면 어김없이 아이들에게 나타나는 그 같은 발달의 중요성을 부정하려 든다. 비평가들은 그런 소망 혹은 선망은 일부 소녀들에게서 관찰되지만 그 의미는 다른 아이가 가진 장난감이나 사탕 앞에서 하게 되는 부러움의 표현 정도에서 그친다고 말한다.

그래서 나는 여기서 그런 의견에 회의를 품게 만드는 어떤 요인에 대해, 말하자면 심리적 분화가 일어나기 전 단계에 있는 아이들의 삶에 소년의 육체가 지니는 의미에 대해 언급할 생각이다. 신체에 대한 그런 원시적인 태도는 아마 유럽의 성인에게는 이상하게 여겨질 수도 있을 것이다. 그러나 보다 순진하게 생각하고 따라서 성적인 문제들에서 덜 억압된 다른 민족 집단들은 성욕의 육체적 상징들, 특히 남근 숭배를 포함하는 의식을 꽤 공개적으로 치른다는 사실을 우리는 알고 있다. 그런 집단들은 남근에 신성한 지위와 기적의 힘을 부여하고 있다. 이 같은 남근 숭배의 바탕에 작용하고 있는 사고의 유형은 사실 아이의 사고방식과 아주 유사하다. 그래서 아이의 존재 방식에 익숙한 사람에게는 그 같은 사고방식이 아주 분명하게 이해된다. 뒤집어 말하면, 남근 숭배는 우리가 아이의 세계를 이해하는 데 큰 도움을 줄 수 있다.

만약 여기서 우리가 남근 선망의 단계를 하나의 경험적 사실로 받아들인다면, 이성적인 사고로는 거의 반박 불가능한 어떤 반대가 쉽게 제기될 것이다. 소녀가 소년을 부러워해야 할 이유가 하나도 없다는 식의 반대 말이다. 모성의 능력만으로도 소녀는 의심할 여지없이 생물학적 우위를 누린다. 그래서 이것이 오히려 소년의 마음에 거꾸로 모성 선망을 낳을 수 있다. 여기서 나는 간단히 그런 현상이 실제로 존재하고 또 그런 선망으로부터 어떤 강력한 자극이 일어나 남자가 문화 분야에서 생산성을 발휘하도록 만든다는 점을 강조하고 싶다. 그런 한편, 초기 단계의 어린 소녀는 자신이 소년보다 유리한 입장에 놓여 있다는 것을 제대로 이해하지 못했으며, 따라서 그 같은 입장은 소녀가 그 시기에 자신이 불리한 처지에 있다는 것을 느끼지 않도록 막지 못했다. 그럼에도 불구하고, 우리가 남근 선망을 과도하게 평가하고 있다는 비판에도 어느 정도 일리가 있다. 왜냐하면 실제로 보면 성인이 된 뒤에 나타나면서 재앙의 결과를 자주 낳는 남성성 콤플렉스는 초기 발달 단계의 직접적 산물이 아니라 복잡한 우회로를 거쳐서만 나타나기 때문이다.

이런 조건들을 이해하기 위해선, 남근 선망의 태도가 다른 대상을 향한 것이 아니라 자기 자신의 에고를 향한 자기애적인 태도라는 점을 먼저 깨달아야 한다. 여성성의 발달이 호의적인 환경에서 일어나는 경우에는, 이 같은 자기애적인 남근 선망은 남자와 아이에 대한 소녀의 욕망에 거의 완전히 묻혀버리게 된다. 이 같은 사실은 자신의 여성성 안에서 안전하게 쉬고 있는 여자들이 앞에서 언급한 남성성 주장과 관련해 언급할 만한 흔적을 전혀 보이지 않는다는 관찰과도 잘 맞아떨어진다.

그러나 정신분석의 통찰은 그런 정상적인 발달을 보장하려면 많은 조건들이 갖춰져야 하고 또 그 발달의 과정에 일어날 수 있는 봉쇄나 장애가 아주 많다는 점을 보여주었다. 심리성적 발달에 가장 결정적인 단계는 가족 안에서 최초의 대상 관계가 일어나는 단계이다. 생후 3년차와 5년차 사이에 절정에 이르는 이 단계에, 다양한 요소들이 끼어들면서 소녀가 여자의 역할을 멀리하도록 만든다. 예를 들어, 남자 형제에 대한 가족의 총애는 어린 소녀의 내면에서 남성성에 대한 소망을 강하게 키워놓을 수 있다. 어린 나이에 성행위를 목격하는 것도 이런 방향으로 아주 오랫동안 영향을 미칠 수 있다. 성적인 문제들이 대체로 아이로부터 감춰지는 곳이라면, 이 영향은 더욱 클 수 있다. 몇 살 되지 않은 아이들이 부모의 성교를 목격하는 경우가 많다. 그 장면은 아이에겐 엄마가 강간을 당하거나, 부상을 입거나, 병에 걸리는 것으로 인식된다. 아이가 엄마의 생리혈이라도 보게 된다면, 아이의 의견은 더욱 강해진다. 게다가, 아버지가 실제로 잔인하게 행동하든가 엄마가 병에 걸리기라도 하면, 이 인상까지도 아이의 내면에 여자의 위치는 위태롭고 불확실하다는 인식을 더욱 강화시킬 것이다.

이 모든 것들은 어린 소녀에게 영향을 미친다. 그런 일들이 소녀에게 최초의 성적 발달이 이뤄지는 단계에 일어나기 때문에, 그 영향은 특히 더 중요하다. 성적 발달이 최초로 이뤄지는 단계에 소녀는 자신의 본능적 요구와 어머니의 본능적 요구를 무의식적으로 동일시한다. 이런 무의식적인 본능적 요구로부터, 똑같은 방향으로 작용할 또 다른 충동이 일어난다. 말하자면, 이 소녀가 초기에 아버지에게 품는 사랑의 태도가 강할수록, 이 사랑의 태도가 아버지에 대한 실망과 어머니에 대한 죄책감 때문에 실패할 위험 또한 더욱 커질 것이다. 게다가 이런 정서들은 여자의 역할과 밀접히 연결되어 있다. 죄책감과의 그런 연결은 잘 알려진 대로 이 기간에 일어나는 성적 자극의 육체적 표현인 자위에 따른 두려움으로 이어질 수 있다.

이 같은 불안과 죄책감 때문에, 소녀는 여자의 역할로부터 뒤로 물러서고 안전을 위해서 허구의 남성성에서 그 피난처를 찾을 수도 있다. 원래 그 성격상 일찍 사라지게 되어 있는 순수한 선망에서 비롯된 남성성의 소망들은 이제 이런 막강한 충동들에 의해 심리적 에너지를 과도하게 받게 되어 이 시점에서는 내가 앞에서 언급한 바와 같이 엄청난 효과를 발휘할 수 있다.

정신분석에 문외한인 사람은 훗날의 연애 생활에서 겪는 실망에 대해 먼저 생각하는 경향을 보일 것이나. 정신분석가는 간혹 어떤 남자가 여자에게 실망한 뒤에 동성애적인 사랑의 대상으로 돌아가는 것을 목격한다. 물론 성인이 되어 일어나는 이런 사건들도 과소평가해서는 안 된다. 그러나 우리의 경험은 연애 생활에 나타나는 이런 불행도 어린 시절에 습득된 어떤 태도의 결과일 수 있다는 점을 상기시킨다. 그런 한편, 훗날의 이런 경험이 없었던 환자들에게도 앞에 설명한 결과들이 두루 나타날 수 있다.

이런 무의식적인 남성성 주장들이 확고해지기만 하면, 그 여자는 이미 결정적인 악순환의 고리를 엮어낸 셈이다. 그녀는 원래 여성의 역할로부터 허구의 남성적 역할로 달아났다. 한편 허구의 남성적 역할이 확고해지는 순간, 그녀는 거꾸로 여성의 역할을 더욱 강하게 거부하게 된다. 이젠 그 거부에 경멸의 기미까지 더해지게 된다. 자신의 삶을 그런 무의식적인 허위 위에 세운 여자는 기본적으로 두 가지 측면에서 위험에 처하게 된다. 한편으로는 그녀의 남성성에 관한 소망들 때문에 위험에 처하게 되는데, 이유는 그 소망들이 그녀의 자아감을 흔들어놓기 때문이다. 다른 한편으로는 그녀의 억압된 여성성 때문에 위험에 처하게 되는데, 이유는 일부 경험이 불가피하게 그녀에게 여성의 역할을 상기시키기 때문이다.

문학은 그런 갈등 때문에 신경 쇠약에 걸리는 여자의 운명을 자주 묘사하고 있다. 독일 시인 실러(Friedrich von Schiller)의 비극 '오를레앙의 처녀'에도 그런 여자가 등장한다. 낭만적으로 묘사된 역사는 여주인공을 한동안 조국의 적을 사랑했다는 이유로 죄책감에 시달리다 신경쇠약에 걸리는 것으로 그리고 있다. 그럼에도 조국의 적을 사랑했다는 사실은 그처럼 깊은 죄책감을 느끼고 심각한 신경쇠약을 겪을 이유로는 불충분한 것 같다. 범죄와 처벌의 상관성이 부정확하고 불공평하기 때문이다. 그러나 공상적인 직관이 무의식에서 일어나는 어떤 갈등을 그렸다고 가정하는 순간, 깊은 심리적 중요성을 지닌 어떤 의미가 나타난다. 그렇다면 프롤로그에서 그 비극을 심리학적으로 이해할 단서를 찾아야 한다. 여기서 처녀는 자신에게 모든 여성적인 경험을 금지하고 그 대신에 남성적인 명예를 약속하는 신의 목소리를 듣는다.

남자의 사랑을 너는 절대로 받아들여서는 안 되네
열정의 사악한 불꽃도 가슴에 품어서는 안 되네
너의 머리는 신부의 화환으로는 우아해지지 않을 것이네
사랑스런 아이도 너의 품에는 깃들지 않을 것이네
그러나 나는 전쟁의 명예로 너를 위대하게 만들 것이네

모든 세속적인 여성들의 명성과 운명보다 앞서서 말이네.

여기서 신의 목소리는 심리학적으로 아버지의 목소리와 동등하다고 가정하자. 수많은 경험을 통해서 뒷받침되는 가설이다. 따라서 기본적인 상황의 핵심에는 여성적인 경험을 금지시키는 것은 그녀가 자기 아버지에게 느끼는 감정과 연결되어 있다는 사실이 자리 잡고 있다. 또 아버지에게로 투영된 이 금지가 그녀를 남성적인 역할을 맡도록 몰아붙인다. 따라서 심각한 신경쇠약은 그녀가 조국의 석을 사랑했기 때문에 일어난 것이 아니라 그녀가 사랑을 했다는 사실 때문에, 말하자면 억눌린 여성성이 폭발하듯 나타나면서 죄책감을 수반하고 있기 때문에 일어난 것이다. 덧붙여 말하자면, 이 갈등이 정서적 우울증을 낳을 뿐만 아니라 그녀의 "남성적인" 성취가 실패하도록 만든다는 것은 매우 인상적이다.

의료 심리학에서 이 시인의 직관적인 천재성이 창조해내는 인물과 비슷한 예들이 이따금 관찰된다. 성적 경험을 처음 한 뒤에 성격 변화를 보이거나 신경증을 보이는 여자들이 그런 예이다. 여기서 말하는 성적 경험이란 실제로 일어난 육체적 경험일 수도 있고 아니면 성에 눈을 뜨는 것일 수도 있다. 요약하면, 이런 환자들의 경우에는 특별한 여성적 역할을 찾는 길이 무의식적 죄책감이나 불안 때문에 봉쇄되었다고 말할 수 있다. 그런 봉쇄가 반드시 성 불감증으로 이어지지는 않는다. 여성적인 경험이 어느 정도 봉쇄될 것인지는 오직 이 저항의 강도에 의해 결정된다. 성적 경험이라는 생각 자체를 부정하는 여자들에서부터 저항이 성 불감증이라는 육체적 언어를 통해서만 분명해지는 여자들에 이르기까지, 그 증후들은 어떤 연속성을 보인다는 것을 우리는 여기서 확인하고 있다. 만약 저항이 비교적 약한 수준이라면, 성 불감증은 대체로 불변의 반응이 아니다. 그런 성 불감증이라면 어떤 조건들, 대부분 무의식적인 어떤 조건들 아래에서 버려질 수 있다. 일부 여자들에게는 성적 경험이 금지의 분위기 안에서 일어나야 하고, 또 어떤 여자들에게는 성적 경험이 어느 정도의 폭력이 수반되어야 가능하다. 그런 한편에선 모든 정서적 개입이 배제되어야만 성적 경험이 가능한 여자들도 있다. 마지막 예에 속하는 여자들의 경우에는 사랑하는 사람 앞에서는 성 불감증을 느끼지만 사랑하지 않으면서 단순히 관능적으로만 원하는 남자에게는 완전히 몸을 내맡길 수 있다.

성 불감증이 이처럼 다양한 형식으로 표출된다는 사실을 바탕으로, 우리는 성 불감증의 원인이 심리에 있을 것이라고 추론할 수 있다. 게다가, 성 불감증의 발달에 대한 분석적 통찰은 어떤 심리적 상황에서 성 불감증이 나타나고 사라지는 것은 엄격히 개인의 발달의 역사에 의해 결정된다는 사실을 받아들이도록 한다. "무감각한 여자는 단지 자신에게 적절한 만족의 형식을 발견하지 못한 여자일 뿐"이라는 스테켈(Wilhelm Stekel)의 주장은 이런 관점에서 보면 오해이다. "적절한 만족의 형식"이 무의식적 조건들과 연결되어 있을 수 있는데, 이 무의식적 조건들이 절대로 실현될 수 없을 수 있거나 의식적인 에고에 받아들여질 수 없기 때문이다.

따라서 성 불감증의 현상을 해석하는 데는 보다 큰 틀이 필요하다.

성 불감증은 정말로 그 자체로 하나의 중요한 증후일 수 있다. 실질적인 방출의 기회를 찾지 못한 까닭에, 리비도의 축적이 많은 여자들에 의해 엉성하게 관리되기 때문이다. 그럼에도 성 불감증은 그 바탕에 작용하고 있는 발달의 장애들을 통해서만 그 진정한 의미를 얻게 된다. 어쩌면 성 불감증은 단순히 이 발달의 장애들이 표현된 것에 지나지 않을 수 있다. 이런 통찰에서 본다면, 여성의 다른 기능들이 성 불감증의 영향을 자주 받는 이유가 쉽게 이해된다. 또 성 불감증이 수반되지 않은 상태에서 여성의 내면에 심각한 신경장애가 일어나는 경우가 드문 이유도 이해된다.

따라서 여기서 우리는 이런 현상들의 빈도에 관한 원래의 문제로 되돌아간다. 추가 설명을 할 필요도 없이, 이 개념에 따르면, 성 불감증이 흔하다는 사실은 그것을 정상이라고 볼 충분한 이유가 되지 못한다. 특히 성 불감증의 기원이 발달 단계의 억제로까지 거슬러 올라가기 때문이다. 그래도 성 불감증이 놀랄 만큼 많은 원인에 대한 물음은 여전히 대답을 얻지 못한 그대로 남는다.

이 물음에 대한 대답은 분석적 수단만으로는 가능하지 않다. 정신분석은 성 불감증이 생겨나게 하는 발달의 샛길을 가리키는 그 이상의 역할을 하지 못한다. 아니, 정신분석은 이 샛길들에 접근할 수 있는 방법을 알려줄 수는 있다. 그러나 정신분석은 이 샛길을 여행하는 사람들이 그렇게 많은 이유에 대해서는 우리에게 아무런 이야기를 들려주지 못한다. 어쨌든, 짐작 그 이상의 이야기는 들려주지 못한다.

내가 볼 때, 성 불감증이 이처럼 흔한 데 대한 설명은 개인보다 상위에 있는 문화적 요소들과 관계있는 것 같다. 잘 알려진 바와 같이, 서구 문화는 남성 위주의 문화이며, 따라서 대부분의 것들이 여자가 개성을 펼치는 데 호의적이지 않다. 이 요소가 여자에게 행사하는 다양한 영향들 중에서, 나는 딱 두 가지에 대해서만 특별한 주의를 기울여 줄 것을 요구한다.

첫째, 여자가 개인적으로 한 사람의 엄마로서나 연인으로서 아무리 소중하게 여겨질지라도, 인간적 및 영적 바탕에서 보다 소중하게 여겨지는 사람은 언제나 남자이다. 어린 소녀는 전반적으로 이런 인상을 받으며 자란다. 만약에 어린 소녀의 경우에 처음부터 남자를 선망할 이유를 갖고 있다는 사실을 고려한다면, 우리는 이 같은 사회적 인상이 여자로 하여금 의식적인 차원에서 남성성 소망을 품게 만들고 또 동시에 여자의 역할에 대한 확신을 내면적으로 쉽게 품지 못하도록 방해한다는 사실을 이해하게 될 것이다.

여자에게 불리한 또 다른 요소는 오늘날 남자의 성적 경향에 나타나고 있는 어떤 특이점에 있다. 사랑 생활을 관능적인 요소와 낭만적인 요소로 나누는 것은 지금까지 여자들에게만 발견되었는데, 이런 현상이 교육을 받은 남자들 사이에서도 여자들의 성 불감증만큼이나 자주 보이고 있다. 따라서 한편으로 보면 남자는 영적으로 자신과 가까이 있을 인생의 동반자와 친구를 찾지만 이런 사람에겐 관능적인 면을 보이지 않는다. 그러면서 남자는 여자에게도 비슷한 태도를 기대한다. 이런 현상이 여자에게 미치는 영향은 명백하다. 그 영향은 쉽게 여자의 성 불감증으로 이어질 수 있다. 다른 한편으로 보면, 그런 남자는 성적 관계만 가질 여자를 찾을 것이다. 남자들이 매춘부와의 관계에서 가장 분명하게 드러내고 있는 경향이다. 그러나 이 같은 태도가 여자에게 미치는 영향은 또한 성 불감증으로 나타난다. 여자의 내면에서 정서적 삶이 대체로 성적 관심과 밀접히 연결되어 있기 때문에, 여자는 자신이 사랑하지 않거나 사랑을 받지 않을 때에는 자신을 완전히 주지 못한다. 남자의 주관적 필요는 남자의 지배적인 지위 때문에 현실에서 충족될 수 있다는 사실을 고려해 보라. 또한 관습과 교육이 여자에 대한 금지를 만들어내고 유지하는 것에 미치는 영향을 고려해 보라. 그러면 이 짧은 설명만으로도 여자가 여성성을 발달시키는 데 방해 요소로 작용하는 힘들이 아주 막강하다는 사실이 금방 확인될 것이다. 그런 한편으로, 정신분석은 여자가 발달을 이루는 동안에 여자의 역할을 부정하게 만들 수 있는 기회와 경향도 아주 많다는 점을 보여주고 있다.

결정적인 영향 중에서 내적 요소와 외적 요소가 차지하는 비중은 사람마다 다 다를 것이다. 그럼에도 근본적으로 그 영향은 내적 요소와 외적 요소가 결합하여 작용한 결과이다. 내적 요소와 외적 요소가 어떤 식으로 결합해서 작용하는지를 알게 된다면, 여성에게 흥분 억제가 자주 일어나는 현상을 진정으로 이해할 길이 열릴 것이다. 〈1926년〉

4장

—

일부일처제
이상(理想)의 문제

한동안 나는 결혼의 문제들을 철저하게 분석적으로 파헤치는 작업이 아직 전혀 이뤄지지 않고 있는 이유가 무엇일까, 하고 곰곰 생각해보았다. 정신분석에 종사하는 전문가라면 거의 예외 없이 이 주제에 대해 할 말이 많을 게 틀림없는데도 결혼의 문제들에 대한 본격적 분석은 전무하다. 실질적인 이유에서도 이론적인 이유에서도 결혼의 문제들에 대한 분석이절실히 필요한 상황이다. 실질적으로는 매일 부부 사이에 갈등이 목격되고 있기 때문이고, 이론적으로는 오이디푸스 상황과 연결되어 있는 것이 결혼 생활에서만큼 명백하게 드러날 수 있는 분야가 인생살이에 따로 없기 때문이다.

어쩌면 결혼의 문제들이 우리와 너무 가까이 있는 탓에 과학적 호기심이나 야심적인 목표의 대상이 되지 못할 수도 있겠다는 생각이 든다. 그러나 우리를 아주 가까이서 건드리고 있는 것이, 말하자면 우리와 가장 친밀한 사람과의 경험 그 깊은 뿌리에 아주 가까이 있는 것이 문제가 아니고 갈등일 수도 있다. 이 외에 또 다른 어려움이 있다. 결혼은 사회 제도이며, 따라서 심리학적 관점에서 결혼의 문제들에 접근하려는 노력은 당연히 방해를 받게 되어 있다. 동시에 이 문제들의 실질적 중요성은 우리로 하여금 적어도 그 문제들의 심리적 바탕이 무엇인지를 파고들라고 강요하고 있다.

비록 나 자신이 이 논문의 목적을 위해서 한 가지 구체적인 문제를 선택했을지라도, 우리는 먼저 결혼이 암시하는 기본적인 정신적 상황을 개념적으로 정리해야 한다. 카이절링(Hermann Keyserling)은 최근 『간통』(Ehebuch)에서 아주 분명한 만큼 더욱더 두드러지는 어떤 물음을 던졌다. 어느 시대 할 것 없이 결혼으로 인한 불행이 끊이질 않는데도, 인간이 지속적으로 결혼을 하도록 강요하고 있는 것은 과연 무엇인가? 이 물음에 대한 대답을 내놓기 위해, 우리는 다행히 남편과 아이들에 대한 "타고난" 욕망이라는 개념에 의존하지 않아도 되고 카이절링처럼 철학적 설명에 의존하지 않아도 된다. 사람들이 결혼을 하도록 하는 것은 우리가 어린 시절의 오이디푸스 상황에서 일어나는 온갖 케케묵은 욕망들의 성취를 결혼 생활에서 이룩할 수 있지 않을까 하는 기대 그 이상도 아니고 그 이하도 아니라는 주장을 우리는 아주 설득력 있게 펼 수 있다. 말하자면 아버지의 아내가 되고 싶어 하고, 아버지를 혼자서만 갖고 싶어 하고, 또 아버지의 아이를 갖고 싶어 하던 욕망이 결혼 생활에서 이뤄질 것이라는 기대 때문에 사람들이 결혼을 한다는 뜻이다. 덧붙여 말하자면, 나는 이를 잘 알고 있기 때문에 사람들이 결혼 제도가 조만간에 종말을 고하게 될 것이라는 예언 앞에서 극도로 회의적인 반응을 보일 것이라고 장담할 수 있다. 어떤 시대의 사회 구조가 결코 사라지지 않을 이런 소망의 형식에는 영향을 미칠 수 있을지라도, 소망 자체가 사라지는 일은 절대로 없을 것이다.

따라서 결혼 관계를 통해 형성되는 최초의 상황에는 무의식적 소망들이 위험할 정도로 많이 얽혀 있다. 이는 다소 불가피하다. 왜냐하면 이런 욕망들이 지속적으로 일어나지 않도록 막을 방법도 절대로 있을 수 없고, 또 어려움들에 대한 의식적 통찰이나 경험도 그다지 큰 도움이 되지 않기 때문이다. 이런 무의식적 소망들의 짐이 위험한 이유는 2가지이다. '이드'(프로이트는 성격의 3가지 요소로 이드와 에고(자아), 슈퍼에고(초자아)를 제시한다. 이드는 본능적 충동의 원천이고, 에고는 이드를 적절한 방향으로 통제하는 요소로 합리적이고 지각적인 기능이 두드러진다. 슈퍼에고는 유아기에 부모나 어른들의 도덕적 태도가 내면화된 것으로서 개인의 행동에 줄곧 영향을 미치는 양심으로 보면 된다/옮긴이)의 측면에서 보면, 결혼 당사자는 실망의 위험을 안고 있다. 왜냐하면 실제로 아버지나 어머니가 된다는 것이 어린 시절 욕망이 우리의 마음에 각인시킨 그 그림을 실현시켜주지 못할 뿐만 아니라, 프로이트가 말하듯이, 남편이나 아내는 언제나 대체물일 뿐이기 때문이다. 이 실망의 비통함은 한편으로는 고착의 정도에, 또 한편으로는 무의식적인 성적 욕망과, 배우자로 발견한 대상과 성취한 희열 사이의 불일치의 정도에 좌우된다.

또 다른 측면에서 보면, 슈퍼에고가 옛날의 근친상간 터부의 부활에 의해 위협을 받는다. 이번에는 결혼한 파트너와의 관계에서다. 무의식적 소망들이 완벽하게 성취될수록, 그 위협 또한 더 커진다. 결혼 관계에서 근친상간 금지가 부활되는 것은 매우 흔한 일이며, 기본적으로 자식과 부모의 관계에서와 똑같은 결과로 이어진다. 즉 직접적인 성적 목적이 그런 성적 목적이 억제되는 그런 다정한 태도로 바뀌는 것이다. 이런 현상이 나타나지 않은 환자는 내가 치료한 사람들 중에선 한 사람밖에 없었다. 아내로서 자신의 남편을 성적 대상으로 영원히 사랑하고 있는 이 여자 환자는 12세에 자기 아버지를 통해서 실제로 성적 희열을 느꼈던 사람이었다.

성욕이 결혼 생활 중에 이런 과정을 밟게 되는 데는 물론 또 다른 이유도 있다. 욕망이 성취된 결과 성적 긴장이 누그러질 수 있는 것이다. 특히 한 사람의 대상과의 관계 속에서 성욕을 쉽게 충족시킬 수 있기 때문에, 성적 긴장이 한결 약해진다. 그러나 이런 전형적인 현상이 나타나도록 만드는 보다 깊은 동기는 오이디푸스 콤플렉스의 반복으로까지 거슬러 올라간다. 우연적인 요소들을 별도로 한다면, 어린 시절에 겪은 상황의 영향이 나타나는 방식과 영향의 크기는 그 사람의 마음에 살아 있는 하나의 힘으로서 근친상간 터부가 느껴지는 범위에 따라 달라질 것이다. 근친상간 터부의 깊은 영향은 사람에 따라 다 다르게 나타나겠지만, 대체로 보면 이런 식으로 공식화할 수 있다. 근친상간 터부의 영향이 어떤 제한이나 조건을 낳는다. 그런데 근친상간 터부에도 불구하고 사람은 결혼 관계를 여전히 이어갈 수 있다.

잘 알다시피, 그런 제한은 배우자로 선택된 남편이나 아내의 유형에서 이미 느껴질 수 있다. 아내로 선택된 여자는 절대로 어머니를 떠올리게 하지 않을 것이다. 사회적 기원이나 지적 역량 혹은 외모에서 그녀는 어머니와 대조를 이룰 것이다. 이는 신중을 기해 파트너를 선택한 결혼이나 제3자의 개입을 통해 맺어진 결혼이 순수하게 사랑을 바탕으로 한 결혼보다 비교적 더 나은 것으로 확인되는 이유를 설명해줄 것이다. 결혼 상황과 오이디푸스 콤플렉스에서 일어나는 욕망 사이의 유사성이 자동적으로 그 사람의 어린 시절의 태도와 발달이 되풀이되도록 할지라도, 그럼에도 불구하고 만약에 애초부터 미래의 남편이나 아내가 무의식적 기대와 결합되어 있지 않다면, 어린 시절의 태도와 발달이 되풀이되는 정도가 덜할 것이다. 게다가 결혼을 실패로부터 보호하려는 무의식적인 경향을 고려한다면, 동유럽의 유대인들 사이에 행해지고 있는 것과 같은 중매결혼에 어떤 심리학적 지혜가 담겨 있다는 사실이 확인될 것이다.

결혼 생활 자체를 들여다보면, 우리는 각자의 마음 안에서 이 같은 조건들이 온갖 심리적 장치들에 의해 만들어지고 있는 것을 볼 수 있다. 이드와 관련 있는 것을 말한다면, 전희나 성교에서 다양한 변형을 배제하는, 파트너에 대한 단순한 성적 억제에서부터 완전한 발기 부전이나 성 불감증에 이르기까지, 성기 성욕에 대한 온갖 종류의 억제가 있다. 게다가, 에고가 그런 태도를 정당화하거나 재확인하려는 시도를 보이는데 이것 또한 다양한 형태로 이뤄진다. 이런 정당화 중 하나를 보면 사실상 결혼을 전적으로 부정하는 것이나 다름없어 보인다. 외부적으로는 자신이 결혼했다는 사실을 인정하면서도 내면적으로는 결혼에 대해 어떠한 감사의 마음도 느끼지 않는 여자가 바로 그런 예이다. 이런 여자들은 대체로 처녀 적 이름으로 사인을 하고 소녀처럼 옷을 입고 행동하는 경향을 보인다.

그러나 양심에 결혼을 정당화해야 하는 내면적 필요성에 쫓기는 에고는 종종 결혼에 대해 정반대의 태도를 취한다. 그래서 결혼을 과도하게 강조하게 된다. 더 정확히 표현하면, 남편이나 아내에게 느끼는 사랑을 과장되게 강조하게 된다. 이런 태도를 "사랑에 의한 정당화"라고 불러도 무방할 것이다. 사법 당국이 사랑으로 인해 저질러진 범죄에 대해 다소 가벼운 벌을 내리는 데서도 그 같은 태도가 읽힌다. 여자 동성애 환자에 관한 논문에서, 프로이트는 인간이 또 다른 인간 존재에게 느끼는 애정이나 혐오의 정도를 판단하는 일에서만큼 우리 인간의 의식이 불완전하고 엉터리인 분야는 달리 없다고 주장한다. 프로이트의 주장은 결혼에 특히 더 맞는 말인 것 같다. 사랑의 감정이 언제나 과도하게 평가를 받고 있기 때문이다. 나는 이 같은 현상을 설명하기 위해 오랫동안 고민해 왔다. 두 사람의 관계가 정말로 얇고 일시적인데도 당사자가 이런 착각에 쉽게 빠진다는 사실은 따지고 보면 그리 놀라운 일도 아니다. 그러나 사람들은 결혼 관계에서는 관계의 영원성뿐만 아니라 성적 욕구를 더욱 빈번하게 충족시킬 수 있다는 사실 때문에 성에 대한 과대평가와 그것과 연결된 착각들이 없어질 것이라고 짐작한다. 이 문제에 대한 가장 명백한 대답은 이런 식일 것이다. 사람들은 결혼에 따른 정신생활의 부담에 대해 어떤 강한 감정 때문에 생기는 것이라고 스스로에게 설명하려고 노력할 것이다. 그런데 이런 식의 설명이 매우 자연스럽다. 그래서 사람들은 그 감정이 살아 있는 힘이 더 이상 아니게 된 뒤에까지도 그 감정이 그대로 있다는 생각에 강하게 매달리게 된다. 그럼에도 불구하고, 이 설명이 다소 피상적이라는 사실을 인정해야 한다. 이유는 이 설명이 우리가 에고 안에서 익숙한 통합을 이뤄야 할 필요성에서 나왔을 것이기 때문이다. 우리가 인생에서 아주 중요한 결혼 관계에서 일관된 태도를 보이고 있다는 점을 보여주기 위해 사실들을 왜곡시키는 것도 실은 이 통합을 위한 것이다.

또 다시 오이디푸스 콤플렉스와의 연결이 한층 더 깊은 설명을 제시한다. 왜냐하면 부부의 연을 맺은 남편이나 아내를 영원히 사랑하겠다는 서약과 그렇게 해야 한다는 계명이 무의식적으로 십계명의 네 번째 계명으로 여겨지기 때문이다. 따라서 결혼 생활에서 파트너를 사랑하지 않는 것은 무의식에는 부모와 관련한 계명을 이행하지 않는 것만큼이나 큰 죄가 된다. 또 이런 점에서 본다면, 초기의 경험들, 이를테면 미움을 억누르고 사랑을 과장하는 것이 충동적으로 되풀이되고 있다. 여기서 나는 사랑 자체가 슈퍼에고에 의해 금지된 어떤 관계를 정당화하는 데 필요한 한 조건이라는 점을 인정하지 않는다면 많은 환자들에게서 나타나는 이 현상을 제대로 이해할 수 없다고 생각한다. 그렇다면 자연히 사랑의 유지 혹은 사랑의 착각은 중요한 실질적 기능을 수행하고 있다. 사람들이 사랑의 유지 혹은 사랑의 착각에 그렇게 끈질기게 매달리는 이유도 거기에 있다.

마지막으로, (어떤 신경증적 증후에서처럼) 고통이 매우 강력한 근친상간 금지에 맞서 결혼을 유지시키는 조건 중 하나라는 것이 확인되더라도 우리는 놀라지 말아야 할 것이다. 이 목적을 위한 고통은 아주 다양한 형태로 나타날 것이다. 그렇기 때문에 이 고통의 형태들을 짧은 스케치로 제대로 설명할 수 있을 것이라고 기대하기 어렵다. 그래서 나는 그 고통의 형태들 중에서 몇 가지만을 소개하는 선에서 그칠 것이다. 예를 들어, 일부 사람들의 가정 생활 혹은 직장 생활을 보면 그 사람의 무의식적 계획의 결과로 나온 조건들이 있다. 그 사람이 "가족을 위해" 일을 과도하게 많이 하거나 부당한 희생을 치러야 하는 그런 조건이다. 그러면서 그 사람은 그것을 부담으로 여긴다. 아니면 사람들이 결혼 후에 직장 생활 분야에서나 성격 혹은 지식 분야에서 자신의 개인적 발달의 상당 부분을 희생시킨다. 마지막으로, 우리는 한쪽 파트너가 상대방의 요구를 노예처럼 다 받아주면서 그런 고통스런 위치를 기꺼이 참아내는 무수한 예들을 포함시켜야 한다. 이 파트너는 아마 그렇게 하면서 강한 책임감을 의식적으로 즐길 것이다.

이런 결혼 생활을 보면서, 사람들은 종종 놀라며 궁금해 한다. 저 사람들은 분명 갈라서야 할 사람인데도 반대로 저렇게 한결같은 이유는 도대체 뭘까? 그러나 곰곰 생각해보면 그런 결합의 영원성을 보장하는 것이 바로 그 고통스런 조건에 충실하는 것이라는 사실이 확인될 것이다.

여기까지 오다 보니, 이런 예들과 신경증을 대가로 치르고 결혼을 구입한 다른 예들 사이에 명확한 구분은 결코 있을 수 없다는 것이 확인된다. 그러나 나는 신경증을 대가로 치르고 구입한 결혼에 대해서는 논의하고 싶지 않다. 왜냐하면 이 논문에서 나는 주로 정상으로 여겨질 수 있는 상황에 대해서만 논의하길 원하기 때문이다.

이 연구에서 나 자신이 사실들을 어느 정도 훼손하고 있다는 점에 대해서는 굳이 언급할 필요가 없을 것 같다. 내가 묘사한 조건들 모두는 다른 식으로 규정될 수 있을 뿐만 아니라, 현실에서는 그 조건들이 서로 복잡하게 얽혀 있지만 나로서는 그 조건들을 명쾌하게 설명하기 위해 하나하나 별도로 다룰 수밖에 없기 때문에, 사실을 어느 정도 손상시키는 것은 불가피하다. 예를 하나 제시하고 싶다. 기본적으로 모성적 태도가 결코 특별하지 않은데도 존경할 만한 여자들에게서도 이런 조건들 중 일부가 보일 수 있다. 그런 여자들을 보면 마치 이런 식으로 말하고 있는 것 같다. 나는 남편과의 관계에서 아내와 애인의 역할을 맡아서는 안 되고, 책임감과 보살핌의 손길로 오직 엄마의 역할만 해야 한다고 말이다. 이런 태도는 어떻게 보면 결혼을 위한 훌륭한 안전장치이긴 하지만 어디까지나 사랑의 제한에 바탕을 두고 있으며, 그 때문에 남편과 아내의 내면적 삶이 황량해질 수 있다.

지나치게 많은 성취와 지나치게 적은 성취 사이의 이 같은 딜레마가 각 개인에게 어떤 결과를 낳든, 두 가지 요소, 즉 착각에서 깨어나는 것과 근친상간 금지는 남편이나 아내에 대한 은밀한 적대감과 맞물려 작용하면서 파트너를 멀리하게 하고 그 결과 파트너가 어쩔 수 없이 새로운 사랑의 대상을 찾도록 만들 것이다. 이것이 일부일처의 문제를 낳는 기본적인 상황이다.

이런 식으로 해방된 리비도에게 열려 있는 다른 경로들도 있다. 승화나 억압, 과거의 대상들에 대한 에너지의 집중, 아이들을 통한 배출 등이 있는 것이다. 그러나 이 경로들에 대해서는 여기서 논하지 않을 것이다.

다른 인간이 사랑의 대상이 될 가능성이 언제나 열려 있다는 사실을 우리는 인정해야 한다. 왜냐하면 우리의 어린 시절의 인상과 이 인상의 부차적인 변형이 각양각색이어서 사실 매우 광범위한 대상을 선택하는 것이 가능하기 때문이다.

새로운 사랑의 대상을 추구하려는 이 충동은 상당히 정상적인 사람의 내면에서도 무의식적 원천으로부터 엄청난 자극을 얻을 것이다. 왜냐하면 비록 결혼이 유아기 욕구들의 성취를 상징할지라도 이 욕구들이 성취될 수 있는 것은 배우자의 발달이 아버지나 어머니의 역할과 진정으로 동일해질 때에만 가능하기 때문이다. 오이디푸스 콤플렉스의 결과가 이 허구의 기준에서 벗어날 때마다, 똑같은 현상이 나타난다. 문제가 되고 있는 사람이 일부 근본적인 사항에서 어머니와 아버지, 아이의 삼자관계 중 유독 아이의 역할에만 매달리게 되는 것이다. 이런 경우라면, 본능적인 태도에서 일어나는 욕망들은 결혼을 통해 직접적으로 충족되지 못한다.

어린 시절로부터 넘어 온 이 같은 사랑의 조건들은 프로이트의 책들을 통해서 우리에게 익숙하다. 그래서 나는 단지 결혼의 내면적 의미가 어떤 식으로 그 조건들의 성취를 가로막는지를 보여주기 위해서 그것들을 상기시키는 선에서 끝낼 것이다. 아이에겐 사랑의 대상은 불가피하게 금지된 무엇인가에 관한 생각과 밀접하게 연결되어 있다. 그럼에도, 남편이나 아내를 향한 사랑도 그냥 허용되는 것이 아니다. 그 사랑 위로도 혼인상의 의무라는 중대한 생각이 늘 맴돌고 있다. 일부 일처제의 성격상 경쟁은 배제된다. 정말이지, 독점은 법이 보장한 특권이다. 또 다시, 성기 불안과 그에 따른 자기애의 약화 때문에 성적 매력을 거듭해서 드러내고 싶은 충동이 일어날 수도 있다. 아니면 동성애를 추구하려는 무의식적 경향이 있는 곳에는 동성의 대상을 추구하려는 충동이 있다. 여성의 관점에서 본다면, 이는 우회적인 길로 성취될 것이다. 남편이 다른 여자와 관계를 맺도록 하거나 아니면 아내 본인이 다른 여자가 어떤 역할을 맡는 그런 관계를 추구할 수 있는 것이다. 무엇보다도, 그리고 현실적 관점에서 보면 이것이 아마 가장 중요한 문제일 텐데, 애정 생활에 균열이 지속적으로 이어지는 곳에서 사람은 관능적 욕구의 대상이 아닌 다른 대상들에 다정한 감정을 집중하게 될 것이다.

이런 유아기의 조건들을 간직하고 있는 것이 일부일처의 원칙에 불리하게 작용한다는 사실이 쉽게 이해된다. 그런 조건들이 남편이나 아내로 하여금 다른 사랑의 대상을 찾도록 강요하기 때문이다.

이 같은 일부다처 혹은 일처다부의 욕망들은 일부일처의 관계를 가지려는 파트너의 요구와 충돌을 빚고 또 우리가 각자의 마음 안에 스스로 세운 정절이라는 이상과도 충돌을 빚게 된다.

이 두 가지 요구사항 중 첫 번째 사항을 고려하는 것으로 논의를 시작하도록 하자. 왜냐하면 다른 사람에게 포기를 요구하는 것이 자기 자신에게 포기를 강요하는 것보다 더 원시적인 현상이기 때문이다. 대략적으로 말하면, 이 요구의 기원은 분명하다. 대체로 아버지나 어머니를 독점하려는 유아기의 소망이 부활한 것이다. 성인이 된 지금 상대방을 독점하겠다고 나서는 이 요구는 결혼 생활에 절대로 이상한 것이 아니다. 반대로 그것은 모든 충실한 사랑의 관계의 핵심을 이루고 있다. 물론 다른 관계뿐만 아니라 혼인 관계에서도 이 요구는 순수하게 사랑에서 나온 것일 수 있지만 그 기원을 보면 대상에 대한 파괴적인 성향과 적대감과 대단히 밀접하게 연결되어 있다. 그러다 보니 나중에 사랑을 보면 이런 적대적인 성향들이 숨어 있던 장막 외에는 아무것도 남지 않을 때가 종종 있다.

　정신분석 과정에 보면 이 같은 독점욕은 무엇보다도 대상을 혼자서만 독점적으로 소유하기 위해 대상과 결합하려는 형식을 취하는 구순기(口脣期)의 파생물로 그 모습을 드러낸다. 전문가가 아닌 보통 사람의 관찰에도 종종 이 욕구는 파트너에게 다른 성적 경험을 허용하지 않을 뿐만 아니라 파트너의 친구들이나 일, 관심사에까지도 질투심을 보이는 소유욕에서 그 기원을 드러낸다. 이 같은 증후들은 우리의 이론적 지식에서 끌어낸 예상을 뒷받침한다. 그 지식이란 입을 통해서 결정되는 모든 태도와 마찬가지로 이 소유욕에도 양면성이 보인다는 점이다. 간혹 우리는 남자들이 자기 아내에게 정절을 강요해 성공하는 경우가 여자가 남편에게 정절을 강요해 성공하는 경우보다 더 많다는 인상을 받는다. 또 독점을 주장하는 본능이 남자가 더 강하다는 인상을 받는다. 이런 인상을 받는 중요한 의식적인 이유들이 있다. 예를 들면 남자들이 자신이 아이의 아버지라는 사실을 확실히 해 두기를 원한다는 점이다. 그러나 그 주장의 기원이 입과 관련 있다는 사실이 남자의 내면에 보다 큰 각인을 남겼을 수 있다. 어머니가 아들에게 젖을 빨릴 때, 아이는 여하튼 사랑의 대상이 부분적으로 흡수되는 것을 경험했다. 반면 소녀는 자기 아버지와의 관계에서 이에 상응하는 경험을 하지 못했다.

더욱 파괴적인 요소들은 또 다른 연결을 맺으려는 이 욕망과 밀접한 관계가 있다. 아주 어릴 때 아버지나 어머니의 사랑을 독점하겠다는 요구는 좌절과 실망을 겪었으며, 그 결과 나타난 것이 증오와 질투였다. 따라서 이 요구의 뒤에는 언제나 어떤 증오가 도사리고 있다. 이 증오는 대체로 이 요구를 실현시키려 하면서 보이는 태도에 의해 확인되며, 이때 옛날의 실망이 되풀이되면 종종 이 증오가 폭발한다.

어린 시절 초기의 좌절은 대상을 향한 우리의 사랑을 해쳤을 뿐만 아니라 우리의 자존감까지 해쳤다. 바로 여기서 모든 인간 존재는 자기애에 상처를 안게 된다는 것을 우리는 잘 알고 있다. 이런 이유 때문에, 어린 시절 초기의 실망이 남긴 상처의 민감성에 비례하여 훗날 일부일처의 관계를 강력히 요구하도록 만드는 것은 대부분 우리의 자긍심이다. 남자가 독점적 소유권을 주장하는 가부장적인 사회에서, 일부일처라는 자기애적인 요소는 분명히 "부정한 짓을 할지도 모르는 여자를 둔 남자"를 위한 것이다. 여기서 다시 일부일처의 주장은 사랑에서 나온 것이 아님이 확인된다. 그것은 위신의 문제이다. 남자들이 지배하는 사회에서, 일부일처제는 특별히 더 위신의 문제가 되기 마련이다. 왜냐하면 대체로 남자들은 사랑보다 동료들 사이의 지위를 더 소중히 여기기 때문이다.

마지막으로, 일부일처제의 요구는 가학적 항문기의 본능적 요소들과 밀접히 연결되어 있다. 결혼 관계에서 일부일처제의 주장에 자기애적인 요소들과 동시에 기이한 성격까지 부여하는 것이 바로 이 본능적 요소들이다. 왜냐하면 결혼에서 소유의 문제는 자유로운 사랑의 관계와 대조적으로 그 역사적 의미와 이중으로 밀접하게 연결되어 있기 때문이다. 결혼 자체가 경제적 동반의 관계를 상징한다는 사실은 여자를 남자의 동산으로 보는 견해에 비해 덜 중요하다. 따라서 개인적으로 항문기의 특징을 특별히 강조하지 않아도 가학적 항문기의 본능적 요소들은 혼인 관계에서 힘을 발휘하게 되며 사랑의 요구를 가학적 항문기의 소유욕으로 바꿔놓는다. 이런 기원을 가진 요소들은 부정한 아내에 대한 옛날의 형법에 아주 잔인한 형태로 나타나고 있지만 오늘날에는 결혼 생활에서 일부일처제를 실행하는 수단을 통해서 종종 모습을 드러낸다. 그 수단이란 바로 다소 애정 어린 강박과 파트너를 괴롭히게 되어 있는 의심이다. 이 두 가지 요소는 강박적인 신경증 환자의 분석을 통해 전문가들에게 꽤 잘 알려져 있다.

따라서 일부일처제의 이상(理想)이 그 힘을 끌어내는 원천은 아주 원시적인 것처럼 보인다. 이런 엉성한 기원에도 불구하고, 일부일처제는 아주 강력한 이상으로 자리를 잡았으며, 잘 아는 바와 같이, 이 이상은 다른 이상들을 낳으며 의식에게 부정당한 기본적인 본능적 충동들은 이 이상들 안에서 성취를 이룬다. 일부일처의 이상에서 다른 이상들이 생겨날 수 있었던 것은 아주 강하게 억눌러진 소망들을 성취하는 것은 곧 사회적 및 문화적 측면에서도 소중한 성취를 이루는 것이라는 사실에 힘입은 바가 크다. 라도(Sandor Rado)가 '불안한 엄마'(An Anxious Mother)라는 논문에서 보여주었듯이, 이 같은 이상은 에고가 비판적인 기능을 억제하도록 만든다. 그렇게 하지 않았더라면 이 비판적 기능은 에고에게 영원한 독점적 소유에 대한 주장은 하나의 소망으로는, 또 하나의 요구로는 이해가 되지만 실천하기도 어려울 뿐만 아니라 정당하지도 않다고 가르쳤을 것이다. 또 더 나아가, 독점에 대한 요구는 순수한 사랑의 소망을 암시하기보다는 자기애적이고 가학적인 충동의 성취를 의미할 뿐이라는 점을 가르쳤을 것이다. 라도가 주장하는 바와 같이, 일부일처의 이상은 에고에게 "자기애적 보험"을 제공하며, 이 보험의 보호를 받는 가운데 에고는 그렇지 않았더라면 비난하고 나섰을 이 모든 본능들이 자유롭게 활동하도록 내버려두게 된다. 이와 동시에 에고는 자신의 주장이 옳고 이상적이라는 느낌을 받으며 크게 고양된다.

물론, 이 요구들이 법의 인정을 받고 있다는 사실은 아주 중요하다. 이 같은 법적 인정은 아마 이런 요구가 인간의 마음에 지니는 가치를 겉으로 눈에 보이게 표현한 결과물일 것이다. 독점적 주장이 근거하고 있는 그 뿌리 깊은 본능적 바탕이 무엇인지를 깨달을 때, 우리는 그 독점적 주장에 대해 지금처럼 이상화하며 정당화하는 시각을 버린다 하더라도 어떤 식으로든 그것을 새롭게 정당화하려는 노력이 일어날 것이라는 점을 확인하게 될 것이다. 더욱이, 사회가 일부일처제에 중요성을 부여하는 한, 정신적 경제학의 관점에서 사회는 그 요구가 강요하는 본능에 대한 제한을 보상하기 위해, 그 요구의 밑바닥에서 작용하고 있는 기본적인 본능들을 충족시키는 쪽으로 관심을 두게 된다.

일부일처제에 대한 요구는 전반적으로 보면 이런 바탕을 갖고 있지만 개인의 차원으로 들어가면 다양한 영역에서 강화될 수 있다. 간혹 보면 일부일처제를 이루는 요소들 중 어떤 한 요소가 본능이 질서를 유지하도록 하는 데 중요한 역할을 할 수 있다. 아니면 질투를 일으키는 모든 요소들이 일부일처제의 유지에 기여할 수 있다. 실제로 보면 일부일처제에 대한 요구를 질투심의 고통을 예방할 보험으로 보아도 무방할 것이다.

질투처럼, 일부일처에 대한 요구도 한편으로 보면 우린에겐 아버지를 독점적으로 소유할 권리가 전혀 없어, 라고 속삭이는 죄책감의 무게에 억눌러질 수도 있다. 아니면 또 다시, 일부일처에 대한 요구는 잠재적 동성애의 표출에서처럼 다른 본능적인 목적 밑으로 묻혀버릴 수도 있다.

게다가, 내가 말한 바와 같이, 여러 파트너를 두려는 욕망은 정절이라는 우리 자신의 이상과 충돌을 빚는다. 타인에게 일부일처를 요구하는 것과 달리, 정절에 대한 우리 자신의 태도는 유아기 경험에 직접적 원형을 전혀 갖고 있지 않다. 정절은 곧 본능의 억제를 상징한다. 따라서 정절은 전혀 근본적인 것이 아니며 애초부터 본능의 변태이다.

대체로 우리는 이 일부일처의 요구에 대한 연구를 남자들보다는 여자들과 할 기회를 더 많이 갖는다. 그러면서 우리는 스스로에게 왜 그렇게 되는가 하고 묻게 된다. 우리에게 그 질문은 종종 단정적으로 거론되는 것처럼 남자들이 일부다처의 성향을 더 강하게 타고나는가 하는 것이 아니다. 그 한 이유는 우리가 타고난 성향의 문제에 대해서 확실히 아는 것이 너무나 적기 때문이다. 그러나 그것과 별도로, 남자들이 일부다처의 성향을 더 강하게 타고난다는 식의 주장은 특별히 근거가 있는 것도 아닌데 남자에게 유리하게 작용한다. 그래도 나는 여기서 실제 생활에서 정절을 지키는 남자들의 숫자가 여자들보다 작도록 만드는 심리학적 요소들은 무엇인가 하는 질문을 던지는 것이 정당하다고 생각한다.

이 물음에 대한 대답은 하나 이상이다. 왜냐하면 이 물음이 역사적 및 사회적 요소들과 분리될 수 없기 때문이다. 예를 들어, 우리는 여자들이 정절을 훨씬 더 많이 지키는 것이 남자들이 일부일처에 대한 요구를 모든 면에서 보다 효과적으로 관철시켰다는 사실과 어느 정도 관계가 있는지를 고려해볼 수 있다. 여기서 나는 여자의 경제적 독립에 대해서만 생각하거나 여자들의 부정에 대한 가혹한 처벌에 대해서만 생각하고 있지 않다. 문제가 될 수 있는 복잡한 다른 요소들이 있다. 프로이트는 이 요소들을 두루뭉술하게 "처녀성의 금기"라고 불렀다. 이는 주로 남자들이 요구하는 것으로, 여자는 내면적으로 어느 정도의 "성적 속박"을 받아들이기 위해 처녀의 몸으로 결혼 생활을 시작해야 한다는 인식이다.

분석적인 관점에서 보면, 이 문제와 관련하여 두 가지 질문이 일어난다. 첫 번째 질문은 이것이다. 임신 가능성 때문에 성교가 생리학적으로 남자보다 여자에게 더 중요한 문제라는 점을 고려한다면, 이 같은 사실이 심리적으로 표출될 것이라고 예상해야 하지 않을까? 개인적으로 나는 임신 가능성에 대한 걱정이 심리적으로 나타나지 않는다면 그게 오히려 더 이상하다고 생각한다. 우리는 이 주제에 대해 아는 것이 거의 없다. 그래서 지금까지 우리는 특별한 생식 본능 같은 것을 분리해내지 못하고 있고 단지 그보다 더 상층에 있는 심리구조 아래에서 그 같은 본능을 확인하는 데서 그치고 있다. 정절의 확률에 엄청난 영향력을 발휘하는, "영적인" 사랑과 관능적 사랑의 분리는 거의 전적으로 남자의 특징이라는 것을 우리는 알고 있다. 그렇다면 여기에 우리가 찾고 있는 그것이 있지 않을까? 남녀 사이의 생물학적 차이에 상응하는 심리학적 차이 말이다.

두 번째 질문은 다음과 같은 생각에서 나온다. 남자와 여자의 내면에서 작용하는 오이디푸스 콤플렉스의 결과에 나타나는 차이는 이럴 수도 있다. 소년은 자신의 성기 긍지를 위해서 일차적인 사랑의 대상을 보다 근본적으로 단념하는 반면, 소녀는 아버지라는 인물에 보다 강하게 고착된 상태로 남기에 단지 자신의 성적 역할을 상당 부분 포기하는 조건에서만 사랑의 대상을 포기하는 것이 가능해진다. 그러면 질문은 이런 식이 될 것이다. 훗날 여성에게 근본적으로 더 크게 나타나는 성기 억제에서 이런 차이의 증거가 나타나는 것은 아닐까? 또 여자가 정절을 더 쉽게 지키도록 하는 것이 바로 이것이 아닐까? 둘 다 똑같이 성기 억제의 표현인데도 여자의 성 불감증이 남자의 성 불능보다 훨씬 더 흔한 것처럼 말이다.

이리하여 우리는 대체로 정절의 한 근본적 조건으로 여겨야 할 한 요소를 끌어낸다. 바로 성기 성욕의 억제이다. 그럼에도, 이런 식으로 정절의 조건을 설명하는 것이 틀린 것은 아닐지라도 그보다 더 명확한 설명이 반드시 필요하다는 사실을 깨닫기 위해선, 우리는 성 불감증을 겪는 여자들이나 성 불능을 겪는 남자들의 특징인 부정(不貞)의 경향을 살펴야 한다.

정절을 강박적으로 지키는 사람들이 종종 성적 죄책감을 인습적인 금지 뒤로 숨기고 있다는 사실을 관찰할 때, 우리는 그 문제의 해답을 찾는 쪽으로 한 걸음 더 나아가게 된다. 결혼에 의해 인정받지 않은 모든 성관계에 대한 금지를 포함하여 관습적으로 금지되는 모든 것에는 무의식적 금지가 결합된다. 그런 관습이 상당한 도덕적 무게를 지니는 이유도 바로 거기에 있다. 흔히 예상할 수 있듯이, 특별한 조건에서만 결혼할 수 있다고 느끼는 사람들의 내면에서도 당연히 이 관습이 영향력을 발휘하고 있다.

지금 이런 죄책감은 특별히 남편이나 아내와의 관계에서 경험되고 있다. 무의식 속에서 파트너는 당신이 아이일 때 갈망하고 사랑하던 부모의 역할을 맡는 데서 그치지 않는다. 거기서 더 나아가, 당신이 어릴 적에 느꼈던 금지와 처벌에 대한 두려움까지 되살아나며 파트너에게 투영될 수 있다. 특히 자위행위에 따랐던 옛날의 죄책감이 지금 활성화되었고, 그래서 네 번째 계명의 압박 아래에서 과도한 의무감과 함께 죄책감이 팽배한 분위기가 조성된다. 아니면 과민 반응이 있을 수 있다. 또 아니면 불성실의 분위기가 조성되는 경우도 있다. 그것도 아니면 파트너에게 모든 것을 숨기려 노심초사하는 불안의 반응도 있을 수 있다. 나는 여기서 부정과 자위행위가 죄책감을 통해 서로 연결되는 것이 아니라 직접적으로 연결되어 있다는 점을 강조하고 싶다. 원래 자위행위는 부모와 관련한 성적 소망이 육체로 표현된 것이라는 말은 맞는 말이다. 그러나 대체로 보면, 자위 공상에서 부모가 초기 단계부터 다른 것들로 대체된다. 따라서 이 공상들은 근본적인 소망을 상징할 뿐만 아니라 아이가 처음으로 부모에게 정직하지 않았던 일을 상징한다. 이는 어린 시절에 남녀 형제나 친구, 하인 등과 하는 성적 경험에도 그대로 적용된다. 자위행위가 공상의 영역에서 최초의 부정(不貞)을 상징하는 것과 똑같이, 현실 영역에서 부정은 이런 경험들에 의해 상징된다. 그리고 정신분석 과정에서 우리는 공상이든 현실이든 불문하고 이런 어린 시절의 사건들로 인한 죄책감을 특별히 강하게 느끼는 사람들이 바로 그런 이유로 혼인생활에서 부정한 짓을 극구 피한다는 사실을 발견한다. 이유는 부정한 짓이 옛날의 죄의 반복을 의미하기 때문이다.

일부다처 혹은 일처다부의 욕망이 강력함에도 불구하고, 자신의 정절에 강박적으로 매달리는 사람들의 내면에서 반복되고 있는 것이 옛날의 고착이 남긴 이런 잔재인 경우가 자주 있다.

그러나 정절은 이와 매우 다른 심리적 바탕을 갖고 있을 수 있다. 이 심리적 바탕은 우리가 지금 논하고 있는 그런 사람들의 내면에 공존할 수도 있고 아니면 전적으로 독립되어 있을 수도 있다. 문제가 된 사람들은 내가 언급한 그런 이유들 때문에 파트너에 대한 독점적 소유에 특별히 민감하며, 자기 자신에게도 똑같이 정직을 요구한다. 의식의 차원에서, 그들에겐 다른 사람에게 요구하는 사항이라면 자신도 지키는 것이 너무나 당연해 보인다. 그러나 그런 경우에 보다 깊은 이유는 전능의 공상에 있다. 이 공상에 따라, 자신이 다른 관계들을 부정하는 것은 곧 파트너에게도 다른 관계들을 부정하도록 강요하는 마법의 몸짓이다.

이제 우리는 일부일처에 대한 요구의 뒤에 도사리고 있는 동기들을 보았고, 또 그 요구가 어떤 힘들과 충돌을 빚는지도 보았다. 물리학에 빗대 표현하자면, 이들 상반되는 충동들을 결혼 생활의 원심력과 구심력이라고 부를 수 있다. 여기서 우리는 원심력과 구심력이 똑같이 작용하는 상태를 이루고 있다고 말해야 할 것이다. 왜냐하면 두 개의 힘이 똑같이 오이디푸스 콤플렉스에서 일어나는 가장 기본적이고 직접적인 욕망에서 그 동인을 끌어내기 때문이다. 결혼 생활에서 두 종류의 욕망이 자극을 받는 것은 불가피하다. 물론 이 욕망이 자극을 받는 강도는 다 다르지만 말이다. 이는 결혼 생활의 이런 갈등들을 해결해 줄 원칙이 지금까지 발견되지 않았고 또 앞으로도 발견되지 않을 이유를 이해하는 데 도움을 준다. 개인들을 보면 그 사람의 갈등에 작용하고 있는 동기들이 꽤 명쾌하게 보인다. 그럼에도 불구하고, 이런저런 행동에서 실제로 어떤 결과가 나왔는지를 파악하는 것은 오직 우리가 분석적 경험에 비춰서 뒤돌아볼 때뿐이다.

요약하면, 증오의 요소들은 일부일처의 원칙이 깨어졌을 때뿐만 아니라 지켜지고 있을 때에도 출구를 찾을 수 있다. 또 증오의 요소들은 아주 다른 길을 통해 스스로를 분출시킨다. 증오의 감정이 이런저런 형식으로 파트너에게 향할 수도 있다. 또 양쪽 모두가 증오의 감정을 보이며 결혼 생활의 바탕, 즉 남편과 아내 사이의 부드러운 애정을 허물어뜨리기도 한다. 어느 것이 제대로 된 길인지를 결정하는 것은 도덕주의자의 몫이다.

그럼에도 불구하고, 이런 식으로 얻어진 통찰은 우리가 그런 결혼 생활의 갈등 앞에서 완전히 속수무책으로 서 있도록 내버려 두지 않는다. 결혼 생활의 갈등을 키우는 무의식적 원천들이 발견됨에 따라, 일부일처의 이상뿐만 아니라 일부다처 혹은 일처다부의 성향까지 크게 약화시킬 수 있게 되었다. 그래서 갈등을 해소하는 것이 가능할 수 있다. 그리고 우리가 지금까지 얻은 지식은 또 다른 길로 우리를 도와줄 것이다. 두 사람의 결혼 생활에 갈등이 보일 때, 우리는 종종 무의식적으로 유일한 해결책은 갈라서는 길밖에 없다고 생각하는 경향을 보인다. 모든 결혼 생활에서 이런저런 갈등은 불가피하다는 데 대한 이해가 깊어질수록, 그런 검증되지 않은 개인적인 인상들을 놓고 섣불리 결론을 내려서는 안 된다는 확신도 더욱 깊어질 것이다. 또 그런 인상을 현실에서 통제하는 능력도 더욱 커질 것이다.

5장

—

월경전 긴장

월경이 아주 두드러진 일이기 때문에, 그것이 불안이 가득한 공상의 출발점이자 초점이 되었다는 사실을 알게 되어도 놀랄 일이 전혀 못 된다. 우리가 성적인 모든 것이 불안과 대단히 깊이 연결되어 있다는 것을 알게 되었기 때문에, 그 같은 사실은 더더욱 놀랄 일이 못 된다. 우리의 경험은 대단히 인상적인 민족학적 사실들뿐만 아니라 개별 환자들에 대한 분석에서도 나오고 있다. 이처럼 불안한 공상은 남녀 모두에게 공통적으로 나타난다. 원시인의 터부는 남자들이 여자들에게 대단히 깊은 두려움을 느낀다는 점을 증명하고 있다. 이 두려움은 월경을 중심으로 일어나고 있다. 여자들을 대상으로 한 분석은 생리혈이 나타날 때 여자의 내면에서 능동적이고 수동적인 성격의 공상과 끔찍한 충동이 일어난다는 점을 보여주고 있다. 이 공상들과 그것들이 생리를 하고 있는 여자에게 지니는 의미에 대한 이해가 아직 불충분하지만, 그 이해는 이미 우리에게 실용적이고 유익한 도구를 하나 제공하고 있다. 월경에 따른 복잡한 심리적 및 기능적 장애들을 어느 정도 치료할 수 있게 된 것이다. 장애가 월경 기간만 아니라 월경 현상이 시작되기 전에도 여자에게 방해가 덜 되어서 그렇지 더욱 빈번하게 일어난다는 사실에 거의 주의를 기울이지 않았다는 것이 그저 놀라울 따름이다. 이 장애들은 널리 알려져 있으며 다양한 수준의 긴장으로 나타난다. 모든 것이 힘겹다는 느낌에서부터 맥이 풀리는 느낌, 둔해지는 느낌, 자기혐오의 감정, 한참 동안 억눌린 것 같은 느낌, 심각할 만큼 우울한 느낌에 이르기까지, 그 정도도 사람에 따라 크게 다르다. 이런 감정들에다가 귀찮은 기분이나 불안이 뒤섞여 나타나는 경우가 자주 있다. 어쩌면 이 같은 기분의 동요가 월경 장애라기보다 정상적인 경험에 더 가깝다는 인상을 줄지도 모르겠다. 이런 기분의 동요는 건강한 여성들에게도 자주 일어나며 대체로 병리학적 과정이라는 인상을 주지 않는다. 또한 이런 기분의 동요는 심리학적 동요나 발작성 히스테리와 거의 연결되어 있지 않다.

이 같은 기분의 동요는 월경 현상에 관한 공상의 형성과 거의 관계가 없다. 이 동요가 실제로 월경 장애로 변할 수도 있지만 대체로 보면 생리혈이 흐르기 시작하면서 안도의 느낌을 받게 됨과 동시에 사라진다. 어떤 여자들은 자신의 기분이 월경과 연결되어 있다는 사실을 확인할 때마다 놀란다. 그들은 생리혈이 나옴과 동시에 안도의 느낌을 받는 것에 대해 이 괴로운 악몽이 생리적 과정에 의한 기만에 지나지 않는다는 식으로 설명한다. 이 조건들이 정말로 출혈과 그에 대한 해석과 전혀 아무런 관계가 없다는 이론을 뒷받침하는 또 다른 요소는 이 조건들이 초경 전에, 그러니까 예상되는 출혈과 잠재의식적으로 연결되지 않은 시점에도 나타난다는 사실이다. 월경이 출혈 그 이상이라는 점에서, 그 심리적 과정은 생리적 과정과 비슷하다.

이 같은 월경전 긴장은 생리학 쪽으로 경도된 내과의사에게는 심리학자들에게만큼 큰 관심의 대상이 되지 못한다. 왜냐하면 내과의사들은 전체 과정의 근본적인, 심지어 가장 근본적인 사건들이 피가 흐르기 전에 일어난다는 것을 알고 있기 때문이다. 내과의사들은 그 긴장을 육체적으로 나타난 심리적 부담이라는 인식에 보다 쉽게 만족한다.

여기서 이 근본적인 사건들을 간략하게 살펴보는 것도 도움이 될 듯하다. 이번 월경 주기와 다음번 월경 주기 사이의 중간쯤에 난자가 난소 중 하나에서 성숙한다. 난자를 둘러싸고 있는 막인 소포(小胞)가 찢어지고, 만약에 수정이 이뤄진다면 난자는 나팔관을 따라 자궁까지 가서 착상한다. 난자는 2주일 동안 수정할 준비를 갖춘 상태로 살아 있다. 이 사이에 난자의 찢어진 막은 황체로 바뀐다. 이 황체는 기능적으로 보면 하나의 내분비선이다. 말하자면 황체가 어떤 물질을 분비하는데, 이 물질은 최근에야 순수한 형태로 분리되었다. 그것은 "에스트로겐 호르몬"이라 불려왔다. 이런 이름으로 불린 이유는 이 물질이 난소를 제거한 뒤에조차도 발정 주기를 일으키는 능력을 갖고 있기 때문이다. 이 에스트로겐 호르몬은 자궁에 영향을 미치는데, 이때 자궁 안쪽의 점막은 이 호르몬의 영향으로 마치 임신이 일어나는 것처럼 변화한다. 말하자면 자궁 안쪽의 점막 전체가 스펀지처럼 변하고 혈액으로 충만해지며, 그 안의 샘들은 분비물로 가득 차게 된다. 만약에 수정이 이뤄지지 않으면, 점막의 바깥층들이 벗겨지고, 배(胚)의 성장을 위해 저장해 둔 물질들이 배출된다. 죽은 난자는 이어지는 출혈을 통해서 씻겨 나간다. 동시에 점막의 재건이 시작된다.

에스트로겐 호르몬의 기능은 이 한 가지 효과로 끝나지 않는다. 유방이 그렇듯, 생식기의 나머지도 더욱 풍만해진다. 어느 정도 풍만해지는가 하면, 월경 주기가 시작하기 전에 선(腺)의 조직이 실제 성장하는 것을 관찰할 수 있을 정도이다. 게다가 이 호르몬은 혈액과 혈압, 신진대사와 체온에도 두드러진 변화를 일으킨다. 이런 효과들이 나타나는 범위를 바탕으로, 우리는 여자들의 삶에 규칙적으로 나타나는 주기에 대해 이야기할 수 있다. 이 주기의 생물학적 의미는 출산의 과정을 매달 준비하는 것이다.

이런 생물학적 사건들에 대한 지식은 그 자체로는 월경전 긴장의 구체적인 심리적 내용에 대해 어떠한 정보도 주지 않는다. 그럼에도 불구하고 그 사건들을 이해하는 데 그 지식이 반드시 필요하다. 왜냐하면 어떤 심리적 과정들은 이 육체적 사건들과 비슷하거나 그 사건들 때문에 일어나기 때문이다.

이 같은 설명은 대부분 새로운 것이 아니다. 앞에 묘사한 사건들과 함께 성적 리비도의 증가가 일어난다는 것은 이미 확고하게 인정받은 생물학적 사실이다. 이와 비슷한 사건은 다른 동물들에서도 분명히 관찰되고 있으며, 그 호르몬이 에스트로겐이라는 이름을 얻은 것도 이 연결 때문이다. 나는 인간 여자의 리비도가 증가하는 심리적 과정도 똑같다고 주장하는 해블록 엘리스(Havelock Ellis) 같은 유명한 연구원들과 의견을 같이한다. 따라서 여자들은 자신들의 신체 안에서 일어나는, 리비도에 따른 긴장의 증대를 다스려야 하는 문제를 떠안게 될 것이다. 이 문제는 문화적 제한 때문에 더욱 어려워진다. 다시 말하면, 만약 기본적인 본능적 욕구를 충족시킬 기회가 있다면, 그 과제는 쉽게 성공할 것이란 뜻이다. 그럴 기회가 외적 혹은 내적 이유로 존재하지 않는다면, 그 과제는 어려워질 것이다. 이 연결은 건강한 여자, 말하자면 심리성적 발달이 비교적 방해를 받지 않은 여자에게서도 마찬가지로 확인되고 있다. 여자들이 사랑 생활을 만족스럽게 유지하고 있는 기간의 월경 주기 동안에는, 월경 장애들이 완전히 사라진다. 그러다가 외적 좌절을 겪든가 불만스런 경험을 하든가 하면 월경 장애들이 다시 나타난다. 이 긴장을 낳는 기제들을 관찰해 보면, 여기서 우리가 다루고 있는 여자들은 어떤 이유로 좌절을 형편없는 방법으로 해결하거나, 좌절에 분노로 반응하면서도 그 분노를 외부로 배출하지 못해 자기 자신에게로 돌리고 있는 그런 사람들인 것으로 드러난다.

감정적 억제 때문에 불만이 많은 여자들 사이에서는 보다 심각한 증후들과 보다 복잡한 기제들이 발견된다. 여기서 우리는 그런 여자들은 어느 정도의 활력을 잃었음에도 불구하고 그래도 불안하나마 여전히 균형을 취하고 있다는 인상을 받는다. 그러나 리비도가 증대될 때, 리비도만 대책 없이 높아지고 그러면 더 이상 균형이 지켜질 수 없게 된다. 따라서 퇴행적인 현상이 일어나는데, 물론 이 퇴행의 정도도 개인에 따라 다 다르다. 그 증후로 유아기의 반응이 다시 나타난다.

임상 관찰로도 뒷받침되는 이 의견에는 논란의 여지가 거의 없다. 그러나 우리는 이 같은 인과적 연결을 제한하는 조건들이 있는지를 자문해 보아야 할 것이다. 그래야 하는 이유는 월경전의 긴장, 특히 경증의 긴장이 빈번하게 일어나고 있긴 하지만 어쨌든 우리가 예상한 것 만큼 자주 일어나지는 않기 때문이다. 심지어 우리는 신경증 환자에게서도 그런 긴장을 발견하지 못한다. 이 마지막 문제에 대답을 하기 위해선, 우리는 많은 신경증 환자의 내면에서 성기 리비도의 두드러진 축적과 월경전 긴장의 존재 유무를 연결해야 할 것이다. 이는 아마 개인적인 조건들의 일부 측면에 대한 이해를 높일 것이다. 우선 이런 질문을 던져야 한다. 리비도의 증대가 그 자체로 이 기간에 생기는 긴장들을 일으키는 직접적 요소인가?

실제로 보면 우리는 어떤 심리적 사건의 부분적 양상의 효과만을 고려했다. 다른 부분, 즉 생물학적으로 중요한 부분의 효과에 대해서는 전혀 고려하지 않았다. 리비도 증가의 생물학적 의미는 임신을 위한 준비라는 점을 기억하자. 신체 기관의 기본적인 변화도 임신을 위한 준비를 돕는다.

그러므로 우리는 여기서 이렇게 물어야 한다. 여자가 이런 과정들을 무의식적으로 알고 있을까? 육체적으로 임신을 준비하는 것이 정신생활에 이런 식으로 나타날 수도 있을까?

우리의 경험을 검토해 보자. 나 자신의 관찰은 그럴 가능성이 있다는 점을 강력히 뒷받침한다. T라는 환자는 생리가 있기 전에 꾸는 꿈들은 언제나 관능적이고 붉다고 보고했다. 또 그녀는 마치 자신이 사악하고 죄스런 무언가의 압박을 받고 있는 것처럼 느꼈고, 몸이 무겁고 가득하다는 느낌을 받았다. 그러다 월경이 시작되면, 그녀는 즉시 안도의 느낌을 받는다. 그러면서 그녀는 종종 아이가 태어났다고 생각했다. 그녀의 삶의 이야기를 간단히 보도록 하자. 그녀는 장녀였으며 동생이 둘 있었다. 어머니가 집안을 지배하고 있었고 걸핏하면 말다툼을 벌였다. 그녀의 아버지는 기사도 정신을 발휘하면서 나의 환자에게 헌신했다. 함께 여행을 할 때면, 아버지와 딸은 종종 부부로 오해를 받았다. 그녀는 열여덟 살에 성격이나 외모 면에서 자기 아버지를 닮은 서른 살 연상의 남자와 결혼을 했다. 몇 년 동안 그녀는 이 남자와 성적으로 별 문제없이 꽤 행복하게 살았다. 이 기간에 그녀는 아이를 혐오하는 태도를 얻게 되었다. 그 이후 그녀가 결혼 생활과 자신의 처지에 대해 점점 불만을 느끼게 됨에 따라, 아이들을 대하는 태도에 변화가 일어났다. 그래서 그녀는 일을 갖기로 결정했다. 유치원 선생과 산파를 놓고 고민한 끝에 유치원 선생을 택했다. 유치원 선생으로 지낸 여러 해 동안, 그녀는 아이들을 사랑하는 태도를 갖게 되었다. 그러자 그녀의 직업이 그녀에게 불쾌하게 여겨졌다. 그녀는 자신이 돌보는 아이들은 자신의 아이가 아니고 다른 사람의 자식일 뿐이라는 사실을 직시하기 시작했다. 성적으로 본다면, 그녀는 임신을 하지 않고 있다가 자궁근종 때문에 자궁 적출 수술을 받은 이후의 짧은 기간을 제외하고는 섹스를 거부하는 편이었다. 마치 그녀의 성적 욕망은 아이에 대한 소망이 성취 불가능한 것으로 확인된 뒤에야 분명하게 나타난 것처럼 보였다. 나는 엉성하기 짝이 없는 이 묘사가 한 가지 사항을,

말하자면 이 환자의 경우에 가장 깊이 억눌러진 것이 아이에 대한 소망이라는 점을 보여줄 수 있기를 바란다. 그녀의 신경증적 구조는 유치함만 아니라 자애로운 면을 강하게 보여주었으며 전체적으로 보면 똑같은 이 핵심적인 문제가 변형된 것이었다.

이 환자의 경우에 무엇이 아이에 대한 소망을 강화하고 또 그 소망을 그처럼 강하게 억눌렀는가 하는 문제는 파고들고 싶지 않다. 암시적인 증거만으로도 이와 비슷한 성격의 다른 예들과 마찬가지로 이 환자의 경우에도 옛날의 파괴적인 충동과 연결된 탓에 불안이나 죄책감이 아이에 대한 소망에 과도하게 실려 있다는 점을 충분히 전할 수 있을 것이다.

그런 억압은 극단적으로 이루어질 경우에 자신의 아이에 대한 소망을 철저히 부정하는 태도로 이어진다. 아이에 대해 특별히 강한 소망을 품고 있는 한편으로 거기에 맞서는 방어가 워낙 강해서 아이를 갖고자 하는 소망이 이뤄질 가능성이 거의 없는 환자들이 있다. 나는 이런 환자들에게서 거의 예외 없이, 또 신경증적 구조의 나머지와 완전히 별개로 월경전 긴장이 나타나는 것을 확인했다. 이 같은 사실 앞에서 우리는 의아해 하면서도 동시에 육체가 아이를 임신할 준비를 하고 있을 때 그동안 억눌려 있던 아이에 대한 소망이 강력하게 자극을 받으며 심리적 균형을 깨뜨리는 것이 아닌가 하고 궁금해 하게 된다. 이런 갈등을 보여주는 꿈들은 월경 직전에 특별히 자주 나타난다. 그러나 엄마가 되는 문제와 관련 있는 꿈과 월경전 긴장이 시기적으로 일치하는 빈도를 확인하기 위해서도 보다 정확한 테스트가 필요하다. 예를 들어, 아이에 대한 소망이 매우 강하면서도 섹스 행위를 비롯해 아이를 돌보는 일까지, 아이를 갖는 데 따를 모든 단계에 대한 두려움에서 비롯된 불안 또한 큰 그런 환자들에게서도 월경전 긴장이 주기적으로 일어났다. 마찬가지로 출산 중 죽음에 대한 두려움 때문에 아이를 갖고 싶은 강한 소망을 실현시키지 못하는 여자에게서도 그런 긴장이 일어났다.

　내가 볼 때, 월경전 긴장 상태는 아이에 대한 소망 자체가 갈등을 빚고 있음에도 불구하고 임신과 출산을 경험한 환자들에게서 덜 나타나는 것 같다. 지금 나는 엄마가 되는 것에 인생의 의미를 부여하는 다수의 여자들에 대해 생각하고 있다. 이런 여자들의 내면에서도 갈등이 이런저런 형식으로 무의식적으로 나타난다. 그 형식을 보면, 아침에 헛구역질을 하는 사람도 있고, 산통을 겪을 때 자궁 수축이 약해지는 사람도 있고, 아이를 과도하게 보호하려 드는 사람도 있다.

　여기서 내가 받은 인상을 요약할 수 있지만 거기엔 상당히 신중한 태도가 요구된다. 분명히 말하지만, 아이에 대한 소망이 현실의 어떤 경험에 의해 크게 높아졌지만 그 성취가 다양한 이유로 불가능한 환자의 경우에도 이런 긴장들이 나타날 수 있다. 성적 충동에 따른 긴장의 증가가 유일한 원인이 아니라는 사실은 명백해 보였다. 모성애는 강하게 발달해 있지만 거기에 갈등 또한 많이 따르고 있던 그런 여자에 대한 관찰을 통해서 확인되었다. 그 환자는 생활을 방해할 정도로 심한 월경전 긴장으로 힘들어 했다. 당시에 그녀가 한 남자와 맺고 있던 성적 관계가 꽤 만족스러웠는데도 그런 긴장이 나타났다. 그러나 설득력 있는 이유들로 인해, 그 시기에 특별히 강했던, 아이를 갖고 싶어 한 그녀의 소망을 성취시킬 가능성은 전혀 없었다. 생리가 시작되기 전에, 그녀의 가슴은 팽팽해지곤 했다. 당시에 그녀가 아이를 갖는 문제를 놓고 논의가 주기적으로 이뤄지고 있었다. 간혹 그 논의는 피임약과 그 부작용에 대한 우려로 위장되었다.

내가 아직 다루지 않은 또 다른 한 현상은 성적 충동의 증가가 월경전 긴장의 형성에 일정 몫을 하긴 하지만 그것이 특별한 요인은 아니라는 점을 보여주고 있다. 월경이 시작됨과 동시에 안도감이 느껴지는 현상을 두고 하는 말이다. 성적 충동의 증가는 월경 기간 동안 지속적으로 이뤄지기 때문에, 정서적 긴장의 급락은 이 관점에서는 이해되지 않는다. 그러나 출혈의 시작은 임신의 공상을 종식시킨다. T라는 환자가 표현한 바와 같이 "이제 아이가 태어났구나!" 하는 느낌을 주는 것이다. 개인마다 심리적 과정은 꽤 다를 수 있다. 앞에서 언급한 어느 환자의 경우에는 제물(祭物)이라는 관념이 전면으로 뚜렷하게 나타나고 있었다. 그 여자는 월경이 시작될 때 "신이 제물을 받아들였구나."라고 생각하곤 했다. 이와 마찬가지로, 사람에 따라 다르긴 하지만, 긴장의 해소는 출혈로 상징되는 공상의 무의식적 성취에 따른 것일 수 있다. 강력히 부정했던 공상들이 드디어 막을 내리게 되었기 때문에, 그런 긴장의 해소가 가능해진다. 근본적인 사실은 공상이 월경의 시작으로 종식된다는 점이다.

간략히 요약하도록 하자. 여기 소개한 인상들을 바탕으로, 임신을 준비하는 생리적 과정에 의해서 월경전 긴장이 직접적으로 일어날 수 있다는 가설이 가능하다. 지금까지 나는 이 연결을 강하게 확신하고 있다. 그래서 나는 그런 장애 앞에서도 그 병과 성격의 핵심에 아이에 대한 소망과 관련 있는 갈등을 발견할 것이라고 예상한다. 그리고 나는 이 기대가 어긋난 적이 한 번도 없다고 믿는다. 나는 부인과의사들의 개념과 반대되는 것으로서 이 개념의 경계선을 한 번 더 강조하고 싶다. 지금 우리는 기본적인 허약성, 즉 여자들이 비효율적이라는 식의 편향적인 결론으로 이어질 그런 어떤 조건을 다루고 있지 않다. 오히려 나는 여성의 주기에서 이 특별한 시기는 엄마가 된다는 생각에 내면적 갈등을 심하게 겪는 여자들에게만 부담이 된다고 생각한다.

그럼에도 나는 엄마가 된다는 것은 프로이트가 생각하는 그 이상으로 여자들에게 중요한 문제라고 믿는다. 프로이트는 아이를 갖고자 하는 소망은 전적으로 에고 심리학에 속하는 그 무엇이라는 주장을 거듭 폈다. 또 아이에 대한 소망은 페니스가 없는 데 따른 실망으로 인해 오직 부차적으로만 생기며 따라서 일차적 본능이 아니라고 주장했다.

이와 반대로, 나는 아이를 갖고자 하는 소망은 남근 소망 때문에 재차 강화될 수는 있지만 기본적으로 아주 중요하며 생물학적 영역에 깊이 뿌리를 내리고 있다고 생각한다. 월경전 긴장을 다룬 관찰들은 이런 근본적인 개념을 바탕으로 할 때에만 이해될 수 있을 것 같다. 정말로, 나는 아이에 대한 소망이 프로이트가 "충동"을 정의하면서 제시한 조건들을 충족시키고 있음을 이 관찰들이 충분히 뒷받침하고 있다는 의견을 갖고 있다. 따라서 모성을 추구하려는 충동은 육체 안에서 지속적으로 흐르고 있는 어떤 자극이 "심리적으로 어떤 식으로 표현되고 있는지를" 잘 보여준다.

6장

―

남자와 여자 사이의 불신

오늘 여러분에게 남녀 관계의 일부 문제들에 대한 이야기를 시작하면서 먼저 양해부터 구해야겠다. 여기서 나는 문제 중에서 내과의사들이 중요하게 여길 측면에는 관심을 크게 기울이지 않을 것이다. 말미에 가서 치료의 문제에 대해 간략히 언급할 생각이다. 나는 치료의 문제보다는 남녀 사이에 불신이 일어나는 심리적 이유들을 몇 가지 제시하는 것에 관심을 더 많이 기울이고 있다.

남자와 여자의 관계는 아이와 부모의 관계와 아주 비슷하다. 관계의 긍정적인 측면에 초점을 맞추는 쪽을 선호한다는 점에서 그렇다. 우리는 사랑은 기본적으로 주어지는 한 요소라고 단정하고 적대감은 우연적으로 일어나는 것으로서 피할 수 있는 일이라고 단정한다. "남녀 사이의 전쟁터" 혹은 "남녀 사이의 적대감" 같은 표현이 널리 쓰이고 있음에도 불구하고, 우리는 이 표현들이 그리 큰 의미를 지니지 않는다는 점을 인정해야 한다. 이 표현들은 우리로 하여금 남녀 간의 관계에 지나치게 초점을 맞추도록 하는데, 이 남녀 간의 관계는 우리로 하여금 아주 쉽게 일방적인 관점을 갖도록 한다. 실제로 수많은 환자들을 치료한 역사들을 종합한 바에 따르면, 사랑의 관계들이 공개적이거나 은밀한 적의에 의해 아주 쉽게 무너진다고 결론을 내릴 수 있다. 그런데도 우리는 그런 문제들을 곧잘 개인의 불행, 파트너와의 성격 불일치, 혹은 사회적 또는 경제적 원인으로 돌린다.

남자와 여자의 관계를 형편없게 만드는 것으로 확인된 개인적인 요소들이 꽤 적절한 것일 수도 있다. 그러나 사랑의 관계에 장애가 꽤 자주 혹은 꽤 정기적으로 일어나고 있다는 사실 때문에, 우리는 개인의 장애도 어떤 똑같은 배경에서 나오는 것이 아닐까 하고 스스로에게 물어보아야 한다. 남녀 사이에 이처럼 자주 나타나는 의심에 어떤 공통분모가 있는 것은 아닐까?

짧은 강의의 틀 안에서 이처럼 넓은 분야를 철저히 분석하려고 시도하는 것 자체가 불가능한 일이다. 그래서 나는 결혼 같은 사회제도의 기원과 효과 같은 요소들에 대해서는 언급하지 않을 것이다. 다만 남녀 사이에 나타나는 적대감과 긴장의 원인과 결과에 해당하고 또 심리학적으로 이해 가능한 요소들 중에서 일부를 무작위로 선택해 논의할 생각이다.

먼저 아주 익숙한 무엇인가로부터 강의를 시작할 생각이다. 말하자면, 이 의심의 분위기 중 상당 부분이 이해되고 심지어 정당화될 수 있다는 사실부터 강조하려 한다. 의심의 분위기는 각자의 파트너와는 아무런 관계가 없다. 그보다는 오히려 애정의 강도와 그 애정을 다스리는 데 따르는 어려움과 관계있다.

이 애정이 황홀경으로 이어지고 이성을 잃게 하고 자신을 종속시키게 한다는 점에 대해서는 우리 모두 잘 알고 있거나 막연히 느끼고 있다. 황홀경이나 이성의 상실, 자신을 예속화시키려는 심리는 곧 무한하고 경계가 없는 곳으로의 도약을 의미한다. 이는 아마 진정한 열정이 그처럼 드문 이유를 설명해줄 것이다. 왜냐하면 우리도 훌륭한 사업가처럼 모든 달걀을 한 바구니에 담기를 꺼리기 때문이다. 우리는 유보적인 태도를 취하면서 언제든 뒤로 물러설 준비가 되어 있다. 어쨌든 자기보존 본능 때문에 우리는 자기 자신을 다른 사람에게 몽땅 바치는 데 대해 두려움을 갖는다. 그것이 바로 사랑과 교육과 정신분석에 어떤 현상이 일어나고 있는 이유를 설명해준다. 모든 사람들이 사랑과 교육, 정신분석에 대해 모든 것을 훤히 잘 알고 있다고 생각하면서도 그 아는 것을 절대로 행동으로 실천하지 않는 이유가 그런 두려움으로 설명된다는 뜻이다. 사람에겐 예외 없이 자기 자신을 상대방에게 거의 내놓지 않는다는 사실을 간과하는 경향이 있다. 그러면서도 정작 자기 파트너에게도 이런 경향이 있다는 사실은 좀처럼 그냥 보아 넘기지 않는다. 그러면서 "당신은 나를 진정으로 사랑한 적이 한 번도 없어!"라는 식으로 느낀다. 남편이 사랑과 시간과 관심을 자신에게 다 쏟지 않는다는 이유로 자살할 생각까지 품고 있는 아내라면, 자신의 태도에 적의와 숨겨진 앙심과 공격성이 매우 강하게 표현되고 있다는 사실을 절대로 보지 못할 것이다. 그녀는 오직 자신의 넘치는 "사랑"때문에 절망감을 느낄 뿐이다. 그러면서 그녀는 동시에 파트너의 내면에서 사랑의 결여를 아주 분명하게 보고 있다. 여자를 싫어하는 스웨덴 극작가 스트린드버그(August Strindberg)조차도 간혹 자신은 여자를 혐오하는 사람이 절대로 아니며 여자들이 자기를 혐오하고 고문한다고 방어적으로 말하곤 했다.

여기서는 병리학적 현상을 다루지 않을 것이다. 병리학적인 예에서는 단지 일반적이고 정상적인 일이 과장되거나 왜곡되고 있는 것이 확인될 것이다. 누구에게나 자신의 적대적인 충동을 간과하는 경향이 어느 정도는 있게 마련이다. 그러나 사람이 양심의 가책 때문에 자신의 적대적인 충동을 자기 파트너에게로 투영할 수 있다는 점이 문제이다. 이 과정은 필히 파트너의 사랑이나 정절, 정직 혹은 친절에 대한 불신을 공개적으로나 은밀하게 야기하게 되어 있다. 내가 남녀 간의 증오가 아니라 불신에 대해 말하고 싶어 하는 이유도 바로 거기에 있다. 왜냐하면 우리의 경험에 비춰볼 때 우리가 불신의 감정에 더 익숙해 있기 때문이다.

정상적인 사랑의 관계에서 불가피하게 일어나는 실망과 불신의 원인은 사랑의 감정의 그 치열성이 평소에 우리의 내면 깊은 곳에서 잠자고 있던, 행복에 대한 온갖 은밀한 기대와 갈망을 휘저어 놓는다는 사실에 있다. 우리의 모든 무의식적 소망들은 그 성격상 서로 대립적이고 사방으로 끝없이 확장하는 경향을 갖고 있는데, 이 소망들은 사랑의 관계에서도 마찬가지로 성취되기를 기다리고 있다. 파트너는 강하면서도 동시에 무력한 것처럼 여겨지고, 나를 지배할 것 같으면서도 동시에 나에게 지배당할 것처럼 여겨지고, 금욕적인 것 같으면서도 관능적인 것으로 여겨진다. 파트너는 나를 강간해야 하는 한편으로 부드러워야 하고, 나만을 위해 시간을 내야 하는 한편으로 창조적인 일에도 열중해야 한다. 파트너가 이 모든 기대들을 실제로 충족시켜줄 것이라고 기대하는 한, 우리는 그에게 성적 과대평가라는 영광을 안기고 있다. 우리는 그런 과대평가를 자신의 사랑을 보여주는 척도로 여긴다. 현실적으로 보면, 그 같은 평가는 단지 우리의 기대치를 나타내는 것에 지나지 않는데도 말이다. 우리가 파트너에게 하는 요구들은 그 성격상 성취 불가능한 것들이다. 우리가 다소 효율적으로 다루고 있는 실망의 기원은 바로 여기에 있다. 호의적인 환경에 있다면, 우리는 이처럼 다양한 실망을 의식조차 하지 않는다. 자신이 품고 있는 은밀한 기대들의 범위에 대해 모르고 있는 것과 똑같다. 그럼에도 그때도 우리의 내면에는 불신의 흔적이 그대로 남는다. 자기 아버지가 하늘의 별을 따줄 수 없다는 사실을 깨달은 아이의 마음에 그런 사실이 늘 남아 있듯이 말이다.

지금까지 말한 내용은 새로울 것도 하나도 없고 특별히 분석적이지도 않으며 과거에도 잘 설명되었던 것들이다. 분석적인 접근은 이런 질문으로 시작한다. 인간 발달의 어떤 특별한 요소들이 기대와 성취의 불일치를 낳고, 또 그 요소들이 개인에게 특별한 의미를 지니도록 만드는 것은 무엇인가? 일반적인 고려로부터 시작하도록 하자. 인간과 동물의 발달 사이에 근본적인 차이가 있다. 말하자면 유아가 무력한 상태로 의존하며 살아야 하는 기간이 아주 길다는 점이다. 어린 시절이 낙원이라는 것은 종종 성인들이 자신을 속이기 위해 품는 착각이다. 그러나 아이에겐 이 낙원은 위험한 괴물들이 아주 많이 살고 있는 곳이다. 이성(異性)과의 불쾌한 경험도 피할 수 없을 것이다. 여기서 아이들이 초기에 갖는, 열정적이고 본능적인 성적 욕망을 느끼는 능력에 대해 생각해 보기만 하면 된다. 이 욕망은 어른들의 욕망과 비슷하면서도 다르다. 아이들은 욕망의 목적에서 다르며, 무엇보다도 요구의 진실성에서 다르다. 아이들은 자신의 욕망을 직접적으로 표현하는 것이 대단히 어렵다는 사실을 깨닫는다. 설령 직접적으로 표현한다 하더라도, 아이들의 욕망은 진지하게 받아들여지지 않는다. 아이들의 진지함은 간혹 귀여운 것으로 여겨지거나 아니면 무시되거나 부정당하게 된다. 한마디로 말하면, 아이들은 퇴짜를 맞든가 배신을 당하든가 거짓말에 속아 넘어가든가 아니면 고통스럽고 수치스런 경험을 하든가할 것이다. 아이들은 또한 부모나 형제들보다 아랫자리에 만족해야 할 것이고, 자신의 몸을 갖고 놀면서 성인들이 금지한 쾌락을 추구하다가는 꾸중을 듣게 될 것이다. 아이는 이 모든 사실 앞에서 상대적으로 무력하다. 아이는 자신의 분노를 전혀 배출시키지 못하거나 극히 일부만 배출시킨다. 그러면서도 아이는 그런 불쾌한 경험들을 지적으로 이해하지 못한다. 따라서 화와 공격성이 아이의 내면에서 터무니없는 공상의 형태로 축적된다. 이 공상은 자각의 밝은 빛 속으로 좀처럼 들어오지 않는다. 또 이 공상은 성인의 관점에서 볼 때 범죄적이거나 강제로 빼앗거나 훔치는 것에서부터 죽음과 방화, 난도질이나 교살에 이르기까지, 그 범위도 아주 넓다. 아이는 자신의 내면에 있는 이런 파괴적인 힘들을 막연히 자각한다. 그렇기 때문에 아이는 보복의 법칙에 따라 자신이 어른들의 위협을 받고 있다고 느낀다. 이것이 바로 그 어떤 아이도 자유롭지 못한 유아기 불안의 기원이다. 이제 우리는 내가 이전에 말한 사랑에 대한 두려움을 보다 잘 이해할 수 있게 되었다. 바로 여기서, 그러니까 모든 영역 중에서 가장 비이성적인 영역에서, 어린 시절에 위협적이던 아버지 혹은 어머니에게 느꼈던 두려움이 일깨워지면서 우리가 본능적으로 방어적 자세를 취하도록 만든다. 달리 표현하면, 사랑에 대한 두려움에는 언제나 우리가 다른 사람에게 할 수 있는 것에 대한 두려움 혹은 다른 사람이 우리에게 할 수 있는 것에 대한 두려움이 뒤섞이게 마련이다. 인도네시아 아루 제도의 사람들을 예로 들면, 그곳의 젊은이들은 자기 연인에게 머리카락으로 만든 것을 절대로 선물로 주지 않을 것이다. 혹여 다툼이 벌어지기라도 하면, 연인이 그것을 태워 파트너가 병에 걸리도록 할 것이기 때문이다.

나는 어린 시절의 갈등이 훗날 이성과의 관계에 어떤 식으로 영향을 미치게 되는지에 대해 간략하게 소개하고 싶다. 전형적인 상황을 예로 들어보자. 자기 아버지에게 크게 실망해서 상처를 입은 어린 소녀는 남자로부터 받고 싶어 하는 본능적인 소망을 남자로부터 강제로 빼앗는 보복적인 소망으로 바꿔놓을 것이다. 따라서 훗날의 태도가 발달할 바탕이 마련되는 셈이다. 이 바탕에 따라서, 그녀는 모성적인 본능을 부정할 뿐만 아니라 오직 한 가지 욕망, 즉 남자를 해치고 악용하고 단물을 빨아먹고 말겠다는 욕망만을 키울 것이다. 이리하여 그녀는 흡혈귀가 되었다. 여기서 받고 싶어 하는 욕망에서 빼앗고 싶어 하는 욕망으로 바뀌는 것과 비슷한 변화가 일어난다고 가정해 보자. 한 걸음 더 나아가, 빼앗으려는 욕망이 양심의 가책에 따른 불안 때문에 억압되었다고 가정해 보자. 그러면 어떤 유형의 여성이 형성될 근본적인 조건을 보게 된다. 모든 남자들이 여자를 자신들로부터 무엇인가를 얻어내려 하는 존재라고 볼 것이라는 두려움 때문에 남자에게 말도 걸지 못하는 그런 유형이다. 이는 곧 그녀가 남자가 자신의 억눌린 욕망을 짐작하지 않을까 두려워하고 있다는 의미이다. 아니면 그녀의 억압된 소망들을 그에게 전적으로 투사함으로써, 그녀는 모든 남자는 단순히 자신을 이용하려 들 것이라고, 남자는 그녀에게서 오직 성적 만족만을 바라고 그 욕심을 채운 뒤에는 자신을 버릴 것이라고 상상할 것이다. 이것도 아니면 과도한 겸손의 반응이 억압된 권력욕을 가리고 있다고 가정하자. 그러면 이번에는 부끄러워서 자기 남편으로부터 어떠한 것도 요구하지 못하거나 받지 못하는 그런 유형의 여자가 나타난다. 그러나 이런 여자는 억압당한 욕구가 되살아날 것이기 때문에 표현되지 않은 자신의 소망이 이뤄지지 못한 데 대해 우울증을 보일 것이다. 그래서 그녀는 자기도 모르는 사이에 프라이팬에서 불속으로 뛰어들 것이다. 그녀의 파트너와 마찬가지로, 그녀도 점점 더 나쁜 상황으로 빠져들게 된다는 뜻이다. 남편이 힘들어 하는 이유는 아내의 우울증이 직접적인 공격보다 훨씬 더 견디기 어렵기 때문이다. 남자에 대한 공격성을 억누르다 보면 여자의 생기가 다 빠져나가 버리는 경우가 자주 있다. 그러면 여자는 무력하다고 느끼면서 삶을 제대로 직시하지 못하게 된다. 그녀는 자신의 무력감에 대한 책임을 몽땅 남자에게로 떠넘길 것이다. 그러면서 남자에게서 생기를 빼앗아버릴 것이다. 여기서 무력하거나 아이 같은 모습으로 위장하면서 남자를 지배하는 유형의 여자가 나타난다.

이런 것들은 남자를 대하는 여자의 근본적인 태도가 어린 시절의 갈등에 의해 얼마나 심하게 방해를 받을 수 있는지를 잘 보여주는 예들이다. 문제를 단순화하기 위해, 나는 결정적으로 중요해 보이는 것 한 가지만을 강조했다. 모성의 발달에 일어나는 장애였다.

이제 나는 남자의 심리의 어떤 특질들을 추적해 들어갈 것이다. 그렇다고 개인이 발달해 가는 과정을 파고들고 싶지는 않다. 물론 개인의 발달 과정을 분석적으로 파고드는 것도 매우 유익할 수 있다. 예를 들어, 의식적으로 여자들과 매우 긍정적인 관계를 맺고 있고 또 여자를 인간 존재로서 높이 평가하는 남자들조차도 내면 깊은 곳에 여자들에 대한 불신을 품고 있다거나, 이 불신을 거슬러 올라가면 남자들이 형성기에 어머니에게 품었던 감정에까지 닿는다는 점을 보여주는 것도 교훈적일 것이다. 그래도 나는 개인에 초점을 맞추지 않을 것이다. 그보다는 남자들이 여자를 대하는 전형적인 태도, 그리고 그런 전형적인 태도가 다양한 역사의 시대에 다양한 문화에서 여자들과의 성적인 관계와 관련해서뿐만 아니라 여자들에 대한 남자들의 전반적인 평가 같은 성적이지 않은 상황에서도 어떤 식으로 나타나게 되었는지에 초점을 맞출 것이다.

나는 아담과 이브로부터 시작해서 일부 예들을 무작위로 선택할 것이다. 구약 성경에 기록된 바에 따르면, 유대인 문화는 노골적으로 가부장적이다. 이 같은 사실은 그들의 종교에 잘 나타나고 있다. 유대인의 종교에는 모성애적인 여신은 하나도 없다. 남편에게 아내를 그냥 내쫓음으로써 결혼의 연을 끊을 권리를 허용한 유대인의 도덕 및 관습에서도 가부장적인 문화가 그대로 드러난다. 이 같은 배경만 알아도 우리는 아담과 이브의 역사에 나오는 두 가지 사건에서 남성 편향을 쉽게 확인할 수 있다. 먼저, 여자의 출산 능력이 부분적으로 부정당하고 또 부분적으로 평가 절하되고 있다. 왜냐하면 이브는 아담의 갈비뼈로 만들어졌고 그녀에게 슬픔 속에서 아이를 갖는 저주가 내려졌기 때문이다. 둘째, 이브가 아담이 지식의 나무에 열린 것을 먹도록 유혹한 것을 성적 유혹으로 해석함으로써, 여자는 남자를 불행의 구렁텅이로 빠뜨리는 요부로 나타난다. 나는 이 두 가지 요소, 즉 분개에서 생긴 한 요소와 불안에서 나온 다른 한 요소가 아주 초기부터 지금까지 남녀 사이의 관계를 크게 훼손시켰다고 믿는다. 이것을 잠시 추적하도록 하자. 여자에 대한 남자의 두려움은 섹스에 깊이 뿌리를 내리고 있다. 남자가 두려워하는 것은 단지 성적으로 매력적인 여자이며, 그런 여자를 남자가 강력히 갈망하면서도 예속 상태로 둬야 한다는 간단한 사실로도 확인되는 그대로이다. 그런 한편 나이가 많은 여자들은 존경을 크게 받고 있다. 젊은 여자를 두려워하고 따라서 억압하는 그런 문화에서도 나이 많은 여자를 존경하는 현상이 나타나고 있다. 일부 원시 문화들에서는 나이 많은 여자가 부족의 일에 결정적인 목소리를 낼 수 있다. 아시아 민족들 사이에서 나이 많은 여자는 대단한 권력과 위신을 누린다. 한편, 원시 부족들을 보면 여자에겐 성적 활동이 이뤄지는 시기 내내 온갖 터부가 따른다. 호주 원주민인 아룬타 부족의 여자들은 남자의 성기에 주술적으로 영향을 미칠 수 있다. 만약에 이 여자들이 풀잎에 대고 노래를 부르면서 그것을 남자 쪽으로 향하게 하거나 던지면, 그 남자는 병에 걸리거나 성기를 잃게 될 것이다. 여자들은 남자를 파멸 쪽으로 유혹한다. 동아프리카의 어떤 부족에서는 남편과 아내가 잠을 함께 자지 않는다. 아내의 숨결이 남편을 약하게 만들 수 있다는 믿음에서다. 만약에 남아프리카 어느 부족의 여자가 잠을 자고 있는 남자의 다리를 넘는다든지 하면, 그 남자는 달리지 못하게 될 것이다. 따라서 사냥이나 전투, 고기잡이에 나서기 닷새 전부터 금욕이 일반적인 원칙이다. 월경이나 임신, 출생에 대한 두려움은 여자에 대한 전반적인 두려움보다 더 크다. 생리를 하는 여자에게는 온갖 금기가 다 따라 다닌다. 그런 여자를 건드리는 남자는 죽게 된다는 내용도 있다. 이 모든 것들의 바탕에는 한 가지 근본적인 생각이 있다. 여자는 정령과 소통하고 따라서 남자를 해칠 수 있는 그런 주술적 힘을 가진 신비한 존재라는 것이다. 그래서 남자는 여자를 예속시킴으로써 여자의 권력으로부터 스스로를 보호해야 한다. 한 예로 벵갈의 미리 부족은 여자들에게 호랑이 고기를 먹는 것을 허용하지 않는다. 당연히 여자들의 힘이 지나치게 세지는 것을 막기 위해서이다. 동아프리카의 와타웰라 부족은 여자들이 자신들의 통치자가 되는 것을 막기 위해서 불을 피우는 방법을 여자들이 모르게 비밀로 지키고 있다. 미국 캘리포니아 주의 인디언들은 여자들의 예속을 지켜나가기 위한 의식들을 행하고 있다. 이때 남자는 여자가 무서워하도록 악마로 변장한다. 메카의 아랍인들은 여자들이 종교 축제에 참석하지 못하도록 막는다. 자신들의 신과 여자들이 친해지는 것을 막기 위해서이다. 중세에도 이와 비슷한 관습이 발견된다. 처녀 숭배의 의식과 나란히 마녀를 불태우는 의식이 행해진 것이다. 성적으로 대단히 유혹적인 여자를 잔인하게 파멸시키는 옆에서, 성적 관심이 철저히 배제된 "순수한" 모성을 숭배한 것이다. 여기서 다시 그 바탕에 불안이 도사리고 있다는 암시가 읽힌다. 왜냐하면 마녀는 악마와 소통을 하는 존재이기 때문이다. 오늘날 우리는 보다 인간적인 형식의 공격성을 통해서 여자를 비유적으로만 태운다. 가끔은 증오를 숨기면서, 또 가끔은 겉으로 다정한 척 대하면서 여자를 파멸로 이끄는 것이다. 어떠한 경우든 "유대인은 불태워져야 한다"는 식이다. 우호적인 분위기에서 비밀스럽게 치러지는 화형식에서, 여자들에 대해 괜찮은 말들이 오간다. 그러나 신이 내린 자연의 상태에서 여자가 남자와 동등하지 않다는 것은 불행이 아닐 수 없다. 독일 신경과학자 뫼비우스(Paul Julius Möbius)는 여자들의 뇌가 남자들의 뇌보다 무게가 덜 나간다고 지적했다. 그러나 그 점을 그런 식으로 잔인하게 제시할 필요까지는 없었을 것이다. 반대로, 여자는 절대로 열등하지 않고 다만 다를 뿐이라는 점을 강조할 수도 있었을 것이다. 그런데도 불행히도 여자에게는 남자들이 매우 소중하게 여기는 그런 인간적 혹은 문화적 자질들이 적거나 거의 없다는 식의 주장이 나왔다. 여자는 개인적이고 감정적인 영역에 깊이 빠져 있다는 식으로 거론되고 있다. 이런 사실 자체가 정말로 놀랍지 않은가. 그런데 불행하게도 이 점이 여자가 정의나 객관성을 실천하지 못하고, 따라서 법이나 행정 분야, 그리고 영적 공동체의 자리에 앉을 수 없다는 식으로 해석되고 있다. 여자는 오직 에로스의 분야에서만 제대로 능력을 발휘하는 것으로 여겨지고 있다. 영적인 문제는 여자의 깊은 내면과 어울리지 않고, 여자는 문화적 경향과도 어긋나는 것으로 여겨진다. 따라서 여자는 아시아인들이 솔직히 밝히는 바와 같이 이류의 존재이다. 여자는 근면하고 유익할 수 있지만 슬프게도 생산적인 일이나 독립적인 일을 수행하지 못한다. 정말로 여자는 월경과 출산의 원망스런 비극들에 의해 진정한 성취로부터 차단당하고 있다. 그래서 많은 남자들은 속으로 자신의 신에게, 경건한 유대인이 기도에서 하는 것과 똑같이, 자신이 여자로 창조되지 않았다는 사실에 감사한다.

모성을 대하는 남자의 태도는 복잡하고 또 중요한 부분이다. 사람들은 대체로 이 영역에서는 아무런 문제를 보지 않는 경향이 있다. 심지어 여자를 혐오하는 남자조차도 여자를 한 사람의 엄마로서 기꺼이 존경하려 하고 처녀의 숭배와 관련하여 앞에서 설명한 바와 같이 어떤 조건에서는 그녀의 모성을 숭배하려 한다. 이 그림을 보다 선명하게 그리기 위해선, 두 가지 태도, 즉 처녀 숭배에서 가장 순수한 형식으로 나타나고 있는, 어머니다운 특성을 대하는 태도와 고대의 어머니 여신의 상징에서 보는 그런 모성 그 자체를 대하는 태도를 구분할 필요가 있다. 남자들은 언제나 여성의 정신적 자질을 통해 표현되는 어머니다운 특성을 좋아할 것이다. 즉 돌보고, 비이기적이고, 자기희생적인 엄마를 높이 평가한다는 뜻이다. 왜냐하면 그런 여자는 남자의 모든 기대와 욕망을 충족시킬 수 있는 여자의 이상적인 모습이기 때문이다. 고대의 어머니 여신에서, 남자는 정신적인 의미에서의 모성을 숭배했던 것이 아니라 가장 근본적인 의미에서 말하는 모성을 숭배했다. 어머니 여신들은 대지처럼 비옥한 세속의 여신들이다. 어머니 여신들은 새로운 생명을 탄생시키고 그 생명을 양육한다. 남자가 경탄해 마지 않은 것은 바로 여자가 가진 이런 생명 창조의 파워였다. 그리고 이것이 바로 문제가 일어나는 바로 그 지점이다. 왜냐하면 자신이 소유하지 못한 능력에 대해 분개를 느끼지 않고 지속적으로 높이 평가하는 것은 인간의 본성에 반하기 때문이다. 따라서 남자가 새로운 생명의 탄생에서 맡는 아주 작은 역할이 남자로 하여금 새로운 무엇인가를 창조하도록 부추기는 자극이 되었다. 그래서 남자는 자신이 자랑스러워할 수 있는 가치들을 창조했다. 국가와 종교, 예술, 과학은 기본적으로 남자의 창조물이며, 따라서 우리의 전체 문화는 남자의 흔적을 뚜렷이 갖게 되었다.

그러나 다른 곳에서와 마찬가지로 여기서도 나타나는데, 아무리 위대한 만족이나 성취라 할지라도 그것이 승화를 통해 이뤄진 것이라면 우리가 자연으로부터 물려받지 못한 뭔가를 충분히 보충하지 못한다는 점이다. 따라서 여자들에 대한 남자의 분개는 언제나 그 흔적을 분명히 남기게 되어 있었다. 이 분개는 지금 우리 시대에도 표현되고 있다. 남자들이 자신들의 분야를 침공하려는 여자들에 맞서 보이고 있는 방어적 책략이 그런 예이다. 그리하여 남자들이 임신과 출산을 과소평가하고 남자의 성기를 강조하는 경향을 보이게 되었다. 이 같은 태도는 과학 이론에서만 나타나는 것이 아니다. 남녀 사이의 전반적인 관계와 성적 도덕에도 엄청나게 큰 영향을 미치고 있다. 모성, 특히 비합법적인 모성은 법의 보호를 거의 받지 못하고 있다. 예외적으로 러시아에서 최근에 모성에 대한 보호를 강화하려는 노력이 이뤄지고 있다. 거꾸로 남자의 성적 욕구를 채울 수 있는 기회는 엄청나게 많다. 무책임한 성적 탐닉을 강조하고, 여성들을 순수한 육체적 욕구의 대상으로 평가절하하는 것은 남자들의 이런 태도의 결과물이다.

바코펜(Johann Jakob Bachofen)의 연구를 통해서, 우리는 남자가 문화적 우위를 누리는 이런 상태는 시간이 시작된 이후로 늘 존재했던 것은 아니며 한때는 여자가 중심적인 지위를 누렸다는 사실을 잘 알고 있다. 소위 말하는 모계사회의 시대였다. 그때는 법과 관습이 어머니를 중심으로 돌아갔다. 소포클레스(Sophocles)가 보여주었듯이, 어머니 살해는 용서받지 못할 범죄였다. 이에 비해 아버지 살해는 가벼운 범죄였다. 오직 역사 시대로 들어와서, 남자들이 약간의 변주를 갖고 성도덕 영역뿐만 아니라 정치, 경제, 사법 분야에서 주도적인 역할을 맡기 시작했다. 지금 우리는 여자들이 감히 자신의 평등을 위해 싸우고 나서는 투쟁의 시대를 거치고 있는 것 같다. 이 단계는 지금 진행 중이기 때문에 전체를 조망하는 것이 불가능하다.

나는 여기서 오해를 받고 싶지 않다는 뜻을 밝히려 한다. 모든 재앙이 남성 지배의 결과로 생겼고, 여자의 지위가 상승되면 남녀 관계가 개선될 것이라는 식으로 나의 주장을 받아들이지 않았으면 한다. 그러나 우리는 남녀 사이에 권력 투쟁이 있어야 하는 이유에 대해 스스로에게 물어봐야 한다. 어느 시대든, 보다 강한 쪽이 자신의 지위를 유지하고 그 지위를 약한 쪽이 받아들이도록 할 이데올로기를 창조할 것이다. 이 이데올로기 안에서 약한 자의 다름은 열등으로 해석될 것이며, 이 차이는 변화할 수 없고 기본적으로 신의 의지로 입증될 것이다. 투쟁이 존재한다는 사실을 부정하거나 숨기는 것도 그런 이데올로기의 기능이다. 우리가 남녀 사이에 투쟁이 있다는 사실을 거의 자각하지 않고 있는 이유를 묻는 질문에 대한 대답 하나가 여기서 나온다. 그 사실을 흐리는 것이 남자들의 이익에 부합한다. 그리고 남자들이 자신의 이데올로기를 강조함에 따라, 여자들도 마찬가지로 남자들의 이론을 채택하고 있다. 이런 합리화를 분석하고 또 이런 이데올로기들의 근본적인 동력을 찾아내기 위해 그것들을 조사하려는 우리의 시도는 단지 프로이트가 택한 길 위에서 한 걸음을 떼는 것에 지나지 않는다.

나는 지금까지의 설명이 두려움의 기원보다 분개의 기원을 더 분명하게 보여주었다고 믿는다. 그래서 나는 두려움의 기원에 대해 여기서 짤막하게 논하려 한다. 여자에 대한 남자의 두려움은 성적인 존재로서의 여자에게서 직접 느끼는 것이라는 점을 우리는 보았다. 그렇다면 이 두려움을 어떤 식으로 이해해야 할까? 이 두려움의 가장 명확한 측면은 아룬타 부족에 의해 잘 드러나고 있다. 아룬타 부족은 여자에겐 남자의 성기에 주술적으로 영향을 미치는 힘이 있다고 믿는다. 정신분석에서 우리가 말하는 거세 불안이 뜻하는 바가 바로 이것이다. 그것은 죄책감이나 어린 시절의 해묵은 공포로까지 거슬러 올라가는 심인성(心因性) 불안이다. 이 불안의 해부학적 및 심리학적 핵심은 성교를 하는 동안에 남자가 자신의 성기를 여자의 몸 안으로 삽입해야 한다는 사실과 남자가 여자에게 정액을 사정해야 하고 그 행위 자체를 자신의 생명력을 여자에게 넘기는 것으로 해석한다는 사실에 있다. 성교 후에 남자의 성기가 발기력을 잃는 것도 여자에 의해 약해지는 증거로 해석되고 있다.

다음에 제시하는 가설은 아직 검토가 충분히 되지 않은 상태이지만 진실일 가능성이 상당히 크다. 정신분석 및 민족학 자료에 따르면, 엄마와의 관계는 아버지와의 관계에 비해 죽음에 대한 공포와 더 강하게, 더 직접적으로 연결되어 있다. 우리는 죽음에 대한 욕망을 어머니와의 재결합에 대한 욕망으로 이해하는 것을 배웠다. 아프리카 동화를 보면, 이 세상에 죽음을 가져오는 것은 여자이다. 위대한 어머니 여신들도 또한 죽음과 파괴를 불렀다. 그것은 우리가 생명을 주는 존재는 또한 생명을 거둬들일 수 있는 존재라는 관념에 사로잡혀 있는 것과 비슷하다.

여자에 대한 남자의 두려움에는 이 외에 세 번째 측면이 있는데, 이해하기도 더 어렵고 입증하기도 더 어려운 측면이다. 그러나 동물의 세계에서 반복적으로 일어나는 현상을 관찰함으로써 제시할 수 있는 측면이다. 동물의 세계를 보면, 수컷들이 암컷을 매료시킬 자극물을 특별히 갖추고 있는 경우가 많다. 아니면 성교를 하는 동안에 암컷을 붙들어놓을 특별한 장치를 갖추고 있는 수컷이 많다. 만약에 암컷 동물이 성적 욕구를 수컷만큼 빈번하게, 또 강하게 느낀다면, 이런 자극물이나 장치는 이해가 되지 않는다. 실제로 우리는 동물들의 세계에서 수정이 이뤄지고 나면 암컷이 무조건적으로 수컷을 거부하는 것을 본다. 동물들의 세계에서 얻은 예들을 인간 존재에게 적용할 때에는 극도의 주의가 요구되지만, 이 맥락에서 다음과 같은 질문을 제기하는 것은 허용될 것이다. 여자의 경우에는 성적 에너지의 일부가 생식 과정과 연결되어 있기 때문에, 성적으로 볼 때 남자가 여자에게 의존하는 것이 여자가 남자에게 의존하는 것보다 더 크지 않을까? 그래서 남자들이 여자가 자신들에게 의존하도록 만드는 데 혈안이 되어 있는 것은 아닐까? 남자와 여자 사이의 심각한 권력 투쟁의 뿌리에서 작용하고 있을 법한 요인들을 보면, 이런 질문을 던지는 것도 엉뚱하지 않을 것 같다. 그 요인들이 심인적인 성격을 갖고 있고 남자와 연결되어 있다는 점에서 보면 그렇다.

사랑이라 불리는, 여러 얼굴을 가진 그것은 이쪽 해안의 고독에서부터 저쪽 해안의 고독까지 다리를 건설하는 데 성공한다. 이 다리는 아주 아름다울 수 있지만 영원히 버티는 예가 드물며 지나치게 무거운 부하가 걸리면 곧잘 붕괴한다. 우리가 처음에 던질 질문, 즉 우리가 남자와 여자 사이에서 증오보다 사랑을 더 분명하게 보게 되는 이유를 묻는 질문에 대한 또 다른 대답이 여기 있다. 남녀 사이의 결합이 행복의 가능성을 최대한 높이기 때문이라는 것이 그 대답이다. 그래서 우리는 행복을 파괴할 기회를 호시탐탐 노리는 파괴적인 힘들이 대단히 막강하다는 점을 간과하는 경향을 보인다.

결론으로 이런 질문을 던질 수 있을 것이다. 분석적 통찰은 남녀 사이의 불신의 완화에 어떤 식으로 기여할 수 있는가? 이 물음에 통일된 대답은 있을 수 없다. 정서의 힘에 대한 두려움, 사랑의 관계에서 정서를 통제하는 데 따르는 어려움, 자신을 상대방에 맡기는 태도와 자기 보존 사이의 갈등, 나와 너 사이의 갈등은 충분히 이해할 수 있고, 또 결코 사라지지 않는다. 말하자면 이 모든 것들이 정상적인 현상인 것이다. 풀지 못한 어린 시절의 갈등에서 비롯된 남녀 사이의 불신에 대해서도 똑같이 말할 수 있다. 그러나 이 어린 시절의 갈등은 그 강도가 다 다를 수 있으며, 그 갈등이 남긴 흔적의 깊이도 다 다른 것이다. 정신분석은 개인이 이성과의 관계를 개선시킬 수 있도록 도와줄 수 있을 뿐만 아니라 어린 시절의 심리적 조건을 개선시켜 과도한 갈등을 사전에 피하도록 도와줄 수 있다. 물론 이것은 미래에 거는 우리의 희망이다. 중대한 권력 투쟁에서, 정신분석은 이 투쟁의 진정한 동기들을 발견해냄으로써 중요한 역할을 해낼 수 있다. 이 발견은 동기 자체를 제거하진 못할 것이지만 그 투쟁이 하찮은 이슈로 전락하지 않고 건전한 바탕에서 전개될 가능성을 크게 높일 것이다. 〈1930년〉

7장

—

결혼의 문제들

훌륭한 결혼이 무척 드문 이유는 무엇인가? 파트너의 발달 잠재력을 죽이지 않는 결혼, 가정에서 긴장의 암류(暗流)가 흐르는 소리가 들리지 않는 결혼, 두 사람이 각자 아주 열심히 사는 결과 서로에게 좋은 의미로 무관심하게 된 그런 결혼이 그렇게 드문 이유는 무엇인가? 결혼이 곧 사라지고 말 환상에 불과한 것이어서 그럴까, 아니면 현대인이 결혼 생활을 알차게 꾸릴 능력을 특별히 잘 발휘하지 못해서 그럴까? 결혼 생활이 삐끗할 때, 우리는 그 실패를 자신의 탓으로 돌리는가? 결혼이 사랑의 죽음이 되는 경우가 그렇게 많은 이유는 무엇인가? 그런 상황에 처하게 되면, 그걸 운명으로 여기면서 그 상황에 굴복해야 하는 것인가? 아니면 당시에 우리를 엉망으로 만들고 있는 내면의 힘들에 자신을 내맡겨야 하는 것인가? 그 힘들이 어떤 것인지를 우리가 잘 알고 있고 또 노력만 하면 피할 수 있는데도 말이다.

표면적으로 보면, 문제는 매우 단순하면서도 가망없는 것처럼 보인다. 한 사람과 오랫동안 함께 산다는 것 자체가 전반적으로 관계를 지루하게 만든다. 특히 섹스에 그런 현상이 두드러지게 나타난다. 따라서 점점 관심이 떨어지고 냉정해지는 것은 피할 수 없는 것으로 여겨진다. 반 드 벨데(Van de Velde)는 성적 불만을 바로잡는 방법에 관한 제안을 책에 담았다. 그럼에도 그는 한 가지를 간과했다. 질병을 다루지 않고 증후만을 다룬 것이다. 오랜 세월에 걸친 따분한 일부일처제 때문에 결혼이 그 영혼과 빛을 잃는다는 식으로 보는 것은 상황을 피상적으로 보는 관점이다.

표면 아래에서 작용하고 있는 힘들을 지각하는 것은 그리 어렵지 않다. 그러나 그 힘들을 지각하기까지 과정은 깊이를 들여다보는 행위가 다 그렇듯 불편하다. 결혼 생활의 공허함이 단순히 피로 때문이 아니라 은밀히 작용하면서 결혼 생활의 바탕을 갉아먹고 있는 숨겨진 파괴적인 힘들의 결과라는 점을 인식하기 위해서, 굳이 프로이트의 사상을 공부할 필요도 없다. 또 결혼의 공허함이 단순히 실망과 불신, 적의, 증오의 비옥한 토양에서 싹을 틔우고 있는 씨앗에 지나지 않는다는 것을 인식하는 데도 깊은 공부가 필요하지 않다. 우리는 이런 힘들을 좀처럼 인정하지 않는다. 특히 우리 자신의 내면에 그런 힘들이 있다는 사실은 더더욱 인정하기 어렵다. 그 힘들이 우리에게 낯설기 때문이다. 그 힘들을 인정한다는 것은 곧 우리가 자신에게 불편한 것들을 요구해야 한다는 뜻이다. 그럼에도 만약에 우리가 심리학적 관점에서 결혼의 문제들에 진지하게 개입하기를 원한다면, 우리가 추구하고 깊이를 더해야 할 것은 바로 이런 종류의 자각이다. 그렇다면 근본적으로 심리학적인 질문은 이것이 되어야 한다. 결혼한 파트너에 대한 혐오는 어떻게 생겨나는가?

무엇보다 먼저, 매우 일반적인 성격을 지닌 원인이 몇 가지 있다. 너무나 평범한 까닭에 좀처럼 언급되지 않는 원인들이다. 성경의 말씀대로 우리 모두가 죄인이든, 아니면 마크 트웨인(Mark Twain)의 말대로 우리 모두가 부분적으로 광인이든, 아니면 보다 문명화된 용어를 빌려 이 결점을 신경증이라 부르든, 그 원인들은 우리 모두가 갖고 있는 인간의 한계에서 비롯된다. 그런데 이 모든 가설들은 한 가지 예외를 인정하고 있다. 바로 우리 자신이다. 결혼을 할 것인가 말 것인가 하는 문제를 놓고 고민하는 사람이 이런 식으로 말하는 소리를 들어 본 적이 있는가? "결국엔 나 자신이 이런저런 불쾌한 성격만 키우게 될 걸." 이라고. 오랫동안 함께 살다 보면 단점이 불가피하게 밖으로 드러나게 되어 있다. 그런데 그 단점은 틀림없이 배우자의 단점일 것이다. 그러면 이 산사태는 시간이라는 산등성이를 타고 내려가면서 저절로 커져간다. 만약에 어떤 남편이 독립을 누려야 한다는 환상에 집착한다면, 그는 아내에게 매어 있는 것 같은 감정에 대해 은밀히 괴로움을 느낄 것이다. 그러면 아내는 거꾸로 남편이 억누르고 있는 반항을 감지하고 남편을 잃지 않기 위해서 불안을 느끼면서도 숨기려 할 것이다. 이런 불안 때문에 그녀는 본능적으로 남편에 대해 요구사항을 많이 늘어놓을 것이다. 그러면 남편은 이에 대해 예민하게 반응하며 방어적으로 나올 것이다. 그러다 결국엔 댐의 둑이 터지게 될 것이고, 그런 상황에서도 어느 쪽도 둘 사이의 바탕에 흥분이 작용하고 있다는 것을 이해하지 못할 것이다. 그런데 이 폭발은 종종 중요하지 않은 사건에서도 일어날 수 있다. 결혼 관계에 비하면, 매춘이나 불장난, 우정 혹은 불륜 같은 일시적 관계는 원래 단순하다. 왜냐하면 일시적 관계에서는 파트너의 거친 면과 마찰을 일으킬 일을 피하기가 상대적으로 쉽기 때문이다.

게다가 인간의 흔한 결점은 내적으로나 외적으로나 필요한 그 이상의 노력을 좀처럼 하지 않으려 한다는 점이다. 평생 동안 직장이 보장되는 공무원은 대체로 최대한의 노력을 기울이지 않는다. 어쨌든 그의 일자리는 안전하다. 그는 전문직 종사자나 심지어 노동자처럼 일자리를 놓고 경쟁할 필요도 없고 노력할 필요도 없다. 결혼 계약의 특권에 대해 생각해 보자. 결혼 계약은 법으로도 인정받으며 법의 혜택이 없더라도 사회적 규범의 보호를 받는다. 심리학적 측면에서 보면, 평생에 걸친 동반자 관계와 정절, 심지어 성적 협력을 뒷받침하는 권리가 결혼에 엄청난 부담으로 작용하는 것이 금방 확인된다. 또 결혼 관계를 해고의 위험이 전혀 없는 공무원처럼 만들어버릴 위험이 있다는 것도 쉽게 확인된다. 결혼을 위한 교육은 거의 없다. 그러다 보니 우리 대부분은 사랑을 하는 재능을 부여받은 한편, 훌륭한 결혼을 착실히 구축해 나가는 것은 어디까지나 우리의 몫이라는 사실을 잘 모르고 있다. 법과 행복 사이의 간극을 메우는 길은 당장은 한 가지밖에 없다. 파트너에 대한 요구를 거둬들이는 쪽으로 우리의 개인적 태도를 변화시키는 것이다. 이 같은 일반적인 어려움 외에도 개인적인 어려움도 있을 것이다. 이 어려움은 개인마다 그 빈도나 질, 강도가 다 다를 것이다. 사랑이 갇히고 증오가 태어날 수 있는 덫은 수없이 많다. 그 덫을 나열하고 설명하는 것으로는 얻어질 게 별로 없을 것이다. 그 덫을 몇 개의 큰 집단으로 나누고 그 집단에 초점을 맞추며 서술하는 것이 아마 더 간단하고 더 명확할 것이다.

우리가 "적절한" 파트너를 선택하지 않았다면, 결혼은 처음부터 좋지 않은 조짐을 보일 수 있다. 자신의 인생을 공유할 사람을 선택하면서 부적절한 사람을 선택하는 예가 너무 많다는 사실을 우리는 어떤 식으로 이해해야 할까? 배우자를 선택할 때, 거기선 정확히 어떤 일이 벌어지는가? 자신의 욕구에 대한 자각이 부족해서 그럴까? 아니면 타자에 대한 지식이 부족해서 그럴까? 그것도 아니면 사랑에 빠지면 잠시 눈이 멀어지는 것일까? 틀림없이 이 같은 요인들도 일정 역할을 할 것이다. 그러나 내가 볼 때 자유 결혼에서 이뤄지는 파트너의 선택은 그다지 "잘못되지" 않았다는 점을 기억하는 것이 근본적으로 중요한 것 같다. 파트너의 일부 자질은 우리의 기대에 진정으로 부합하고, 그 사람의 내면에 있는 무엇인가는 우리의 내면에 있는 어떤 갈망을 충실하게 완수할 것으로 보였다. 그리고 실제로 결혼 생활에서도 기대나 약속이 현실로 실현되었다. 그러나 만약에 자아의 나머지가 따로 서 있으면서 파트너와 공통점을 거의 갖고 있지 않다면, 이 낯설음이 불가피하게 지속적인 관계를 방해하는 것으로 확인될 것이다. 따라서 그런 선택의 근본적인 잘못은 그것이 어떤 별도의 조건을 성취시키도록 되어 있다는 사실에 있다. 한 가지 충동만, 말하자면 하나의 욕망만 전면으로 부각되면서 그 밖의 나머지를 가려버린다. 예를 들어, 어떤 남자의 내면에 뭇 남자들의 구애를 받던 한 소녀를 자신의 것이라고 선언하고 싶은, 저항할 수 없는 욕망이 있을 수 있다. 이는 사랑에 특별히 더 불행한 조건이다. 왜냐하면 경쟁자들이 정복되고 나면 그 여자의 매력은 반드시 떨어질 것이고, 그렇게 되면 새로운 경쟁자가 출현해야만 여자의 매력이 다시 살아날 수 있기 때문이다. 그런데 이때 남자가 무의식적으로 새로운 경쟁자를 찾아 나설 수도 있다. 아니면 어떤 파트너가 경제적 차원에서든, 사회적 차원에서든 아니면 영적 차원에서든 인정을 받고 싶어 하는 우리의 은밀한 욕망을 충족시켜줄 것같다는 이유로 바람직한 것처럼 보일 수 있다. 다른 예의 경우에는, 아직도 막강한 영향력을 행사하는 유아기의 소망들이 그 선택을 결정할 수도 있다.

  여기서 어떤 젊은이가 떠오른다. 재능을 비상할 정도로 많이 타고났고 또 성공을 거둔 젊은이인데, 그의 가슴 깊은 곳엔 4세 때 잃어버린 어머니에 대한 갈망이 자리 잡고 있었다. 그는 나이가 많고 통통하고 아이를 둘 가진, 어머니 같은 과부와 결혼했다. 그녀의 지능과 성격은 그에 비해 많이 열등했다. 혹은 17세에 30세나 연상인 남자와 결혼한 여자의 예도 있다. 이 여자의 남편은 육체적 및 심리적 구성이 그녀가 대단히 사랑한 아버지를 많이 닮은 사람이었다. 이 남자는 둘 사이에 성적 관계가 전혀 없게 된 뒤로도 여러 해 동안 그녀를 꽤 행복하게 만들어 주었다. 그러다가 그녀는 자신의 유아기 갈망에서 벗어나게 되었다. 이제 그녀는 자신이 실제로 외롭고, 또 사랑할 만한 자질을 많이 갖추었음에도 불구하고 자신에게 그다지 큰 의미를 지니지 못하는 남자에게 묶여 있다는 것을 강하게 자각하게 되었다. 이와 비슷한 예들은 현실에 아주 많은데, 그런 경우에 우리 내면의 많은 부분이 성취되지 못한 상태로 공허하게 남게 된다. 원래 성취가 있은 뒤에는 실망이 따르기 마련이다. 그래도 실망은 혐오와 다르다. 그러나 실망은 혐오의 원인이 될 수 있다. 얼마나 문명화되었는지, 그리고 본능적 삶을 어느 정도 잘 통제할 수 있는지를 불문하고, 우리는 내면 깊은 곳에서 분노가 점점 더 커지는 것을 느끼게 될 것이고, 그러면 그 분노를 매우 중요한 노력을 성취하지 못하도록 막겠다고 위협하는 사람이나 권력을 향해 터뜨리는 것이 인지상정이다. 이 분노는 우리가 전혀 눈치를 채지 못하는 사이에 우리의 마음속으로 비집고 들어올 수 있고 또 들어올 것이다. 이 분노는 또 우리가 모르는 상태에서도 매우 강력하게 작용할 것이다. 우리가 그 영향에 마음을 닫는다 할지라도 분노에서 자유로울 수는 결코 없다. 그러면 배우자는 우리가 자신을 대하는 태도가 더욱 비판적이거나 더욱 무시하는 쪽으로 바뀌는 것을 느낄 것이다.

여기서 나는 또 다른 집단을 더하고 싶다. 이 집단의 사람들을 보면, 그 위험은 사랑의 조건으로 지나치게 엄격한 것들을 내세우는 데 있는 것이 아니라 모순적인 기대에 따른 갈등에 있다. 우리는 대체로 여러 가지 노력을 펴면서 자신이 실제보다 더 일관된 모습을 보이고 있다고 생각한다. 그 이유는 우리가 본능적으로 내면의 모순이 우리의 성격이나 삶에 위협이 될 것이라고 느끼게 되기 때문이다. 물론 그렇게 느껴야 하는 이유도 있다. 이런 모순들은 정서적 균형이 깨어진 사람들에게서 더욱 분명하게 보이지만 그렇다고 이 모순들을 놓고 구분선을 명확히 그리는 것은 논의의 핵심에서 벗어난 것 같다. 그런 내면의 갈등이 섹스의 영역에서 가장 쉽게 또 가장 강하게 드러나는 것은 그 갈등의 성격 때문이다. 왜냐하면 일과 대인관계 같은 삶의 다른 영역에서는 외적 현실이 우리에게 보다 일관된 태도를 요구하고 동시에 보다 적응적인 태도를 요구하기 때문이다. 평소에 좁고 곧은길을 걷던 사람들조차도 섹스를 자신의 모순적인 꿈들이 자유롭게 노는 곳으로 만들고 싶은 유혹에 쉽게 넘어간다. 그리고 이 같은 다양한 기대들이 마찬가지로 결혼 관계로 넘어가는 것도 지극히 자연스럽다.

이 대목에서 많은 비슷한 예들의 원형이 될 수 있는 어떤 환자가 생각난다. 부드럽고, 의존적이고, 다소 나약한 남자였다. 그는 생기나 능력이 자기보다 상당히 위이고 모성애가 강한 유형의 여자와 결혼했다. 그 결혼은 진정한 사랑의 결합이었다. 그러나 이 남자의 욕망은 남자들이 흔히 그렇듯 모순적이었다. 그는 그런 한편으로 세상을 편하게 살려고 하고 경박하고 요구 사항이 많은 여자에게도 끌렸다. 첫 번째 여자가 그에게 줄 수 없는 모든 것을 상징하는 그런 여자였다. 그리고 결혼을 깨뜨린 것은 그의 소망에 담긴 그런 이중성이었다.

여기서 우리는 또 자기 가족과 밀접히 연결되어 있으면서도 인종이나 외모, 관심사, 사회적 지위에 관한 한 자신과 정반대의 배경을 가진 아내를 선택하는 사람들에 대해 언급해야 한다. 그러나 이런 사람들은 그와 동시에 이런 차이 때문에 저지당하는 느낌을 받게 되고 따라서

의식적으로 자각하지 못하는 가운데서 금방 보다 익숙한 유형을 찾기 시작할 것이다.

혹은 대단히 야심적이고 언제나 꼭대기에 올라서기를 원하면서도 그 꿈을 감히 실현시키려 나서지 않고 대신에 남편이 자신을 위해 이런 소망들을 성취시켜주길 기대하는 여자들에 대해서도 생각해 볼 수 있다. 이런 여자의 남편은 성취를 이뤄야 하고, 다른 사람들보다 탁월해야 하고, 유명해야 하고, 존경을 받아야 한다. 물론 자기 남편이 자신의 모든 기대를 충족시키는 것으로 만족하는 여자들도 있다. 그러나 그런 식으로 결혼 생활이 지속되다 보면, 아내가 남편이 자신의 기대를 대신 성취해주는 것을 견뎌내지 못하는 사태가 자주 벌어진다. 왜냐하면 그녀의 권력 욕구가 자신이 남편에게 가려지는 것을 참아주지 못하기 때문이다.

마지막으로, 여자 같고 섬세하고 나약한 남편을 선택하는 여자들이 있다. 이런 여자들은 자신의 남자 같은 태도 때문에 그런 남편을 택한다. 그럼에도 정작 이 여자들은 그런 사실을 자각하지 못한다. 그러나 그런 그들도 또한 자신을 강압적으로 빼앗을 그런 강하고 야만적인 남자에 대한 욕망을 품고 있다. 따라서 이런 여자들은 기대에 맞춰 살지 못하는 남편의 무능력에 대해 불만을 품으면서 나약한 남편을 은근히 경멸할 것이다.

이런 갈등들이 배우자에게 혐오감을 일으키게 하는 길은 다양하다. 우리는 배우자가 우리에게 아주 근본적인 것을 제공하지 못한다는 사실 때문에 배우자에게 반감을 품을 것이다. 그러면서 배우자가 가진 재능에 대해서는 당연한 것으로 여기거나 과소평가를 할 것이다. 그러는 사이에 획득 불가능한 것이 매력적인 목표로 자리 잡게 되고, 그러면 그 목표는 우리가 처음부터 "진정으로" 갈망했던 것으로 여겨지면서 빛을 발하게 된다. 그런 한편 우리는 배우자가 우리의 소망을 실현시켜 주었다는 사실 때문에 배우자에게 반감을 품기도 한다. 왜냐하면 그 성취가 우리 내면의 모순적인 욕망과 양립 불가능한 것으로 드러나기 때문이다.

지금까지 한 모든 논의의 배경에는 한 가지 사실이 자리 잡고 있다. 즉 결혼은 남녀 두 사람의 성적 관계이기도 하다는 점이다. 만약 어느 한쪽 당사자가 이성을 대하는 태도에 문제가 있다면, 이 같은 사실에서부터 깊은 증오의 원인이 생겨날 수 있다. 결혼 생활에 나타나는 많은 불운은 오직 그 배우자 한 사람하고만 관련 있는 갈등처럼 보이고 또 그렇게 느껴진다. 따라서 다른 짝을 선택했더라면 이런 종류의 불운이 일어나지 않았을 것이라는 믿음을 갖기 쉽다. 우리는 결정적인 원인이 이성을 대하는 우리 자신의 내면적 태도일 수 있다는 사실을 잘 보지 않으려 한다. 우리는 또 다른 사람을 배우자로 만나더라도 똑같은 불운이 다른 형식으로 나타날 수 있다는 것을 알고 싶어 하지 않는다. 달리 말하면, 결혼 생활에 나타나는 모든 문제들의 핵심은 우리 자신의 발달의 결과로 우리 자신에 의해서 제기된다는 뜻이다. 남녀 간의 갈등은 수천 년 동안 역사적 사건들이 전개될 배경을 제공할 뿐만 아니라 개인적 결혼 생활에서 갈등이 벌어질 배경도 되어 준다. 남자와 여자 사이의 은밀한 불신은 이런저런 형식으로 자주 나타나는데,

이 불신도 대체로 보면 우리가 성인이 된 후 겪은 나쁜 경험에서 비롯되는 것이 아니다. 우리는 이 불신이 결혼 생활 동안에 겪는 일들에서 비롯되었다고 믿고 싶어 하지만, 그것은 어디까지나 어린 시절에 비롯된다. 성인이 된 이후의 경험은 대체로 그 전에 습득된 태도에 좌우된다. 우리가 이 연결을 알지 못할지라도, 세상사는 언제나 그런 식으로 돌아간다.

이해를 돕기 위해서 몇 마디 더 덧붙이고 싶다. 사랑과 열정이 사춘기에 처음 나타나는 것이 아니며 어린 아이도 이미 느끼고 원하고 열정적으로 요구할 수 있다는 것은 프로이트의 근본적인 통찰 중 하나이다. 어린 아이의 정신이 아직 깨어지거나 제한을 받고 있지 않기 때문에, 아이는 아마 이 감정들을 우리 어른이 느끼는 것과 꽤 다른 강도로 느낄 것이다. 만약 우리가 이 같은 근본적인 사실들을 받아들이고 한 걸음 더 나아가서 우리 인간도 다른 모든 동물들과 마찬가지로 이성에 끌리는 법칙의 적용을 받는다는 점을 인정한다면, 프로이트가 모든 아이들이 거쳐야 하는 발달의 한 단계로 제시한 오이디푸스 콤플렉스는 많은 논란에도 불구하고 그렇게 기이하거나 이상해 보이지 않을 것이다.

초기에 사랑을 경험하는 동안에, 아이는 대체로 좌절과 실망, 퇴짜 등의 불쾌한 일은 물론이고 아무 소용없는 질투의 감정까지 겪을 것이다. 또한 아이는 거짓말에 속거나 처벌을 받거나 협박을 받는 경험을 하게 될 것이다.

이처럼 초기에 한 사랑의 경험의 흔적은 언제나 그 사람의 내면에 남아서 훗날 이성과의 관계에 영향을 미칠 것이다. 이 사랑의 흔적은 개인마다 다 다르지만, 남녀의 태도가 아주 다양한 가운데서도 인식 가능한 패턴이 나타난다.

남자의 내면에서 자기 어머니와의 관계가 남긴 다음과 같은 잔재가 자주 보인다. 무엇보다 먼저, 험악한 여자를 멀리하려는 경향이 있다. 유아를 보살피는 일을 맡은 사람이 대체로 엄마이기 때문에, 우리는 따스함과 보살핌과 부드러움의 경험뿐만 아니라 금지의 경험까지도 가장 먼저 엄마를 통해서 한다. 누구에게나 이 같은 초기의 경험으로부터 완전히 자유로워지는 것은 대단히 어려운 일인 것 같다. 우리는 거의 모든 남자의 내면에서 그 흔적이 살아 있다는 인상을 종종 받는다. 운동에서든 클럽에서든 과학 분야에서든 아니면 전쟁에서든, 남자들은 자기들끼리 있을 때 특별히 더 편안해 하고 행복해 한다는 사실을 우리는 잘 알고 있다. 그런 상황에서 남자들은 마치 선생의 감시를 빠져나온 학생들처럼 안도하는 것 같다. 이 같은 태도가 아내와의 관계에서 가장 분명하게 반복되는 것은 지극히 당연하다. 아내는 다른 여자들과 달리 남편의 어머니를 대신할 가능성이 크다.

어머니와의 의존적인 관계가 완전히 해결되지 않았음을 보여주는 두 번째 증거는 남자들이 여자는 고결해야 한다는 관념을 품고 있다는 사실이다. 이 관념은 성모 마리아 숭배에서 최고조에 달했다. 이 관념은 일상의 삶에서 일부 아름다운 측면을 갖지만, 그 이면은 꽤 위험하다. 왜냐하면 극단적인 경우에 이 관념이 기품 있고 존경할 만한 여자는 성적 관심이 없으며 그런 그녀에게 성적 욕망을 품는 것은 그녀를 수치스럽게 만드는 짓이라는 믿음으로 이어지기 때문이다. 이 같은 인식은 더 나아가 그런 여자와는 아무리 사랑이 깊어도 충만한 사랑의 경험을 기대할 수 없고 동시에 타락한 유형의 여자, 말하자면 매춘부 같은 여자하고만 성적 만족을 추구할 수 있다는 것을 암시한다. 이는 사람이 자신의 아내를 사랑하고 평가할 수는 있어도 그녀에게 욕망을 품어서는 안 되며 따라서 다소 억제적인 태도를 보여야 한다는 것을 의미한다. 어떤 아내들은 남자들의 이런 태도를 알면서도 거기에 반대하지 않을 것이다. 성 불감증이 있는 여자의 경우에 특히 더 그런 태도를 보일 것이다. 그럼에도 남자의 그 같은 태도는 불가피하게 양측의 공개적이거나 은밀한 불만으로 이어지게 되어 있다.

이 맥락에서 나는 여자를 대하는 남자의 태도에 두드러진 특징을 한 가지 더 언급하고 싶다. 그것은 여자를 만족시키지 못하는 것은 아닐까 하는 두려움이다. 그것은 대체적으로 보면 여자의 요구에 대한 남자의 두려움이고, 구체적으로 보면 성적 요구에 대한 남자의 두려움이다. 그것은 어느 정도는 생물학적 사실들에 근거한 두려움이다. 남자는 여자에게 거듭해서 자신을 증명해 보여야 한다는 점에서 보면 그렇다. 반면 여자는 성 불감증을 겪는 상태에서도 성교를 하고, 임신을 하고, 아이를 낳을 수 있다. 존재론적 관점에서 본다면, 이런 종류의 두려움조차도 소년이 마치 자신이 어른인 양 느끼던 어린 시절에 그 기원을 두고 있다. 그때 소년은 어린애처럼 칭얼거려 놀림감이 되기라도 하면 자신의 남성성이 조롱당하고 따라서 자신감이 상처를 입을 수 있다는 점을 두려워했다. 이런 불확실성의 흔적들은 남성성을 그 자체로 하나의 가치로 과도하게 강조하는 태도 뒤에 숨은 채 우리가 인정하는 것보다 훨씬 더 자주 나타날 것이다. 그럼에도 이 불확실성은 남자가 여자와의 관계에서 보이는, 늘 흔들리는 자신감에서도 드러난다. 결혼 관계는 남편이 아내의 실망에 대해 민감하게 반응하도록 만든다. 아내가 남편에게만 정성을 쏟지 않는다면, 아내의 최선의 모습이 남편의 눈에 차지 않는다면, 남편이 아내를 성적으로 만족시켜주지 못한다면, 이 모든 것들은 기본적으로 불확실성을 품고 있는 남편에게 자신감을 깨뜨리는 심각한 모욕으로 다가올 것임에 틀림없다.

이 예들은 남자에게 전형적인 몇 가지 경향을 보여주기 위해 선택되었다. 이런 예들이라면, 이성을 대하는 일부 태도들은 어린 시절에 습득된 것으로서 성인의 인간관계에, 특히 결혼 생활에 반드시 모습을 드러내게 되어 있다는 점을, 그리고 그 태도들이 파트너의 성격과는 비교적 무관하다는 점을 보여주기에 충분할 것이다. 그런 태도가 발달 과정에 제대로 극복되지 않았을수록, 남편은 아내와의 관계에서 불편을 더 많이 겪게 될 것이다. 그런 감정은 종종 무의식에 자리 잡고 있으며, 그 감정의 원천은 언제나 무의식에 있다. 그런 감정에 대한 반응은 다양할 수 있다. 원한을 숨기는 것에서부터 공개적으로 증오를 드러내는 것까지, 그 반응은 부부관계에 긴장과 갈등을 초래할 것이다. 아니면 그 반응은 남편이 일이나 남자들 사이에서, 아니면 다른 여자들 사이에서 긴장으로부터의 해방을 추구하도록 할 것이다. 이 다른 여자들 앞에서는 그는 여자의 요구사항이나 자신의 의무에 대해 걱정하지 않아도 될 것이다. 좋으나 나쁘나 결국 더 강한 것으로 드러나는 것은 결혼의 끈이라는 사실을 우리는 거듭해서 확인한다. 그럼에도 다른 여자와의 관계가 더 편하고, 더 만족스럽고, 더 행복한 경우도 자주 있다.

아내로 인해 결혼 관계에 일어나는 어려움들 중에서, 나는 한 가지만 언급할 것이다. 그녀의 형성기에서 비롯된, 그 가치가 모호한 선물인 성 불감증이다. 성 불감증이 본질적으로 중요한 것인지 여부는 논란의 대상이 될 수 있다. 그러나 성 불감증은 남자와의 관계에 장애가 있음을 보여준다. 개인에 따라 다양한 변주가 있음에도 불구하고, 성 불감증은 언제나 남자를 거부하는 표현이다. 어떤 특정한 남자에 대한 거부일 수도 있고, 전반적으로 남자라는 존재에 대한 거부일 수도 있다. 성 불감증의 빈도에 관한 통계는 다양하게 나오고 있으나 나에겐 기본적으로 신뢰할 수 없는 것으로 보인다. 부분적인 이유는 어떤 감정의 질은 통계적으로 표현될 수 있는 것이 아니기 때문이고, 또 다른 부분적인 이유는 얼마나 많은 여자들이 자신의 섹스 능력에 대해 이런저런 방식으로 스스로를 속이고 있는지를 계산하는 것 자체가 지극히 어려운 일이기 때문이기도 하다. 나 자신의 경험에 따르면, 가벼운 성 불감증은 여자들의 진술을 통해 우리가 기대하고 생각하는 것보다 훨씬 더 자주 일어나는 것으로 확인되는 것 같다.

성 불감증은 언제나 남자에 대한 거부의 표현이라고 말할 때, 그것은 남자에 대한 적대감이 눈에 띄게 드러난다는 뜻이 아니다. 성 불감증을 가진 여자들도 몸매를 가꾸거나 옷을 입는 방법, 그리고 행동에서 매우 여성적일 수 있다. 그런 여자들도 삶 전체가 "사랑에만 맞춰진 것 같다"는 인상을 줄 수 있다. 내가 의미하는 바는 그보다 더 깊은 무엇이다. 즉 진정으로 남자를 사랑하지 못하거나 남자에게 자신을 맡기지 못하는 그 무능력이다. 이런 여자들은 자신의 길을 걸어가거나 아니면 질투나 요구사항, 권태, 잔소리 등으로 남자가 자신을 멀리하도록 만들 것이다.

그렇다면 그런 태도는 어떻게 해서 생겨나는가? 우선, 사람들은 그런 태도를 소녀를 양육하는 과거와 현재의 방식의 탓으로 돌리려는 경향을 보인다. 성적 금지가 많은데다가 소녀를 남자들과 별도로 키우다 보니, 소녀가 일상의 정상적인 상황에서 남자들을 보는 것이 불가능했다는 지적이다. 따라서 여자에게 남자들은 영웅 아니면 괴물로 보이게 되었다는 것이다. 그러나 생각만 아니라 증거도 이런 인식은 지나치게 피상적이라는 사실을 보여주고 있다. 소녀들을 엄격하게 양육하는 것과 성 불감증은 서로 관련이 없는 것이 사실이다. 또한 근본적인 성격에 관한 한, 인간의 본성은 기본적으로 금지나 강요로는 절대로 바뀌지 않는다는 사실을 우리는 잘 알고 있다.

최종적으로 보면, 근본적인 욕구를 충족시키는 것마저도 피하게 만들 만큼 우리를 놀라게 만드는 요소는 아마 단 하나뿐일 것이다. 불안이다. 성 불감증의 기원과 발달을 최대한 유전학적으로 이해하길 원한다면, 우리는 어린 소녀의 본능적 욕구들이 전형적으로 밟게 되는 운명을 면밀히 들여다보아야 한다. 여기서 우리는 여자의 역할이 어린 소녀에게 위험한 것으로 비치고 어린 소녀가 그 역할을 싫어하게 만드는 다양한 요소들을 발견할 수 있다. 상징이 풍부한 어린 시절의 전형적인 두려움을 보면 그 숨겨진 의미들이 쉽게 짐작된다. 도둑과 뱀, 야생동물, 천둥에 대한 두려움이 자신을 정복하고 침투하고 파괴할 수 있는 압도적인 힘들에 대한 두려움이 아니고 달리 무엇이겠는가? 초기에 모성에 대한 본능적 예감과 연결되어 있는 두려움도 있다. 어린 소녀는 미래에 이처럼 무섭고 불가사의한 사건을 경험하게 되지 않을까 하고 두려워하는 한편으로 그것을 경험할 기회를 갖지 못하게 되지 않을까 하고 두려워한다.

어린 소녀는 자신이 바라거나 상상한 남자의 역할로 도피하는 전형적인 방법으로 이런 불편한 감정들로부터 달아난다. 이 도피의 다소 분명한 양상들은 4세에서 10세 사이의 소녀들에게서 쉽게 관찰된다. 사춘기 전이나 사춘기 동안에 요란하고 말괄량이 같던 행동이 사라지고 그 대신에 여자다운 태도가 나타난다. 그러나 일부 잔재들이 표면 아래에 그대로 남아 있으면서 몇 가지 방법으로 소녀의 발달을 방해할 것이다. 그 방법을 보면, 야망이나 권력 욕구, 자신과 비교해 언제나 혜택을 누리는 것처럼 보이는 남자에 대한 분개, 남자에 대한 호전적인 태도 등이 꼽힌다.

이처럼 대략적으로 설명한 성 불감증의 발달 과정을 이해한다면, 한 가지 사항이 더욱 분명해질 것이다. 결혼을 하나의 전체로서 조망한다면, 우리는 성 불감증이 생겨나는 배경과 성 불감증이 남편을 대하는 여자의 전반적인 태도에 미치는 영향이 증후 자체보다 훨씬 더 심각하다는 사실을 확인하게 될 것이다. 증후만을 따지자면 단순히 쾌락을 놓치는 것에 지나지 않기 때문에 그다지 중요하지 않을 수도 있다.

그런 불리한 발달에 의해 방해를 받을 수 있는 여자의 기능 하나가 바로 모성이다. 여기서는 그런 육체적 및 정서적 장애가 표현되는 다양한 방식에 대해서는 논하지 않고 한 가지 물음에만 국한시킬 것이다. 기본적으로 좋은 결혼 관계가 아이의 출생으로 인해 힘들어질 수 있는가? 우리 모두 아이들이 결혼 관계를 더 단단하게 굳히는가 아니면 훼손시키는가 하는 질문을 자주 듣는다. 그러나 일반적인 형식으로 이런 질문을 묻는 것은 비생산적이다. 왜냐하면 그 대답이 각 결혼 생활의 내면적 구조에 따라 달라질 것이기 때문이다. 그러므로 나의 질문은 보다 구체적으로 제기될 것이다. 지금까지 좋았던 부부의 관계가 아이의 출생으로 인해 훼손될 수 있는가?

비록 그러한 결과가 생물학적으로는 모순된 것처럼 보일지라도, 어떤 심리적 조건 하에서는 그런 일이 정말로 일어날 수 있다. 예를 들어, 무의식적으로 자기 엄마와 강하게 연결되어 있는 남자는 자기 아내를 엄마 같은 존재로 경험하게 될 것이다. 그런 아내가 아이를 낳고 실제로 엄마가 되어버리면, 남편이 아내에게 성적으로 접근하는 것이 불가능해질 수 있다. 그런 태도 변화는 아내가 임신과 출산, 양육을 통해서 아름다움을 잃었다는 식으로 합리화되고 방어될 수 있다. 분석가들이 우리의 존재 깊은 곳에서부터 우리의 삶에 영향을 미치고 있는 그런 감정 또는 억제의 문제를 찾아내는 길은 이런 종류의 합리화를 면밀히 살피는 것이다.

여자에게 이와 비슷한 일이 일어난다면, 그녀의 모든 욕망이 어린 시절의 발달 과정에 일어난 어떤 왜곡 때문에 아이에게 초점을 맞추게 된 것으로 여겨진다. 발달 과정에 왜곡이 일어난 결과, 그녀는 성인 남자인 남편의 내면에서 아이만을, 남편이 그녀에게 상징하는 아이만을, 남편이 아내에게 안겨주게 될 아이만을 사랑하게 된다. 그런 여자가 실제로 아이를 갖게 되면, 남편은 불필요하게 되고 심지어 아내에게 여러 가지 요구를 하는 성가신 존재가 될 것이다.

따라서 어떤 심리적 조건에서는 아이도 반목과 미움의 원인이 될 수 있다.

나는 이 지점에서 결론을 내리고 싶다. 잠재적 동성애로부터 생겨날 수 있는 것과 같은 갈등의 또 다른 중요한 가능성에 대해서는 논하지 않았지만, 적어도 당분간은 여기서 마무리하고 싶다. 더 포괄적으로 논한다 하더라도 앞에서 제시한 심리학적 통찰에서 나온 견해에 원칙적으로 더 더할 것은 나오지 않을 것이다.

나의 결론은 다음과 같다. 결혼 관계에서 사랑의 불꽃이 식거나 제3의 인물이 침입할 때, 우리가 그 붕괴의 원인으로 제시하는 것들은 어린 시절에 있었던 어떤 발달의 결과이다. 그것들은 보통 우리 눈에 보이지 않게 숨어 있는 어떤 과정의 결과인데, 이 과정은 점차적으로 파트너에 대한 혐오로 발달할 것이다. 이 혐오의 원인들은 파트너의 성가신 자질과 관계있기보다는 우리가 결혼 생활에까지 끌어들인, 어린 시절 발달 과정에 미해결로 남겨둔 갈등과 관계있다.

따라서 결혼 관계의 문제들은 의무나 자제에 관한 조언으로도 해결되지 않고 본능들에게 자유를 무제한적으로 허용하라는 식의 권고로도 해결되지 않는다. 전자와 같은 조언은 오늘날 우리에게 더 이상 통하지 않고, 후자의 권고는 우리의 최고 가치들이 실종될 위험은 차치하더라도 행복 추구에 별로 도움이 되지 않는다. 사실상, 질문은 이런 식으로 제기되어야 한다. 파트너를 혐오하게 만드는 요소들 중에서 피할 수 있는 것은 어떤 것인가? 또 그 요소들 중에서 경감시킬 수 있는 것은 어떤 것이며, 극복될 수 있는 것은 어떤 것인가? 발달 중에 과도하게 파괴적인 부조화를 피할 수 있다. 아니면 적어도 그 강도를 누그러뜨릴 수 있다. 결혼 생활을 훌륭하게 유지할 가능성은 당사자들이 결혼 전에 습득한 정서적 안정성에 달려 있다고 말해도 무방할 것이다. 어려움들 중 많은 것은 피할 수 없는 것처럼 보인다. 힘들여 노력해 성취를 이루기보다는 그 성취가 하나의 선물로 우리에게 제시되기를 바라는 것은 인간의 본성이다. 남녀 사이에 원래부터 선한 관계, 말하자면 불안으로부터 자유로운 관계는 성취 불가능한 이상일 수 있다. 우리는 또한 우리 자신 안에 있는 모순적인 기대를 인간의 본성에 고유한 것으로 받아들이고, 그렇게 함으로써 그런 기대를 결혼 생활에서 성취하는 것이 불가능하다는 것을 배워야 한다. 자제를 대하는 태도도 시대에 따라 다르다. 우리보다 앞섰던 세대들은 본능의 자제를 지나치게 많이 요구했다. 한편 우리는 본능을 지나치게 두려워하는 경향을 갖고 있다. 다른 관계뿐만 아니라 결혼 생활에서도 가장 바람직한 목표는 금지와 허용 사이, 욕망의 제한과 자유 사이에서 최적의 조건을 찾는 것이다. 그러나 결혼 생활을 정말로 위협하는 근본적인 제한은 파트너의 단점 때문에 우리가 받게 되는 그런 제한이 아니다. 어쨌든 우리는 파트너가 자신의 본성이 허용하는 그 이상의 것을 우리에게 내놓지 못하더라도 용서해야 한다. 그리고 우리도 결혼 생활의 분위기를 너무나 쉽게 망가뜨리는 우리의 요구를 포기할 줄 알아야 한다. 또 우리는 자신의 내면에 있는 성적 욕망뿐만 아니라 다른 욕망들을 충족시킬 다양한 방법들 중에서 파트너를 불편하게 만들 수 있는 그런 방법은 포기할 줄도 알아야 할 것이다. 다시 말하면, 우리는 일부일처의 기원과 가치, 위험을 열린 마음으로 다시 연구함으로써 일부일처라는 절대적 기준을 진지하게 재검토해야 한다.〈1932년〉

8장

—

여자에 대한 공포

남자들은 자신들이 여자에게 끌리면서 직접 몸으로 느끼는 그 격한 힘을 표현할 방법을 찾는 일에 결코 지쳐한 적이 없다. 이 같은 격한 갈망과 함께, 여자로 인해 죽거나 몰락할 수 있다는 두려움도 당연히 남자들에 의해 이런저런 식으로 표현되고 있다. 나는 특별히 전설 속의 로렐라이를 소재로 한 하이네(Heinrich Heine)의 시에 극적으로 표현된 이 두려움에 대해 언급할 것이다. 라인 강 기슭 높은 곳에 앉아서 자신의 미모로 지나가는 선원을 강에 빠뜨린다는 그 로렐라이 말이다.

여기서도 여자의 매혹에 넘어간 남자를 삼키는 것은 물이다. 오디세우스는 사이렌의 유혹과 위험을 피하기 위해 선원들에게 자신을 돛대에 묶으라고 명령해야 했다. 스핑크스의 수수께끼를 푸는 사람은 거의 없었다. 수수께끼를 풀려고 시도한 사람들 대부분은 목숨을 내놓았다. 동화 속의 왕궁은 왕의 아름다운 딸의 수수께끼를 풀려고 나설 만큼 무모한 구혼자들의 머리로 장식되어 있다. 여신 칼리는 죽음을 당한 남자들의 시신 위에서 춤을 춘다. 어떠한 남자도 정복하지 못했던 삼손은 데릴라에게 자신의 힘을 빼앗긴다. 살로메는 세례자 요한의 머리를 큰 접시에 담아 두고 있다. 마녀들은 남자 성직자들이 그들의 안에 있는 악마의 활동을 두려워하는 까닭에 불에 태워진다. 베데킨트(Frank Wedekind)의 '땅의 정령'은 자신의 매력에 넘어간 남자들을 모두 파멸시킨다. 그녀가 특별히 사악해서 그런 것이 아니고, 그녀의 본성이 그렇기 때문에 그렇게 한다. 이런 예를 들자면 끝이 없다. 언제 어느 곳에서나 남자는 여자에 대한 두려움을 객관화함으로써 그 두려움을 떨치려고 노력한다. 남자는 이런 식으로 말한다. "내가 여자를 두려워하는 게 아니야. 여자라는 존재 자체가 악의에 차 있고, 어떤 죄라도 저지를 수 있고, 먹잇감을 노리는 야수이고, 흡혈귀이고, 마녀이며, 욕망의 만족을 절대로 몰라. 한마디로 여자는 사악함의 화신이야." 이것, 그러니까 여자에 대한 갈망과 여자에 대한 공포 사이의 끝없는 갈등이 남자가 창조적인 작업을 하도록 하는 충동의 중요한 뿌리가 아닐까?

원시인의 감수성에는, 여성은 여성성의 표현이 피를 동반하는 현상 때문에 이중으로 사악한 존재가 된다. 월경 중인 여자와 접촉하는 것은 치명적이다. 남자는 힘을 잃고, 초원은 시들고, 어부와 사냥꾼은 아무것도 얻지 못할 것이기 때문이다. 처녀성을 빼앗는 행위는 남자에게 대단히 위험하다. 프로이트가 '처녀성의 금기'라는 논문에서 보여주고 있듯이, 이 행위를 무서워하는 사람은 특히 남편이다. 이 논문에서 프로이트도 역시 이 같은 불안을 객관화한다. 그러면서 프로이트는 그것을 여성의 내면에서 실제로 일어나고 있는 거세 충동과 연결시키며 흡족해 한다. 이것이 터부 현상 자체에 대한 적절한 설명이 아닌 이유가 두 가지 있다. 우선 여자들은 처녀성 상실에 대해 대체로 거세 충동 같은 것으로 반응하지 않는다. 그런 충동이 있다면, 그것은 아마 남자 같은 태도를 강하게 발달시킨 여자들에게만 국한될 것이다. 둘째, 처녀성 상실이 여자에게 파괴적인 충동을 일으킨다 하더라도 우리는 그래도 남자의 내면에서 일어나는 급박한 충동을 더 깊이 해부해야 한다. 남자가 처녀막을 처음 관통하는 행위 자체를 그처럼 위험한 일로 받아들이게 하는 그 충동을 말이다. 그것이 얼마나 위험한 일로 여겨지는지, 막강한 남자에 의해 행해지거나 아니면 그 대가로 감히 자신의 목숨까지 내놓겠다고 나서는 이방인에 의해 행해져야만 아무 탈이 없는 것으로 받아들여지고 있다.

투명한 물질로 된 처녀막이 갖는 놀라운 힘을 고려할 때, 남자들이 여자들에게 은밀히 품는 두려움에 대해 우리가 거의 관심을 기울이지 않고 있다는 사실이 정말로 놀랍지 않은가? 여자들이 그 사실을 그렇게 오랫동안 몰라볼 수 있었다는 사실은 더더욱 놀랍다. 나는 이 맥락에서 여자들의 태도가 그런 식으로(말하자면 불안과 자존심의 훼손) 나타나는 이유에 대해 다른 곳에서 상세하게 논할 것이다. 남자로서는 우선 자신의 두려움을 잠재워야 할 명백한 전략적 이유들이 있다. 그런 가운데 남자는 그 두려움을 부정하기 위해 온갖 수단을 다 동원한다. 남자들이 예술적 및 과학적 창조의 작업을 통해 두려움을 "객관화"하는 목적도 바로 그 두려움을 부정하기 위한 것이다. 여기서 우리는 남자가 여성들을 찬미하는 것조차도 사랑에 대한 갈망에서만 나오는 것이 아니라 두려움을 가리려는 욕망에서도 나온다고 짐작할 수 있다. 그러나 이와 비슷한 위안은 호기로운 척 구는 남자들의 태도에 드러나는, 여자들에 대한 경멸에서도 추구되고 발견된다. 사랑과 찬미의 태도는 이런 의미이다. "내가 이렇게 아름답고 경이롭고 성스러운 존재를 두려워하다니 터무니없는 짓이야." 경멸의 태도는 이런 점을 암시한다. "저렇게 형편없는 존재를 무서워하다니 정말 우스꽝스러운 일이야." 이런 식으로 경멸을 통해서 자신의 불안을 누그러뜨리는 방법은 남자에게 특별한 이점을 발휘한다. 남자가 자존심을 세우는 데 이롭게 작용하기 때문이다. 남자의 자존심은 남자(아버지)에 대한 두려움을 인정하는 것보다 여자에 대한 두려움을 인정할 때 상처를 더 심하게 입는 것 같다. 남자들의 자기 본위적인 감정이 여자들과의 관계에서만 유독 예민한 이유는 어린 시절 초기의 발달과 관련해서 볼 때에만 이해가 가능해진다. 이에 대해서는 뒤에서 언급할 것이다.

분석을 통하면, 여자들에 대한 이런 두려움은 꽤 분명하게 나타난다. 남자 동성애의 바탕에는 다른 모든 성도착과 마찬가지로 여성의 성기로부터 달아나려는 욕망 또는 그런 성기의 존재를 부정하려는 욕망이 작용하고 있다. 프로이트는 여자들에 대한 두려움이 특히 페티시즘(성적 부위가 아닌 신체 부위나 물건과의 접촉을 통해서 성적 감정을 느끼는 성도착의 일종/옮긴이)의 근본적인 한 특징이라는 점을 보여주었다. 그러나 그는 그 두려움의 바탕을 불안에 두지 않고 여성에게 페니스가 없다는 사실에 따른 혐오감에 두었다. 그러나 나는 프로이트의 설명을 읽으면서 거기에 불안도 작용하고 있다는 결론을 내리지 않을 수 없다. 우리가 실제로 보고 있는 것은 질(膣)에 대한 두려움이다. 그것이 혐오감으로 위장되어 있을 뿐이다. 남자의 리비도는 언제나 여자와의 결합을 추구하라고 몰아붙이고 있는 상황에서, 남자가 이 같은 목표를 피할 만큼 움츠러들게 할 수 있는 동기는 불안밖에 없다. 그러나 프로이트의 이론은 이 불안을 제대로 설명하지 못한다. 소년이 자기 아버지와의 관계에서 느끼는 거세 불안은 남자가 그 같은 처벌이 이미 내려진 여자를 두려워하게 되는 이유로는 적절하지 않다. 아버지에 대한 두려움 외에, 거기엔 분명히 다른 두려움이 있음에 틀림없다. 그런데 이 두려움의 대상은 여자 혹은 여자의 성기이다. 이젠 질 자체에 대한 이런 두려움은 동성애와 성도착에는 물론이고 남자 환자의 꿈에도 분명하게 나타난다. 모든 분석가들은 이런 종류의 꿈을 잘 알고 있다. 그러기에 나는 그런 꿈들에 대해서는 대략적으로만 언급할 것이다. 예를 들면, 자동차가 길을 따라 질주하다가 갑자기 구덩이로 추락하면서 산산조각으로 부서지는 꿈이 있다. 보트가 좁은 해협을 항해하다가 갑자기 소용돌이로 빨려드는 꿈도 있다. 피가 묻은 무시무시한 식물과 동물이 있는 지하실이 나오는 꿈도 있다. 어떤 사람이 굴뚝을 타고 올라가다가 떨어져 죽을 위험에 처하는 꿈도 있다.

드레스덴의 보마이어 박사(Dr. Baumeyer)는 나에게 질에 대한 두려움을 보여주는 일련의 실험을 인용하도록 허락해주었다. 여자 의사는 진료소에서 아이들과 함께 공을 갖고 놀다가 시간이 조금 지난 뒤에 아이들에게 공에 생긴 틈을 보여주었다. 그녀는 틈의 양쪽 모서리를 앞으로 잡아당겨 그 사이에 자신의 손가락을 집어넣었다. 그래서 그녀의 손가락이 볼에 의해 단단히 잡혀 있었다. 그런 다음에 그녀는 아이들에게도 자기가 한 대로 해보라고 부탁했다. 그러자 소년 28명 중에서 6명만 별 두려움 없이 손가락을 틈에 끼웠으며 8명은 아예 그렇게 하려 들지도 않았다. 소녀 19명 중에서는 9명이 아무런 두려움의 기색을 보이지 않고 손가락을 집어넣었다. 나머지는 불편해 하는 기색을 약간 보였으나 심각한 불안을 보인 소녀는 아무도 없었다.

틀림없이 질에 대한 두려움은 종종 그와 동시에 나타나는 아버지에 대한 두려움 뒤로 숨는다. 아니면 무의식의 언어를 빌리면, 여자의 질 속에 든 남근에 대한 두려움 뒤로 숨는다.

질에 대한 두려움이 이런 식으로 다른 것에 대한 두려움 뒤로 숨는 이유는 두 가지가 있다. 먼저, 이미 밝힌 대로, 그런 경우에 남자의 자존심이 상처를 덜 받는다. 둘째, 아버지에 대한 두려움이 보다 분명하고 또 덜 무섭기 때문이다. 우리는 그 차이를 진짜 적에 대한 두려움과 귀신에 대한 두려움의 차이와 비교할 수 있다. 따라서 거세하려 드는 아버지와 관련한 불안이 두드러져 보이는 것은 편향의 결과이다. 그로데크(Georg Groddeck)가 '더벅머리 페터'(Struwwelpeter)에 등장하는 손가락 빠는 아이를 분석한 것에서도 나타나듯이 말이다. 이 작품에서, 손가락을 자르는 것은 남자이지만 협박의 말을 하는 사람은 엄마이고 손가락을 자르는 도구인 가위는 여자의 상징이다.

이 모든 것을 바탕으로 나는 여자(어머니) 혹은 여자의 성기에 대한 남자의 두려움은 남자(아버지)에 대한 두려움에 비해 그 뿌리도 더 깊고 그 무게도 더 무겁고 또 억압되는 강도도 더 세다고 생각한다. 또 여자들에게서 남근을 찾으려 드는 것은 사악한 여자의 성기가 존재한다는 것을 부정하려는 충동적인 시도라고 생각한다.

이 불안의 발생에 대해 체계적인 설명이 가능할까? 혹은 이 불안은 남자의 존재와 행동의 일부가 아닐까? 수컷 동물들 사이에서 보듯, 짝짓기 후에 무기력한 상태에 빠지거나 심지어 죽음을 맞는 현상이 그것을 설명해주지 않을까? 사랑과 죽음은 성적 결합을 통해 새로운 생명을 탄생시킬 수 있는 여자보다 남자에게서 서로 더 밀접히 연결되어 있는 것은 아닐까? 남자는 정복의 욕구와 함께 여자(어머니)와의 결합 행위 도중의 죽음에 대해 은밀히 욕구를 품는 것이 아닐까? "죽음 본능"의 바탕에 이 갈망이 있지는 않을까? 그리고 "죽음 본능"에 불안으로 반응하는 것이 남자의 삶의 의지가 아닐까?

이 불안을 심리학적 및 발생학적 측면에서 이해하려고 할 때, 유아의 성욕과 성인의 성욕이 서로 다른 것은 아이에겐 질이 아직 "발견되지 않은 채" 있다는 사실뿐이라고 한 프로이트의 이론을 받아들이게 되면 당혹스런 상황에 직면하게 된다. 그 견해에 따르면, '생식기 우위성'에 대해 적절히 말하지 못하게 된다. 그러기에 그것을 '남근 우위성'이라고 부르는 것이 더 적절하다. 따라서 어쩌면 유아기에 생식기가 형성되는 시기를 "남근기"라고 묘사하는 것이 당연했을지도 모른다. 이 시기의 소년들의 대화를 녹음한 것을 보면, 프로이트의 이론이 근거하고 있는 관찰은 의문의 여지없이 정확하다는 것이 확인된다. 그러나 만약에 이 단계의 근본적인 특징들을 더 면밀히 살핀다면, 우리는 프로이트의 묘사가 유아기의 생식기 관심을 그 자체로 제대로 요약했는지 아니면 그 시기의 마지막 단계에만 적용되는 것인지에 대해 의문을 제기하지 않을 수 없다. 프로이트는 소년의 관심이 자기애적으로 자신의 성기에 집중되는 것이 특징이라고 말한다. "그의 몸 중에서 남자임을 보여주는 이 부위가 훗날 사춘기에 일으키게 될 동력은 어린 시절에는 기본적으로 무엇인가를 파고들려 하는 충동, 이를테면 성적 호기심으로 나타난다." 다른 살아 있는 존재들에도 페니스가 있는지, 있다면 그 크기가 어느 정도인지에 관한 물음들이 여기서 중요한 역할을 맡는다.

그러나 분명히 감각이 느껴질 때부터 시작되는 남근 충동의 핵심은 관통하고 싶은 욕망이다. 이 같은 충동이 존재한다는 사실에 대해서는 이의를 제기하기 어렵다. 이 충동은 아이들의 놀이와 아이들을 대상으로 한 분석에서도 꽤 명백하게 드러난다. 다시 말하지만, 소년이 자기 어머니와의 관계에서 품는 성적 소망이 이런 충동에 있지 않다면 어디에 있는지 말하기가 힘들어질 것이다. 혹은 자위가 이성애적인 남근 충동의 자기발정적 표현이 아니라면, 소년의 자위 불안의 대상이 거세를 하려 드는 주체인 아버지가 되어야 하는 이유를 말하기도 힘들어질 것이다.

남근기 동안에 소년의 심리적 방향은 틀림없이 자기애적이다. 따라서 그의 성기 충동이 어떤 대상으로 향하는 시기는 더 이른 시기임에 틀림없다. 소년의 성기 충동이 소년이 본능적으로 그 존재를 짐작하는 여자의 성기로 향하지 않을 가능성도 반드시 고려되어야 한다. 징후들과 특별한 행동 유형뿐만 아니라 삶의 초반의 것이든 나중의 것이든 꿈속에서도, 우리는 구강기 또는 항문기 또는 특별한 부위가 없는 가학적 성교의 표현들을 발견한다. 그러나 우리는 이것을 그 신체 부위의 충동의 우위성을 보여주는 증거로 받아들여서는 안 된다. 왜냐하면 우리로서는 이 현상들이 성기 성욕의 목표가 이동되었다는 것을 의미하는지에 대해 확실히 알 수 있는 길이 없기 때문이다. 중요한 것은, 어떤 개인이 구강기 또는 항문기 또는 가학적 경향의 영향을 받았는지 여부를 보여주는 것이다. 그런 것들이 지니는 증거의 가치는 다소 떨어진다. 왜냐하면 이 표현들이 언제나 여성에 반하는 어떤 정서와 연결되어 있기 때문이다. 그래서 우리는 그것들이 이 정서의 결과인지 아니면 표현인지를 가려내지 못한다.

그러나 이런 것들 외에도, 여자의 어떤 특별한 구멍이 "발견되기"를 기다리고 있다고 생각하는 것이 나에겐 부적절해 보이는 이유는 또 있다. 물론 한편으로 보면 소년은 자동적으로 다른 사람들도 자기처럼 생겼을 것이라고 결론을 내릴 것이다. 그러나 또 다른 한편으로 보면 소년의 성기 충동은 본능적으로 소년에게 여자의 몸에서 어떤 구멍을 찾도록 할 것이다. 소년에게 없는 구멍을 말이다. 왜냐하면 한쪽 성(性)은 언제나 이성에서 자신의 성기를 보완하거나 자신의 성기와 성격이 다른 무엇인가를 찾게 마련이기 때문이다. 만약에 우리가 어린이들이 생각하는 성 이론은 자신들의 성적 기질을 바탕으로 한 것이라는 프로이트의 주장을 진지하게 받아들인다면, 이 맥락에서 프로이트의 주장은 관통하려는 충동을 강하게 느낄 소년이 공상 속에서 보완적인 여자의 성기를 상상한다는 뜻임에 틀림없다. 그리고 내가 남자가 여자의 성기를 두려워하는 현상과 관련하여 제시한 모든 자료로부터 추론할 수 있는 것도 바로 그것이다.

이 불안이 전적으로 사춘기에 비롯된다는 설명은 전혀 이치에 닿지 않는다. 사춘기가 시작할 즈음에 겉으로 매우 불안해 보이는 소년의 자존심 그 뒤를 들여다보면, 불안이 꽤 분명하게 드러난다. 사춘기에 이른 소년의 임무는 자기 어머니와의 근친상간적인 애정으로부터 벗어날 뿐만 아니라, 보다 일반적으로 여자에 대한 두려움을 극복하는 것이다. 소년이 이 두려움을 극복하는 것은 대체로 점진적으로 일어난다. 무엇보다도 먼저 소년은 소녀들에게 등을 돌린다. 그리고 그의 남성성이 충분히 일깨워질 때에만, 그 남성성이 소년으로 하여금 불안을 극복하도록 한다. 그러나 사춘기의 갈등이 대체로 유아기의 성욕에 속하는 갈등을 다시 살려내고, 이 갈등이 취하는 경로는 기본적으로 초기의 경험을 그대로 밟는다는 것을 우리는 알고 있다. 게다가, 꿈과 문학 작품의 상징에서 보듯, 이 불안의 괴상한 성격은 틀림없이 유아기 공상의 시기에 비롯된 것이라는 점을 강력히 암시한다.

사춘기에 이르면, 정상적인 소년이라면 이미 질에 대해서 알고 있다. 그러나 사춘기의 소년이 여자에게 두려움을 느끼게 만드는 것은 여자의 안에 있는, 불가사의하고 익숙하지도 않고 신비로운 그 무엇이다. 만약 성인 남자가 계속해서 여자를 자기로서는 절대로 짐작하지 못하는 그런 비밀을 간직한 신비한 존재로 여긴다면, 이 감정은 종국적으로 그녀의 안에 있는 한 가지 특성과 연결될 수밖에 없다. 모성의 신비가 바로 그것이다. 그 외의 모든 것은 단지 모성에 대한 그의 두려움의 잔재에 불과하다.

이 불안의 기원은 무엇인가? 이 불안의 특징은 무엇인가? 그리고 소년과 어머니의 초기 관계를 흐리게 만드는 요소들은 무엇인가?

여성의 성욕에 관한 논문에서, 프로이트는 이 요소들 중에서 가장 분명한 것들을 꼽았다. 첫째, 소년에게 본능적인 활동을 가장 먼저 금지하는 사람이 엄마이다. 왜냐하면 아기일 때 소년을 돌보는 사람이 바로 엄마이기 때문이다. 둘째, 아이는 자기 엄마의 신체를 대상으로 가학적 충동을 분명히 경험한다. 이 충동은 아마도 엄마의 금지에 따른 화와 연결되어 있을 것이다. 보복의 원칙에 따라, 이 화는 뒤에 불안의 잔재를 남긴다. 마지막으로, 아마 이것이 가장 중요할 것 같은데, 성기 충동의 특이한 운명 자체가 그런 한 요소이다. 남녀 사이의 해부학적 차이가 소녀와 소년에게 완전히 다른 상황을 안겨준다. 그렇기 때문에 소녀와 소년의 불안과 그 불안의 다양성을 진정으로 이해하기 위해선, 우리는 무엇보다 먼저 아이들이 초기에 성욕을 느낄 때 처하게 되는 상황을 고려해야 한다. 생물학적으로 결정되는 것으로서의 소녀의 천성은 소녀에게 받고 싶은 욕망을, 자기 자신 속으로 받아들이려는 욕망을 준다. 소녀는 자신의 생식기가 자기 아버지의 페니스에는 너무 작다는 것을 느끼거나 안다. 이것이 소녀가 자신의 성기 성욕의 소망에 대해 불안을 느끼도록 만든다. 소녀는 자신의 소망이 성취된다면 자신 혹은 자신의 성기가 파괴될 것이라고 무서워한다.

그런 반면에 소년은 자신의 페니스가 자기 엄마의 생식기에 너무 작다고 느끼거나 본능적으로 판단한다. 그러면서 소년은 자신이 부적절하고, 퇴짜 맞을 수 있고, 조롱당할 수 있다는 식으로 두려움의 반응을 보인다. 따라서 소년의 불안은 소녀의 불안과 꽤 다른 곳에 위치하고 있다. 소년이 여자에게 원래 느끼는 두려움은 거세 불안이 아니라 자신의 자존심을 위협하는 것에 대한 자연스런 반응이다.

오해를 없애기 위해, 나는 이 과정이 성기의 감각과 성기의 욕구가 야기하는 긴장을 바탕으로 순수하게 본능적으로 일어난다고 믿고 있다는 점을 강조하고 싶다. 달리 표현하면, 소녀가 자기 아버지의 페니스를 한 번도 보지 않고 또 소년이 자기 어머니의 생식기를 한 번도 보지 않더라도, 말하자면 소년이나 소녀가 이런 생식기의 존재에 대해 지적으로 전혀 모른다 하더라도 이 같은 반응이 일어날 것이라고 나는 생각한다.

소년은 자신에게 일어나는 이 같은 반응 때문에 자기 엄마에게 느끼는 좌절의 영향을 또 다른 길로 심각하게 받게 된다. 이때 소년이 엄마와의 관계에서 받는 영향은 소녀가 자기 아버지와의 경험을 통해 받는 영향보다 더 강하다. 소년이나 소녀나 똑같이 성적 충동에 타격을 받는다. 그러나 소녀는 그런 좌절에서도 어느 정도의 위안을 얻는다. 소녀는 자신의 육체적 온전성을 그대로 간직하는 것이다. 그러나 소년은 자신의 생식기가 부적절하다는 느낌을 강하게 받게 된다. 이 느낌은 아마 처음부터 소년의 성적 욕망에 수반되었을 것이다. 만약에 폭력적인 화의 가장 일반적인 원인이 그 시기에 대단히 중요한 충동들을 저지한 것에 있다고 가정한다면, 소년이 자기 엄마에게 느끼는 좌절은 그의 내면에서 화를 이중으로 일으킨다고 봐도 무방하다. 첫 번째 화는 자신의 리비도가 자신에게로 되돌아오는 것 때문이고, 두 번째 화는 남자로서의 자존심에 입은 상처 때문이다. 동시에 전생식기(前生殖期)에 생긴 오래된 분개도 아마 다시 일어날 것이다. 그 결과 관통하려는 소년의 성기 충동은 좌절에 대한 분노와 결합하고, 그 충동은 가학적인 색채를 띠게 된다.

여기서 정신분석 관련 자료에서 충분히 거론되고 있지 않은 어떤 사항을 강조하고 싶다. 말하자면, 이 남근 충동이 당연히 가학적이라고 단정할 이유가 전혀 없다는 점과 따라서 구체적인 증거가 없는 상황에서 "남자"를 "가학적인 존재"와 동일시하고 또 같은 선상에서 "여자"를 "자기학대적인 존재"와 동일시하는 것은 부적절하다는 점을 말이다. 만약에 파괴적인 충동의 요소가 정말로 상당하다면, 어머니의 생식기는 보복의 원칙에 따라 직접적 불안의 대상이 되어야 한다. 따라서 만약에 어머니의 생식기가 소년의 상처 입은 자존심과 연결되면서 소년에게 혐오스런 것으로 느껴진다면, 어머니의 생식기는 두 번째 과정(좌절에 따른 분노)에 의해 거세 불안의 대상이 될 것이다. 그리고 소년이 월경의 흔적을 관찰할 때마다, 이 불안은 대체로 강화될 것이다.

다양한 시대와 민족들로부터 얻은 자료를 통해 이미 앞에서 보았듯이, 이 불안이 여자를 대하는 남자의 태도에 흔적을 뚜렷이 남기는 경우가 매우 흔하다. 그러나 나는 그런 일이 모든 남자들의 내면에서 상당한 정도로 규칙적으로 일어난다고 생각하지는 않는다. 분명 그것은 남자가 여자와 맺는 관계에 뚜렷이 나타나는 특징은 아니다. 이런 종류의 불안은 우리가 여자들의 내면에서 보는 불안과 아주 많이 닮았다. 정신분석을 통해서 그 불안이 상당히 강하게 작용한다는 사실을 확인하게 될 때, 그 사람은 틀림없이 여자를 대하는 태도가 신경증적으로 뒤틀린 그런 남자이다.

그런 한편, 자존심과 연결되어 있는 소년의 불안이 모든 남자의 내면에 다소 분명하게 나타나면서 여자를 대하는 남자들의 태도에 아주 특별한 특징을 부여한다고 나는 생각한다. 이 특징은 남자를 대하는 여자의 태도에는 보이지 않으며, 설령 나타난다 하더라도 그것은 부차적으로 습득된 것이다. 달리 말하면, 그것은 여자들의 본성의 일부가 아니라는 뜻이다.

소년의 유아기에 불안이 발달하는 과정과 그것을 극복하려는 소년의 노력, 그 불안이 표현되는 방식에 대해 더욱 면밀히 연구한다면, 우리는 이 같은 남자의 태도가 지니는 일반적인 의미를 파악할 수 있을 것이다.

나의 경험에 따르면, 퇴짜 맞고 조롱당하지 않을까 하는 두려움은 모든 남자의 분석에 전형적으로 나타나는 요소이다. 남자 환자의 사고방식이나 신경증의 구조와 상관없이 이 같은 두려움이 나타난다는 뜻이다. 정신분석을 하는 상황과 여자 분석가의 유보적인 태도가 이 같은 불안과 신경과민을 일상생활에서보다 더 선명하게 끌어낸다. 일상적인 상황이었다면, 남자들은 이런 감정을 불러일으킬 상황을 피하거나 과잉보상을 통해서 그 감정을 피할 기회를 아주 많이 누릴 것이다. 이런 태도의 특별한 바탕은 탐지하기 어렵다. 왜냐하면 정신분석에서 이런 태도는 일반적으로 무의식에서 작용하는 어떤 여성적인 성향에 의해 감춰지기 때문이다.

나 자신의 경험에 비춰 판단하자면, 이 여성적인 성향은 여성의 내면에 있는 남자 같은 태도에 비해 노골적인 면은 덜하지만 빈도 면에서 보면 결코 덜하지 않다. 여기서는 남자에게 나타나는 여성적인 성향의 다양한 원천을 논하지 않을 것이다. 단지 삶의 초기에 소년의 자존심에 가해진 상처가 아마 소년이 남자 역할을 혐오하게 만드는 요소 중 하나가 아닐까 하고 짐작하고 있다는 점만 밝히고 싶다.

그 상처에 대한 소년의 전형적인 반응과 그에 따라 일어나는 자기 어머니에 대한 두려움은 틀림없이 소년이 어머니로부터 리비도를 철수하게 하고 그것을 자기 자신과 자신의 성기에 집중하도록 할 것이다. 경제적 관점에서 본다면, 이 과정은 이중적으로 이롭다. 왜냐하면 그것이 소년으로 하여금 소년과 자기 어머니 사이에 생긴 절망적인 상황이나 불안이 팽배한 상황으로부터 달아날 수 있도록 할 뿐만 아니라, 남근을 근거로 한 그의 자기애를 강화함으로써 남자로서의 자존심까지 회복시켜주기 때문이다. 여자의 생식기는 더 이상 그를 위해 존재하지 않는다. "발견되지 않은" 질은 거부당한 질이기 때문이다. 이 단계에 있는 소년의 발달은 프로이트가 말하는 남근기와 완전히 일치한다.

따라서 우리는 이 단계의 아이에게 나타나는 호기심 가득한 태도와 소년이 던지는 질문들의 특별한 성격에 대해 자기애적인 성격이 강한 불안으로 이어질, 대상으로부터의 철수를 표현하는 것으로 이해해야 한다.

그렇다면 소년의 첫 번째 반응은 페니스를 근거로 한 자기애의 방향으로 나타난다. 그 결과, 어린 소년들이 아무렇지도 않게 말하던, 여자가 되고 싶다던 소망에 대해 소년은 이제 불안으로 반응하게 된다. 부분적인 이유는 자신의 그런 뜻이 진지하게 받아들여지지 않도록 하기 위해서이고, 또 다른 부분적인 이유는 거세 불안 때문이다. 남자의 거세 불안이 대부분 여자이고 싶은 소망에 대한 에고의 반응이라는 점을 인정한다면, 우리는 양성애는 남자보다 여자에게서 더 분명하게 나타난다는 프로이트의 확신에 동의하지 못한다. 우리는 이 문제를 아직 대답을 얻지 못한 문제로 남겨 둬야 한다.

프로이트가 강조하는 남근기의 한 특성은 어린 소년과 자기 엄마의 관계가 소년의 자기애에 남긴 상처를 아주 선명하게 보여준다. 프로이트는 이렇게 말한다. "남자는 자신의 페니스가 더 클 수 있고 또 더 커져야 한다고 생각하는 것처럼 행동한다." 여기서 우리는 이 같은 행동은 정말로 남근기에 시작하지만 남근기에서 끝나는 것이 아니라고 말함으로써 이 관찰을 확장해야 한다. 프로이트의 관찰과 달리, 이 같은 행동은 소년 시절 내내 나타나며 그 후에도 페니스의 크기 혹은 성적 능력에 대한 불안으로, 아니면 그런 것들에 대한 자랑으로 나타난다.

그렇다면 남녀의 생물학적 차이에 따른 중요한 한 가지는 남자가 여자에게 자신의 남자다움을 실제로 증명해보여야 한다고 느낀다는 점이다. 여자에게는 그런 과시 같은 것이 전혀 필요하지 않다. 여자의 경우에는 성 불감증을 겪고 있을지라도 성교를 할 수 있고 또 아이를 낳을 수 있다. 여자는 어떠한 '행위'를 하지 않아도 단순히 '있는 것'만으로도 자신의 몫을 수행한다. 이는 남자들로부터 언제나 경탄과 분개를 불러일으켜 온 사실이다. 한편 남자는 자신을 실현하기 위해선 반드시 뭔가를 '해야' 한다. "효율성"이라는 이상은 전형적으로 남자의 이상이다.

이것은 아마 자신의 남자 같은 경향을 두려워하는 여자들을 분석하는 분석가들이 여자들이 무의식적으로 야망과 성취를 남자의 속성으로 여기고 있다는 사실을 발견하게 되는 근본적인 이유일 것이다. 여성들이 현실에서 활동 영역을 크게 확장하고 있음에도 불구하고, 그런 여자들의 내면에서도 아직 야망과 성취는 남자의 특성으로 여겨지고 있다.

성생활 자체에서, 남자들이 여자를 뒤쫓도록 만드는 사랑의 욕망이 남자들의 내면에서 일어나는, 자기 자신과 다른 사람들에게 자신의 남성성을 증명해 보이려는 충동에 곧잘 가려진다는 사실이 확인된다. 이런 유형의 남자는 극단적인 경우에 한 가지 관심만을 갖는다. 바로 정복이다. 그의 목표는 많은 여자들을, 너무나 아름다워서 뭇 남자들이 선망하는 그런 여자들을 "소유"하는 것이다. 여자들을 정복하기를 원하면서도 그 의도를 지나치게 진지하게 받아들이는 여자에게 매우 분개하는 남자도 있다. 아니면 자신의 남성성을 더 이상 과시하지 않아도 되는 그런 여자를 좋아하는 남자도 있다. 이런 남자들의 내면에서 우리는 자기애적인 과잉보상과 불안이 두드러지게 뒤섞이고 있는 것을 확인한다.

자기애에 상처를 입는 아픔을 피하는 또 다른 방법은 프로이트가 사랑의 대상의 가치를 떨어뜨리는 경향이라고 설명한 바로 그런 태도를 채택하는 것이다. 만약에 남자가 자신과 동등하거나 자기보다 우월한 여자를 바라지 않는다면, 그는 위협받는 자존심을 신포도의 원칙에 따라 보호할 수 있지 않을까? 매춘부나 천박한 여자로부터는 남자는 어떠한 퇴짜도 걱정하지 않아도 될 것이다. 또 성적, 윤리적 혹은 지적 영역에서도 그런 여자는 어떠한 것도 요구하지 않을 것이다. 그러면 남자는 자신이 우월하다는 느낌을 받을 수 있을 것이다.

이것이 우리를 제3의 길로 안내한다. 그 문화적 영향, 즉 여자의 자존감을 떨어뜨리는 영향 때문에 가장 중요하고 가장 불길한 길이다. 나는 남자들이 여자들을 비판하는 것은 기본적으로 여자들을 폄하하려는 남자들의 심리적 경향에 있다는 점을 보여주었다. 이 경향은 어떤 생물학적 사실에 대한 남자들의 심리적 반응에 그 뿌리를 깊이 내리고 있다. 그런 만큼 이 경향은 하나의 심리적 태도로 아주 널리 퍼져 있고 또 완강하게 지켜지고 있다. 여자들은 유치하고 감정적이며 또 그러한 존재로서 책임과 독립을 감당하지 못한다는 관점은 여자의 자존감을 떨어뜨리려는 남자의 성향에서 나온 결과물이다. 남자들이 많은 수의 여자들이 이 설명과 부합한다는 점을 지적함으로써 그런 태도를 정당화할 때, 우리는 이 유형의 여자가 남자들의 체계적인 선택에 의해 다듬어지게 된 것이 아닌가 하고 깊이 생각해보아야 한다. 중요한 것은 아리스토텔레스에서 뫼비우스에 이르기까지 다소 탁월한 정신의 소유자들이 남성적인 원칙의 우수성을 증명하는 데 놀라울 정도의 에너지와 지적 능력을 발휘했다는 사실이 아니다. 정말로 중요한 것은 "평균적인 남자"의 변덕스런 자존감 때문에 남자들이 유치하고 모성이 없고 히스테리가 강한 유형의 여자를 선택하고 또 그렇게 함으로써 새로운 세대들을 그런 여자들의 영향에 노출시킨다는 사실이다. 〈1932년〉

9장

질(膣)에 대한 부정

프로이트가 여성의 발달에 나타나는 특별한 성격을 연구한 결과 내린 결론은 이렇다. 첫째, 어린 소녀들의 내면에서 이뤄지는 본능의 발달은 소년과 똑같은 길을 밟는다. 성감대의 측면에서도 그렇고(소년과 소녀 중에서 오직 하나의 생식기, 즉 페니스만 어떤 역할을 하고 질은 발견되지 않은 채 남는다), 최초의 사랑의 대상을 선택하는 데 있어서도 그렇다(소년과 소녀 모두에게 어머니가 최초의 사랑의 대상이다). 둘째, 그럼에도 남자와 여자 사이에 존재하는 중요한 차이는 성욕에 나타나는 이런 유사점이 해부학적 및 생물학적 바탕과 조화를 이루지 못한다는 사실에서 비롯된다. 이런 전제라면, 소녀들은 자신들이 이런 남근 중심적인 성향에 제대로 준비가 되어 있지 않다고 느끼게 되고 따라서 그 점에서 더 우수한 것을 타고난 소년들을 부러워하지 않을 수 없다는 주장이 논리적으로 불가피하다. 소녀와 소년이 똑같이 겪는 어머니와의 갈등 외에, 소녀는 중요한 갈등을 하나 더 겪는다. 소녀가 자신에게 페니스가 없는 것을 어머니의 탓으로 돌리는 것이다. 이 갈등이 결정적으로 중요하다. 소녀가 자기 어머니를 멀리하고 자기 아버지 쪽으로 향하도록 하는 데 결정적 작용을 하는 것이 바로 이 비난이기 때문이다.

따라서 프로이트는 아이의 성욕이 피어나는 시기를, 말하자면 소년뿐만 아니라 소녀에게도 똑같이 나타나는, 리비도가 생식기로 집중되는 그 시기를 뜻하는 용어로 만족스런 표현을 하나 선택했다. 그 시기를 그는 '남근기'라고 부른다.

여기서 나는 정신분석에 익숙지 않은 과학적인 사람이라면 아마 이런 내용의 설명을 읽으면서 이것도 정신분석이 세상이 믿어주기를 기대하는 수많은 기이한 개념들 중 하나에 지나지 않는다고 여기며 그냥 넘어갈 것이라고 짐작한다. 오직 프로이트의 이론이 제시하는 관점을 받아들이는 사람들만이 여자의 심리를 전반적으로 이해하는 데 있어서 이 특별한 주제가 지니는 중요성을 짐작할 수 있다. 이 주제의 영향력은 프로이트의 가장 중요한 발견 중 하나에, 짐작컨대 아주 오랫동안 인정을 받게 될 그런 성취에 비춰보면 확연히 드러난다. 지금 나는 어린 시절 초기의 인상과 경험, 갈등이 개인의 삶에 결정적 중요성을 지닌다는 주장에 대해 이야기하고 있다. 만약 우리가 이 주장을 그대로 받아들인다면, 다시 말해 인생 초기의 경험이 그 개인의 형성에는 물론이고 훗날 삶의 경험을 다루는 방법과 능력에까지 미치는 영향을 인정한다면, 여자들의 정신생활과 관련해서 다음과 같이 말할 수 있을 것이다.

첫째, 여자의 신체 기관이 하는 특별한 기능, 말하자면 월경과 성교, 임신, 출산, 수유(授乳), 폐경 등이 새롭게 시작될 때면, 정상적인 여자조차도 자신의 신체 안에서 일어나고 있는 과정에 대해 확신을 품기 위해선 먼저 남자가 되고 싶은 충동을 극복해야 할 것이다.

둘째, 정상적인 여자들의 내면에서조차도, 인종이나 사회적 및 개인적 조건과 상관없이, 리비도가 동성의 사람에게로 향하는 현상이 남자보다 더 쉽게 일어날 것이다. 한마디로 말해, 동성애는 남자들보다 여자들 사이에서 분명히 더 흔할 것이다. 이성과의 관계에서 어려움에 봉착한 여자는 남자에 비해서 동성애적인 태도를 보다 쉽게 갖게 될 것이다. 왜냐하면 프로이트에 따르면 그녀의 어린 시절 중에서 가장 중요한 시기가 동성의 존재에게 지배당했으며 그녀가 처음으로 남자(아버지)에게로 관심을 돌리게 되는 것은 어디까지나 분개에 따른 것일 뿐이기 때문이다. "나에겐 페니스가 없기 때문에, 대신에 나는 아이를 원하고 '이 목표를 위해서' 아버지에게로 마음을 돌린다. 나는 나를 해부학적으로 열등한 존재로 낳은 어머니에게 원한을 품고 있다. 그래서 나는 어머니를 포기하고 아버지 쪽으로 관심을 둔다." 세상에 태어나고 첫 몇 년이 그 사람의 형성에 미치는 영향은 아주 중요하다. 그렇다면 남녀 관계에 여자가 이처럼 진정으로 바란 것이 아닌 다른 대체물을 선택하지 않을 수 없었던 데 따른 영향이 오래도록 나타나지 않는다면 오히려 그게 더 이상하지 않을까?

셋째, 본능과 거리가 있는 무엇인가, 즉 부차적이고 대체적인 그 무엇인가가 지닌 똑같은 성격이 정상적인 여자들의 내면에서조차도 모성의 소망에 집착할 것이다.

프로이트는 소녀가 품는 아이들에 대한 욕망의 힘을 결코 놓치지 않고 있다. 그의 관점에서 보면, 아이들에 대한 욕망은 한편으로는 어린 소녀의 강력한 본능적 대상 관계, 즉 어머니와의 관계가 남긴 중요한 유산을 원래의 자식과 어머니의 관계를 거꾸로 돌려놓은 모습으로 보여준다. 다른 한편으로는, 아이들에 대한 욕망은 남근에 대한 초기의 기본적인 소망의 중요한 유산이기도 하다. 프로이트의 관점이 지닌 특별한 점은 모성에 대한 소망을 타고난 구성요소로 보지 않고, 심리학적으로 발생학적인 요소들로 환원할 수 있고 또 그 에너지를 원래 동성애 욕망 혹은 남근에 대한 본능적 욕망으로부터 끌어내는 무엇인가로 보고 있다는 점이다.

넷째, 만약에 정신분석의 두 번째 원칙, 즉 성적인 문제에 드러나는 개인의 태도는 그 사람이 삶의 나머지를 대하는 태도를 보여준다는 원칙을 받아들인다면, 삶에 대한 여자의 전반적인 반응은 숨겨진 어떤 강력한 분개에 근거할 것이라는 주장이 가능해진다. 프로이트에 따르면, 어린 소녀의 남근 선망은 가장 결정적이고 근본적인 본능적 욕망과 관련해 근본적으로 불리한 상황에 처해 있다는 느낌을 갖는 것이나 마찬가지이기 때문이다. 여기서 우리는 여자의 전반적인 분개가 일어날 수 있는 전형적인 바탕을 확인한다. 그런 태도가 당연히 따르는 것은 아니라는 말은 맞는 말이다. 프로이트는 발달이 순조롭게 이뤄지는 곳에서 소녀가 남자와 모성에 다가서는 자신만의 길을 발견한다고 말하고 있다. 그러나 여기서도 다시, 만약에 그처럼 일찍부터 뿌리를 깊게 내리는 분개의 태도가 훗날 비슷한 조건에 처한 남자들보다 여자들에게서 훨씬 더 쉽게 나타나지 않는다고 말한다면, 그 말도 모든 정신분석 이론이나 우리의 경험에 반할 것이다.

앞의 것들은 프로이트가 초기 여자의 성욕에 대해 설명한 내용을 바탕으로 여자들의 전반적인 심리에 대해 내린 중요한 결론들이다. 이 결론들을 고려할 때, 우리는 이 결론들이 근거로 내세우고 있는 사실들을 놓고 이론적으로나 경험적으로나 정말 사실인지를 검토할 의무를 강하게 느낀다.

내가 볼 때, 정신분석의 경험만으로는 프로이트가 자신의 이론의 바탕으로 제시한 근본적인 사상 중 일부가 건전한지 여부를 판단하기에 불충분한 것 같다. 나는 프로이트의 사상에 대한 최종적 판단을, 정신분석 훈련을 잘 받은 사람들이 대규모로 정상적인 아이들을 대상으로 체계적으로 관찰할 수 있을 때까지 유보하는 것이 바람직하다고 생각한다. 문제가 되는 견해들 속에 나는 "남자와 여자의 차이는 사춘기 이후에 처음으로 확고해진다는 것은 잘 알려진 사실"이라는 프로이트의 주장도 포함시킨다. 나 자신이 직접 관찰한 바에 따르면, 이 같은 주장은 증거로 뒷받침되지 않는 것 같다. 반대로 나는 두 살에서 다섯 살 사이의 어린 소녀들이 여자의 특징을 구체적으로 보인다는 사실에 언제나 강한 인상을 받는다. 예를 들어, 그 나이의 소녀들은 종종 남자들에게 애교를 떨거나 모성애적인 특징을 드러내 보인다. 나는 처음부터 이런 인상과 어린 소녀의 성욕은 남자의 경향을 보인다는 프로이트의 견해를 조화시키기가 대단히 어렵다는 사실을 깨달았다.

  그렇다면 프로이트가 남녀에 나타나는 성욕의 경향이 원래 비슷하다는 주장을 편 것은 애초부터 섹스의 영역에만 한정시킨 것이라는 변명도 가능할 것이다. 그러나 프로이트의 견해를 그런 식으로 받아들일 경우에, 개인의 성욕은 그 사람의 나머지 행동에 어떤 패턴을 제시한다는 원칙과 충돌을 일으킨다. 이 문제를 명확히 밝히기 위해선 정상적인 소년과 정상적인 소녀 다수를 대상으로 5세나 6세가 될 때까지의 과정을 정확히 관찰하는 일이 필요하다.

  다섯 살이 될 때까지 위협적인 상황에 자주 처하지 않은 소녀들이 초기의 남근 선망으로 해석될 수 있는 방식으로 자신을 자주 표현하는 것은 사실이다. 그런 소녀들은 질문을 던지고, 자신의 불리한 점과 비교하고, 자신도 페니스를 가졌으면 좋겠다고 말하고, 페니스에 대한 선망을 표현하거나 언젠가 자기도 페니스를 갖게 될 것이라는 생각에 위안을 얻기도 한다. 우선 그런 표현들이 매우 빈번하게 또 규칙적으로 나타난다는 점을 고려한다면, 우리의 이론적 구조 안에서 그 표현들에 어느 정도 비중을 둘 것인가 하는 문제는 미해결로 남아 있다고 보는 것이 바람직하다. 그런데도 프로이트는 자신의 전체적인 견해에 맞추기 위해 이 표현들을 어린 소녀들이 이미 페니스를 갖고 싶어 하는 소망의 지배를 받고 있다는 주장을 뒷받침하는 증거로 내세우고 있다.

  이 같은 견해에 맞서 나는 다음에 제시하는 3가지 사항을 고려할 것을 촉구한다.

1) 같은 연령의 소년의 내면에서도 여자의 유방을 갖거나 아기를 갖고 싶어 하는 소망의 형식으로 그와 비슷한 표현이 보인다.

2) 이런 표현은 소년이나 소녀의 전반적인 행동에 어떠한 영향도 미치지 않는다. 자기 엄마처럼 유방을 갖기를 강하게 원하는 소년은 동시에 전반적으로 소년다운 공격성을 보이는 행동을 할 것이다. 자기 남동생의 생식기에 선망의 눈빛을 보내는 어린 소녀는 동시에 진짜 어린 여자처럼 행동한다. 따라서 내가 볼 때에는 이 연령대에 나타나는 그런 표현을 기본적인 본능적 욕구의 표현으로 여길 것인가 아니면 다른 범주에 넣을 것인가 하는 문제는 미해결의 상태로 남겨두는 것이 바람직할 것 같다.

3) 만약에 모든 인간 존재의 내면에 양성애의 기질이 있다는 가설을 받아들인다면, 또 하나의 범주가 저절로 나타난다. 마음을 이해하는 데 이 가설이 중요하다는 점은 정말로 프로이트 본인에 의해 늘 강조되어 왔다. 우리는 이렇게 짐작해 볼 수 있다. 출생할 때에 이미 모든 개인의 성이 육체적으로 정해져 있을지라도, 양성애적인 성향이 개인의 발달 과정에 늘 있으면서도 억눌려온 결과 아이가 자신의 성적 역할을 보는 태도가 심리학적으로 처음에 불확실하고 잠정적이게 되었을 수도 있다는 식으로 말이다. 아이들은 양성애 기질에 대해 전혀 의식하지 못하기 때문에 자연스럽게 양성애적인 소망을 표현하게 된다. 여기서 한 걸음 더 나아가, 우리는 대상을 향한 강력한 사랑의 감정이 나타날 때에만 이 불확실성이 사라질 것이라고 말할 수 있다.

앞에 말한 내용을 더욱 명료하게 밝히기 위해, 나는 아주 어린 시절에 나타나는 이런 산만한 양성애적인 표현과 소위 잠재기에 나타나는 이런 표현 사이의 뚜렷한 차이를 강조하고 싶다. 만약에 잠재기(소아 성욕이 절정에 달하는 5세 무렵부터 사춘기 사이의 기간을 일컫는 표현으로, 이 시기엔 성적 호기심과 성적 활동이 중단되는 것으로 여겨진다/옮긴이)의 나이에 소녀가 소년이 되기를 원한다면, 여기서도 이런 소망이 나타나는 횟수와 이런 소망이 나오게 만드는 사회적 요인들에 대한 조사가 따라야 하는데, 이 소망이 소녀의 전반적인 행동(소년의 놀이를 선호하거나 여자의 특질을 부정하는 것 등)을 좌우하는 방식은 그것이 마음속의 또 다른 깊은 곳에서 나온다는 점을 보여주고 있다. 그러나 그 전의 그림과는 아주 다른 이 그림은 이미 소녀가 겪은 정신적 갈등의 결과물을 보여준다. 그렇기 때문에 이 그림을 특별한 이론적 가설을 제시하지 않은 채 그냥 생물학적으로 결정되어 있는 남성성 소망의 표현으로 여겨서는 곤란하다.

프로이트가 자신의 이론의 바탕으로 삼은 전제 중 하나가 성감대에 관한 것이다. 프로이트는 소녀의 생식기 감각들과 행위들은 기본적으로 클리토리스에서 일어난다고 주장한다. 그는 초기의 질(膣) 자위가 일어나는지에 대해 매우 회의적인 입장을 보였으며 심지어 질은 "발견되지 않은" 상태로 남는다고 주장한다.

아주 중요한 이 문제에 대한 해답을 찾기 위해, 우리는 다시 정상적인 아이들을 대상으로 폭넓게, 그리고 정확하게 관찰하는 노력을 벌여야 한다. 뮐러(Josine Müller)와 나는 1925년에 이미 이 주제에 대해 의문을 표시했다. 게다가, 간혹 심리학에 관심 있는 부인과의사와 소아과의사들로부터 얻는 정보의 대부분은 아주 어린 나이의 아이들 사이에도 질 자위가 클리토리스 자위만큼 잦다는 점을 보여주고 있다. 이런 인상을 주는 자료는 아주 다양하다. 아이의 질 주변에 염증이 생기기도 하고, 이물질을 질 속으로 집어넣기도 하고, 또 엄마들로부터도 자기 아이가 손가락을 질 속에 집어넣는다는 불평이 자주 들린다. 유명한 부인과의사인 리프만(Wilhelm Liepmann)은 자신의 경험 때문에 아주 어린 나이에도, 심지어 첫 몇 해 동안에도 질 자위가 클리토리스 자위보다 훨씬 더 빈번하다고 믿지 않을 수 없다고 말한다. 리프만에 따르면, 어린 시절 후반에 가면 클리토리스 자위가 질 자위보다 더 자주 일어난다.

이런 일반적인 인상은 체계적인 관찰을 대체하지 못한다. 따라서 이 인상들은 최종적 결론으로 이어질 수 없다. 그러나 이 인상들은 프로이트가 예외로 인정한 것이 오히려 더 자주 일어나고 있다는 점을 보여주고 있다.

여기서 우리가 취할 가장 자연스런 과정은 분석을 통해서 이 문제를 밝히는 것이지만, 그건 어려운 작업이다. 분석 작업에서 나오는 부모의 의식적인 회상이나 기억의 자료는 확실한 증거로 여겨질 수 없다. 왜냐하면 다른 분야에서와 마찬가지로 여기서도 억압을 고려해야 하기 때문이다. 달리 표현하면, 환자는 질의 감각이나 자위를 기억하지 말아야 할 이유를 충분히 갖고 있기 때문이다. 거꾸로, 클리토리스 감각에 대한 환자의 무지에 대해서도 의심을 품어야 하는 것과 똑같다.

추가적인 어려움은 정신분석을 위해 오는 여자들이 질(膣)과 관련해서 평균적인 자연스러움조차 기대하기 어려운 사람들이라는 점이다. 왜냐하면 그들은 언제나 성적 발달이 다소 정상에서 벗어나 있어서 질의 감각이 어느 정도 방해를 받는 사람들이기 때문이다. 그와 동시에, 자료에 나타난 우연적인 차이도 나름의 영향을 미치는 것 같다. 나의 환자들 중 3분의 2정도에서 나는 다음과 같은 상태를 발견했다.

1) 성교에 앞서서 손을 통한 질 자위로 질 오르가슴이 일어났다. 성교 시에 질경(膣痙:여성 생식기의 일부인 질(膣) 입구가 근육 경련으로 인해 막히는 현상/옮긴이)과 불충분한 분비로 성 불감증이 나타났다. 대체로 보면 손을 이용한 성기 자위에서는 클리토리스(음핵) 혹은 음순을 선호하는 것으로 나타난다.

2) 무의식적으로 자극이 일어나는 상황, 예를 들면 음악을 듣거나 오토바이를 타거나 그네를 타거나 머리를 빗거나 다른 감정 전이가 일어나는 상황에서도 질이 자연스레 흥분하며, 이때에도 대부분 상당한 분비가 따른다.

3) 성기 이외의 자위, 예를 들면 어떤 신체적 움직임, 꽉 쪼이는 끈 혹은 특별한 가학적 및 자기학대적 공상 등에 의해서도 질의 흥분이 일어났다. 성교를 하려는 남자에 의해서든, 진찰을 하는 산부인과 의사에 의해서든, 아니면 질 세척에 의해서든 질이 건드려질 때마다 과도한 불안이 일어나 성교가 이뤄지지 않는 예도 있었다.

그렇다면 일단 내가 정신분석을 통해서 받은 인상은 이렇게 요약될 수 있다. 손으로 하는 성기 자위에서는 클리토리스가 질보다 더 많이 선택되고 있지만 일반적인 성적 흥분에서 비롯되는 성기 흥분은 질에서 이뤄지는 경우가 더 많다.

이론적인 관점에서 보면, 나는 질의 존재에 대해 잘 모르거나 막연히 알고 있는 환자들에게서조차도 질의 흥분이 비교적 자주 일어난다는 점에 중요성을 부여해야 한다고 생각한다. 이런 환자들을 추가로 분석해보면 질을 흥분시킨 경험에 관한 기억이나 증거가 나오지 않는다. 또한 질 자위에 관한 기억도 나오지 않는다. 여기서 이 점에 중요성을 부여하자고 주장하는 이유는 이 현상이 성적 흥분이 처음부터 질이 지각될 수 있을 만큼 흥분되는 것으로 시작되는 것은 아니지 않는가 하는 문제를 제기하기 때문이다.

이 문제에 대답하기 위해서 우리는 한 사람의 정신분석가가 자신의 관찰에서 얻을 수 있는 자료보다 훨씬 더 폭넓은 자료가 나올 때까지 기다려야 한다. 그런 한편으로 나의 견해를 뒷받침하는 것처럼 보이는 사항들은 많다.

우선 성교가 실제로 일어나기 전에, 사춘기가 시작되기 오래 전에 나타나는 강간 공상들이 있다. 이 공상은 더 많은 관심을 끌어도 좋을 만큼 자주 나타난다. 만약에 질의 성욕이 존재하지 않는다고 가정한다면, 나는 이 공상들의 기원과 내용에 대해 설명할 길을 절대로 찾지 못할 것이다. 왜냐하면 이 공상들이 실제로 아이를 갖게 하는 성행위의 다소 폭력적인 모습과 꽤 일치하기 때문이다. 오히려 이런 종류의 공상과 꿈과 불안은 대체로 실제의 성 행위에 대한 본능적 지식을 분명하게 드러낸다. 이런 공상과 꿈과 불안이 취하는 위장의 형태는 아주 다양하다. 그렇기 때문에 나는 그 중에서 몇 가지만 소개할 수밖에 없다. 창문이나 문으로 침입하는 범죄자들, 총을 겨누며 위협하는 남자들, 어떤 장소 안에서 기거나 날거나 달리는 동물들(예를 들면, 뱀과 쥐, 나방), 칼에 찔린 동물들이나 여자들, 역이나 터널로 돌진해 들어가는 기차들이 있다.

지금 나는 성행위 과정에 대한 "본능적" 지식에 대해 말하고 있다. 그것을 본능적인 지식이라고 하는 이유는 관찰이나 타인에 의한 설명을 통한 지적 지식이 전혀 없는 시기에도 불안이나 꿈에서 이런 종류의 관념이 자주 나타나기 때문이다. 그러면 여자의 몸속을 관통하는 과정에 대한 그런 본능적 지식이 필히 관통을 받아들이는 신체기관으로서 질의 존재에 대한 본능적 지식을 전제하는가 하는 물음이 제기될 수 있다. 만약에 우리가 "아이가 품는 성적 이론들이 그 아이 자신의 신체구조를 바탕으로 하고 있다"는 프로이트의 견해를 받아들인다면, 이 물음에 대한 대답은 긍정적인 쪽일 것이라고 나는 생각한다. 왜냐하면 이는 단지 아이들의 성적 이론들이 무의식적으로 경험되는 충동과 신체의 흥분에 의해 결정된다는 것을 의미할 수 있기 때문이다. 만약에 아이들의 성이론들이 이런 식으로 생겨난다는 점을 받아들인다면, 우리는 놀이와 꿈, 다양한 형태의 불안에서 상징적으로 표현되는 본능적 지식에 대해서는 그런 기원을 더욱더 인정해야 한다. 아이들의 이 본능적 지식은 아직 추론의 영역에 닿지 않았다. 달리 말하면,

우리는 사춘기의 특징인 강간에 대한 두려움과 어린 소녀들의 유아기 불안은 무엇인가가 신체의 그 부위를 관통해야 한다는 점을 암시하는 질의 흥분에 바탕을 두고 있다고 단정해야 한다.

이 같은 설명에 대해 제기될 수 있는 반대 의견, 즉 많은 꿈들은 페니스가 처음으로 신체 안으로 잔인하게 삽입될 때에야 구멍이 생기게 된다는 점을 암시한다는 의견에 대한 대답을 여기서 찾을 수 있다고 나는 생각한다. 왜냐하면 그런 공상들은 수동적으로 받아들이는 것을 목표로 하는 그런 본능이 사전에 존재하지 않는다면 절대로 일어날 수 없을 것이기 때문이다. 간혹 이런 유형의 꿈들이 나타나는 연결 속에서 보면 이 특별한 관념의 기원이 꽤 명확하게 드러난다. 왜냐하면 자위의 위험한 결과에 대한 불안이 나타날 때, 환자가 다음과 같은 내용의 꿈을 꾸는 경우가 자주 있기 때문이다. 바느질을 하던 여자가 갑자기 천에 구멍이 나타나자 크게 부끄러워하는 꿈도 있고, 여자가 강이나 계곡 위의 다리를 건너는데 갑자기 중간에 다리가 무너지는 꿈도 있다. 아니면 여자가 경사면을 따라 걷다가 갑자기 미끄러지기 시작하며 절벽 아래로 떨어질 위험에 처하는 꿈도 있다. 이러한 꿈들에서 우리는 이 환자들이 아이일 때 자위 놀이에 몰입하면서 질의 흥분에 이끌려 질을 발견하게 되었으며, 그들의 불안은 구멍이 나서는 안 되는 곳에 구멍을 냈을 때 느끼는 두려움의 형식을 취하고 있다. 여기서 나는 소녀들이 직접적인 성기 자위를 소년들보다 더 쉽게 억누르는 이유에 대한 프로이트의 설명에 절대로 동의하지 않는다는 점을 강조하고 싶다. 모두가 잘 알고 있듯이, 프로이트는 클리토리스가 소년의 페니스와 비교될 때 소녀의 자기애에 상처를 입히기 때문에 클리토리스 자위가 어린 소녀에게 더 혐오스런 것으로 다가온다고 주장한다. 자위 충동 뒤에서 작용하는 동인의 힘을 고려할 때, 자기애에 난 상처는 억압을 낳는 요소로 적절하지 않아 보인다. 그런 한편, 소녀가 그 부위에 돌이킬 수 없는 상처를 입힐 수도 있다는 두려움은 질 자위를 막거나 소녀가 그 행위를 클리토리스로 국한하게 하거나 어떠한 자위행위도 하지 않게 할 만큼 강력할 수 있다. 나는 남자와의 비교보다는 질의 부상에 대한 이런 초기의 두려움을 뒷받침할 증거가 더 있다고 믿는다. 우리는 이런 유형의 환자들로부터 남자들은 아랫부분이 "아주 멋지게 마무리되어 있어."라는 소리를 자주 듣는다. 이와 비슷하게, 자위로 인한 깊은 불안, 말하자면 아이를 갖지 못하게 될지도 모른다는 소녀의 두려움은 클리토리스보다는 신체의 안쪽과 관련 있는 것 같다.

이것은 어린 시절 초기부터 질의 흥분이 일어나고 또 질 흥분이 중요하다는 점을 뒷받침하는 또 다른 증거이다. 우리는 성행위를 관찰하는 것이 아이들을 엄청나게 흥분시키는 효과를 발휘한다는 것을 알고 있다. 프로이트의 견해를 받아들인다면, 우리는 그런 흥분이 어린 소녀의 내면에도 어린 소년의 내면에서 일어나는 관통의 충동과 같은 성기 충동을 일으킨다고 생각해야 한다. 그러나 이 경우에 우리는 이런 질문을 던져야 한다. 여자 환자들의 분석에서 거의 어김없이 확인되는 불안, 즉 자신을 뚫을지도 모르는 거대한 페니스에 대한 두려움은 어디서 오는 것인가? 지나치게 큰 페니스라는 생각의 기원은 확실히 어린 시절이 아닌 다른 곳에서는 발견되지 않는다. 어린 시절이라면 아버지의 페니스가 실제로 위협적일 만큼 커 보이고 또 무섭게 여겨졌을 것이다. 혹은 성적 불안의 상징에 나타나고 있는, 여자의 성적 역할에 대한 이해는 어디서 오는 것일까? 그리고 여자들을 대상으로 분석하는 과정에 "부모의 성 행위"에 대한 기억이 떠올려질 때 드러나는, 어머니에게 느끼는 질투 섞인 분노는 어떻게 설명할 수 있을까? 분석을 받는 여자들이 당시에 그 장면을 보면서 아버지의 흥분만을 공유할 수 있다면, 어떻게 어머니에게 분노를 느낄 수 있겠는가?

앞에서 제시한 자료들을 종합하도록 하자. 그 자료 중에는 다음과 같은 것들이 있다. 질의 오르가슴을 강하게 느낀 뒤에 성교를 하는데도 성 불감증이 일어날 수 있다는 보고가 있다. 질에 대한 직접적 자극이 없어도 질에 무의식적 흥분이 일어나지만, 성교에서는 불감증이 나타날 수 있다는 보고도 있다. 어린 시절 성교 장면을 관찰한 데 대한 반응뿐만 아니라 어린 시절 초기의 성적 놀이와 꿈, 불안, 그리고 훗날의 강간 공상의 전체 내용을 이해하기 위해 제기된 질문들과 그것들을 둘러싼 논의를 담은 보고도 있다. 마지막으로 자위로 인해 여자들의 내면에 일어나는 불안의 본질과 그 결과를 전하는 보고도 있다. 이 자료들을 종합하면, 나는 이 모든 질문들에 만족스런 대답을 제시할 가설을 하나 볼 수 있다. 아주 이른 시기부터 질이 나름의 성적 역할을 한다는 가설이다.

이 생각의 기차와 밀접하게 연결되어 있는 것이 바로 성 불감증의 문제이다. 성 불감증의 문제는 성적 충동이 질로 어떤 식으로 이동하는가 하는 문제에 있는 것이 아니라 그보다는 질이 이미 가진 민감성에도 불구하고 성교 동안에 온갖 정서적 및 신체적 자극이 일으키는 강력한 흥분에도 전혀 반응하지 않거나 터무니없을 만큼 약하게 반응하는 것과 관계가 더 깊은 것 같다. 쾌락을 추구하려는 의지보다 더 강할 수 있는 요소는 하나뿐이다. 바로 불안이다.

여기서 우리는 이 질의 불안이 과연 무엇인가 하는 문제, 아니 그 불안이 일어나게 만드는 유아기의 조건이 무엇인가 하는 문제에 봉착한다. 분석에 들어가면 무엇보다 먼저 남자를 향한 거세 충동이 드러난다. 또 이 충동과 연결된 어떤 불안이 나타나는데, 이 불안의 원천은 두 가지이다. 여자는 한편으로 자신의 적대적인 충동을 두려워하고, 또 한편으로는 보복의 법칙에 따라 예상되는 징벌, 즉 자신의 몸이 파괴되거나 훔쳐지거나 삼켜질 수 있다는 두려움에 떨게 된다. 우리가 알듯이, 이 충동의 기원은 대부분 최근에 있지 않으며, 거슬러 올라가면 유아기에 아버지에게 느낀 분노의 감정과 보복의 충동, 그리고 어린 소녀가 겪은 실망과 좌절에 의해 생긴 감정에 닿는다.

이런 형식의 불안과 내용 면에서 매우 비슷한 것은 멜라니 클라인(Melanie Klein)이 묘사한 불안이다. 이 불안은 엄마의 신체를 향한 초기의 파괴적 충동으로까지 거슬러 올라간다. 이 불안도 다양한 형식으로 나타나는 보복에 대한 두려움의 문제이지만, 두려움의 핵심은 대체로 몸을 뚫는 것이나 이미 몸 안에 있는 모든 것(음식, 대소변, 아이)은 위험할 수 있다는 것이다.

비록 그 근본을 보면 이런 형태들의 불안이 지금까지는 소년들의 성기 불안과 비슷할지라도, 이 불안은 소녀들의 생물학적 구성의 일부를 이루는 불안이 되기 쉽다는 점 때문에 특별한 성격을 지닌다. 이 논문뿐만 아니라 다른 논문에서도 나는 이미 이 불안의 원천들이 어떤 것인지를 제시했다. 여기서는 이전에 발표한 내용을 요약정리만 하면 될 것 같다.

1) 불안은 가장 먼저 아버지와 어린 소녀 사이, 그리고 아버지와 아이의 생식기 사이의 엄청난 차이에서 나온다. 페니스와 질 사이의 불균형이 관찰로부터 추론한 것인가 아니면 본능적으로 이해되는 것인가 하는 문제를 놓고 고민할 필요는 없을 것 같다. 쉽게 이해되고 또 불가피한 결과는 질의 흥분(즉 자신의 속으로 받아들이고 싶은 갈망)에 의해 일어난 긴장을 만족시키는 공상은 에고에 불안을 야기한다는 점이다. 이전에 발표한 나의 논문 '여자에 대한 공포'에서 보여주었듯이, 나는 생물학적으로 결정되는 이런 형식의 여자의 불안에서 소년이 자기 엄마와의 관계에서 느끼는 성기 불안과는 꽤 다른 무엇인가를 확인한다고 믿는다. 성기 충동을 충족시키는 공상에 빠질 때, 소년은 자신의 자존심에 큰 상처를 입히는 사실과 직면한다("나의 페니스는 나의 엄마에겐 너무 작아"). 그런 한편 어린 소녀는 자신의 몸의 일부 부위의 파괴에 직면한다. 따라서 종국적인 생물학적 바탕으로까지 거슬러 올라가면, 여자에 대한 남자의 두려움은 성기를 바탕으로 한 자기애적인 것인 반면 남자에 대한 여자의 두려움은 육체적인 것으로 드러난다.

2) 불안의 두 번째 원천은 어린 소녀가 성인 친척을 통해서 월경을 관찰하는 경험인데, 이 원천의 보편성과 의미는 달리(C. D. Daly)에 의해 강조되고 있다. 어린 소녀는 거세에 대한 온갖 해석을 무색하게 만드는, 여자의 신체의 나약함을 처음으로 자신의 눈으로 확인한다. 마찬가지로, 소녀의 불안은 자기 엄마의 유산이나 분만을 관찰함에 따라 더욱 커지게 된다. 어린이들의 마음과 (억압이 작동하고 있을 때) 성인들의 무의식에는 성교와 분만 사이에 밀접한 연결이 있는 것으로 여겨지기 때문에, 이 불안은 분만에 대한 두려움뿐만 아니라 성교 자체에 대한 두려움의 형태를 띨 수 있다.

3) 마지막으로, 질 자위에 대한 어린 소녀의 반응(그녀의 신체의 해부학적 구조 때문이다) 안에 불안의 세 번째 원인이 들어 있다. 나는 이 반응들의 결과가 소년에게보다 소녀에게 더 오래 지속될 것이라고 생각한다. 거기에는 이런 이유들이 있다. 우선 소녀는 자위의 결과에 대해 확신하지 못한다. 소년은 자신의 생식기에 대한 불안을 경험할 때마다 언제나 자신의 생식기가 아무런 상처를 입지 않은 채 거기에 그대로 있다는 것을 확인할 수 있다. 어린 소녀에겐 자신의 불안이 실제로 아무런 근거가 없다는 점을 증명할 수단이 하나도 없다. 반대로, 소녀의 질 자위는 소녀에게 자신이 육체적으로 대단히 취약하다는 사실을 한 번 더 확인하게 한다. 왜냐하면 내가 분석에서 발견했듯이 이런 소녀들이 자위를 시도하거나 다른 아이들과 성적 놀이를 하던 중에 신체에 부상을 입히는 경우가 결코 드물지 않기 때문이다. 그것은 틀림없이 처녀막의 미세한

파열로 인한 상처일 것이다.

전반적인 발달이 순조로울 때, 즉 어린 시절의 대상 관계가 갈등의 원천이 되지 않을 때, 이 불안은 만족스럽게 극복되고 소녀가 여자의 역할에 동의할 길이 열린다. 전반적인 발달이 순탄하지 않은 경우에 이 불안의 효과는 소년보다 소녀에게 더 오래 지속된다. 이는 소녀의 경우에 직접적인 성기 자위를 포기하는 경우가 더 많거나 아니면 적어도 접근도 보다 쉽고 불안도 덜한 클리토리스로 한정된다는 사실에 의해 암시되고 있다. 종종 보면 질과 연결된 모든 것, 그러니까 질의 존재에 대한 지식이나 질 흥분, 본능적 충동 등은 강한 억압에 굴복한다. 간단히 말해, 질은 존재하지 않는다는 허구가 생겨나 오랫동안 이어진다. 이것은 동시에 어린 소녀가 남자의 성적 역할을 선호하도록 만드는 허구이다.

이 모든 고려사항들은 질을 발견하지 못하는 그 실패의 뒤에는 질의 존재에 대한 부정이 자리 잡고 있다는 가설을 뒷받침하는 것 같다.

아주 어릴 때에도 질이 흥분된다는 사실을 확인하는 것, 즉 질의 "발견"이 초기의 여성 성욕이라는 개념에 어떤 중요성을 지니는가 하는 문제를 고려해야 한다. 프로이트가 명확히 언급하지는 않았지만, 그럼에도 불구하고 만약에 질이 원칙적으로 "발견되지 않은 채"로 남게 된다면, 이는 아마 어린 소녀들의 내면에 생물학적으로 결정되는 일차적인 남근 선망이 있다는 가설을 뒷받침하는 가장 강력한 논거가 될 것이다. 왜냐하면 만약에 질 흥분이나 욕망이 전혀 존재하지 않고 전체 리비도가 남근으로 여겨지는 클리토리스에 집중된다면, 어린 소녀들이 자신들만의 쾌락의 원천이나 특별한 여성적 소망을 갖지 못한 탓에 자신의 전체 관심을 소년의 페니스와 비교되는 클리토리스에 집중하게 되는 이유가 쉽게 이해될 것이기 때문이다. 또 소녀들이 클리토리스와 페니스의 비교에서 사실상 불리한 입장에 놓이는 까닭에 결정적으로 무시당하는 느낌을 받게 되는 이유도 쉽게 이해될 것이기 때문이다. 그렇게 보지 않고 내가 짐작한 대로 어린 소녀가 아주 어릴 때부터 질의 흥분과 그에 따른 충동을 경험한다면, 소녀는 애초부터 자신의 성적 역할의 특별한 성격을 생생하게 느낄 것이며, 그러면 프로이트가 주장한 강력한 남근 선망을 설명하기가 힘들어질 것이다.

이 논문에서 나는 일차적 남근 성욕이라는 가설이 여성 성욕이라는 개념에 엄청난 영향을 미친다는 점을 보여주었다. 만약에 특별히 여성적이고 중요한 질 성욕이 있다고 가정한다면, 남근 성욕 가설은 전적으로 배제되지는 않는다 하더라도 적어도 크게 제한될 것이기 때문에 그 중요성이 꽤 의문스러워지게 된다. 〈1933년〉

10장

—

여자의 기능 장애를 일으키는
심인성 요인들

지난 3, 40년 사이에, 부인과 분야에서 심리적 요인들이 여성의 장애에 미치는 영향에 대한 논의가 활발하게 전개되었다. 개진되는 의견의 폭도 매우 넓다. 한편에는 이 요인들에 중요성을 부여하지 않으려는 경향이 있다. 예를 들면, 정서적 요인들이 여성의 장애에 영향을 미친다는 점을 인정하지만 그 요인들을 기질이나 분비샘 혹은 다른 육체적 조건에 따른 것으로 고려하는 것이다.

다른 한편으로는 심인성 요인들에 엄청난 중요성을 부여하려는 경향이 보인다. 이 관점을 지지하는 사람들은 여기서 상상 임신과 질경(膣痙), 성 불감증, 생리 불순, 입덧 등과 같은 다소 명백한 기능 장애들의 기원을 찾을 뿐만 아니라, 조산과 예정일 초과 분만, 자궁염, 불임, 냉(冷) 등과 같은 질병이나 장애를 낳는 심인성 영향도 있다고 주장한다.

파블로프(Ivan Petrovich Pavlov)의 실험이 경험을 근거로 육체적 변화가 심리적 자극에 의해 일어날 수 있다는 사실을 제시한 이후로, 이 같은 사실에 대해서는 어떠한 의문도 제기되지 않고 있다. 식욕을 자극함으로써 위의 분비물에 영향을 미칠 수 있고, 공포를 조성함으로써 심장 박동과 장(腸)의 운동을 촉진시킬 수 있으며, 얼굴을 붉히는 것과 같은 혈관운동의 변화는 수치심의 반응일 수 있다.

우리는 또한 이 자극들이 중추신경계에서부터 말초 기관까지 닿는 경로를 정확히 그릴 수 있다.

생리통이 심리적 갈등에 의해 일어날 수 있는지 여부를 묻는 질문은 이 같은 단순한 연결로부터 상당히 큰 도약인 것처럼 보인다. 그럼에도 나는 근본적인 차이는 과정 자체에 있다기보다는 방법론적 접근법에 있다고 생각한다. 실험적 상황을 만들어놓고 어떤 사람의 식욕을 자극하면서 위에 있는 분비샘의 분비를 측정할 수 있다. 또 어떤 사람의 내면에서 일종의 놀람의 반응이 일어날 때 나타나는 분비의 변화까지 정확하게 측정할 수 있다. 그러나 생리통을 일으키는 실험 상황을 설계하지는 못한다. 생리통의 바탕에서 작용하는 정서적 과정들은 대단히 복잡하기 때문에 실험 상황에서 설계해 내기가 불가능하다. 그러나 실험을 통해서 어떤 사람을 매우 복잡한 정서적 조건에 노출시킬 수 있다 하더라도, 그 사람에게서 구체적인 어떤 결과를 기대하지는 못한다. 왜냐하면 생리통은 단순히 한 가지 정서적 갈등의 결과가 아니고 언제나 일련의 정서적 전제조건들을 필요로 하는데, 이 전제조건들의 바탕이 시간적으로 서로 다 다른 시기에 나타나기 때문이다.

이런 이유들 때문에 실험을 통해서 이 문제들에 대해 배우는 것은 불가능하다. 어떤 정서적 힘들과 증후 사이의 관계를 우리에게 드러내 보여줄 수 있는 방법은 생리통의 경우에서처럼 반드시 역사적인 방법 임에 틀림없다. 말하자면 그 방법은 우리가 어떤 여자의 삶의 매우 세세한 역사를 통해서 그녀의 특별한 정서적 구조를 이해하고 증후와 정서의 상관관계를 이해하도록 도와줄 수 있는 방법이어야 한다는 뜻이다.

내가 아는 한, 그런 통찰을 상당한 수준의 과학적 정확성을 바탕으로 제시할 수 있는 심리학 학파는 오직 하나뿐이다. 정신분석이다. 정신분석은 실제 생활에서 작용하고 있을 때의 심리적 요소들의 본질과 그 내용물, 역동적인 힘을 정확히 그려낼 수 있다. 기능적 장애가 정서적 요소들에 의해 일어날 수 있는지 여부를 묻는 질문에 대해 과학적으로 논의하기를 원한다면, 그런 것들에 대한 지식이 꼭 필요하다.

나는 여기서 그 방법의 세부사항에 대해 깊이 파고들지 않고 단지 나 자신이 분석 작업을 통해서 여자의 기능 장애를 이해하는 데 반드시 필요하다고 확인한 정서적 요소들 일부를 매우 간략하게 소개할 것이다.

먼저 지속적으로 반복되면서 나의 관심을 잡아끌게 된 사실로부터 논의를 시작할 것이다. 나의 여자 환자들은 온갖 종류의 불안과 강압 신경증, 우울증, 직장과 인간관계에 나타난 억제, 성격 문제 등 정말 다양한 심리적 이유로 나를 찾았다. 신경증 환자는 예외 없이 심리성적 생활에 장애를 보였다. 여자 환자들이 남자나 자식 혹은 둘 다와 맺고 있는 관계들은 일부 측면에서 심각하게 방해를 받고 있었다. 나를 놀라게 만든 것은 이런 것이었다. 아주 다양한 유형의 신경증 환자들 중에서 생식기에 기능 장애가 없는 사람이 하나도 없다는 점이었다. 다양한 정도의 성 불감증과 질경(膣痙), 온갖 종류의 생리 장애, 가려움증, 그리고 육체적 증상 없이 나타났다가 무의식적 갈등이 확인되고 나면 사라지는 통증 등 기능 장애도 정말 다양했다. 이외에도 암에 대한 공포 혹은 정상이 아닐지 모른다는 두려움, 그리고 심인성 원인인 것 같은 임신과 출산의 장애 등과 같은 건강 염려증도 보였다.

여기서 3가지 질문이 제기된다.

첫째, 심리성적 생활의 장애와 여성의 기능 장애 사이에 나타나는 이런 일치는 매우 두드러질 수 있다. 하지만 이 일치가 규칙적으로 이뤄지고 있는 일치일까?

분석가는 몇 사람의 환자를 철저하게 알 수 있는 이점을 누린다. 하지만 아무리 바삐 움직이는 분석가라 하더라도 아주 적은 수의 환자들만을 치료할 수 있을 뿐이다. 따라서 설령 분석가가 얻은 결과가 민족학적 사실뿐만 아니라 다른 관찰에 의해 뒷받침된다 하더라도, 분석가의 발견의 빈도와 유효성에 대해 묻는 이 물음은 부인과의사들이 미래의 언젠가 대답을 내놓아야 할 물음이다.

물론 부인과의사들이 이런 연구를 하기 위해선 시간과 심리학적 훈련이 필요할 것이다. 그러나 실험실 연구에 쏟고 있는 에너지의 일부만을 심리학적 훈련에 쏟는다면, 그 문제를 명확히 밝혀내는 데 큰 도움을 줄 수 있을 것이다.

둘째, 만약 이 일치가 규칙적으로 일어난다고 단정한다면, 심리성적 장애와 기능 장애는 체질 혹은 분비샘의 조건이라는 공통적 바탕에서 일어나는 것일까?

나는 지금 이런 복잡한 문제들을 여기서 세세하게 논의하지 않고 다만 나의 관찰에 따르면, 이 기능적인 요소들과 정서적 장애 사이에 일정한 상관관계 같은 것은 전혀 없다는 점만 지적하고 싶다. 예를 들면, 남자 같은 태도를 보이면서 여자의 역할에 혐오감을 강하게 느끼는 성 불감증 여자들이 있다. 이 집단에 속하는 여자들 중 일부 여자들의 부차적인 성적 특징들, 즉 목소리와 머리카락, 골격 등은 남자 같은 모습을 보였으나 그들 대부분은 절대적으로 여자 같은 습관을 갖고 있다. 두 집단 모두에서, 그러니까 남자 같은 여자의 집단과 여자 같은 여자의 집단에서 똑같이 정서적 변화가 어떤 갈등에서 시작되었다는 사실이 확인된다. 그러나 남자 같은 여자의 집단에서만 그 갈등이 기질적 바탕에서 시작되었다. 나는 기질적 요소들과 그 요소들이 훗날의 태도에 미치는 특별한 영향에 대해 더 많이 알지 못하는 상태에서 둘 사이에 지나치게 엄격한 연결을 가정하는 것은 바람직하지 않다는 인상을 받는다. 더욱이, 그런 가정은 자칫 심리적 요소들을 무시할 경우에 매우 위험한 치료의 결과를 낳을 수 있다. 예를 들어, 할반(Josef von Halban)과 사이츠(Ludwig Seitz)가 쓴, 독일에서 가장 현대적인 부인과 의학 교과서로 통하는 책을 보면 기고자인 마테스(Mattes)는 1년 6개월 동안 힘들어 했던 생리통을 치료하길 원하는 소녀의 예를 설명하고 있다. 이 소녀는 마테스에게 자신이 무도회장에서 감기에 걸렸다고 말했다. 마테스는 그녀가 어떤 남자와 성관계를 갖기 시작했다는 사실을 알았다. 그녀는 마테스에게 자신이 그 남자에게 성적 흥분을 매우 강하게 느끼면서도 동시에 그 사람 때문에 화가 났다고 말했다. 그녀가 마테스가 "양성(兩性) 유형"이라고 부르는 그런 유형이기 때문에, 마테스는 그녀의 경우에는 성적 관계에서 절대로 행복할 수 없는 유형이라는 이론을 제시하며 그녀에게 남자를 포기할 것을 권했다. 그녀는 그의 조언을 따르려고 노력하면서 고통 없이 월경을 두 차례 했다. 그런 다음에 그녀는 다시 사랑을 시작했는데 통증도 다시 나타났다.

이는 매우 빈약한 지식을 바탕으로 치료와 관련해 급진적인 결론을 내린 것처럼 보이며, 나로 하여금 성경에 나오는 "만일 네 눈이 네가 죄를 짓게 하거든, 빼어 내버리라."는 말씀을 상기시키게 한다.

치료적 관점에서 보면, 일부 기질적 요소에서 일어났을 수도 있는 갈등의 경우에는 심리적 차원을 보는 것이 훨씬 더 나은 것 같다.

이제 내가 논하고자 하는 것은 세 번째 물음이다. 이 물음을 간략히 적으면 이렇게 된다. 심리성적 생활에 나타나는 정신적 태도와 성기의 기능 장애 사이에 어떤 구체적인 상관관계가 있는가? 불행히도, 인간의 본성은 그렇게 간단하지 않다. 그리고 우리의 지식은 매우 분명하고 엄격한 진술을 내놓을 수 있을 만큼 충분히 향상되지 않았다. 사실 우리는 이런 환자들 모두에게서 어떤 근본적인 심리성적 갈등을 발견할 것이다. 이 갈등은 곧 모든 환자에게 어느 정도의 성 불감증이 있다는 것을 의미한다. 환자들에게 적어도 과도적인 성 불감증은 다 있다는 뜻이다. 그러나 어떤 기능적 증후들과의 규칙적 상관성에는 구체적인 어떤 감정과 요소들이 중요한 역할을 한다.

성 불감증을 기본적인 장애로 가진 사람에겐, 다음과 같은 특징이 정신적 태도에 반드시 발견된다.

우선 성 불감증을 겪는 여자들은 남자에게 매우 모호한 태도를 갖고 있다. 이 태도에는 필히 의심과 적의, 두려움의 요소들이 보인다. 이 요소들이 아주 공개적으로 나타나는 경우는 매우 드물다.

예를 들어 보자. 한 환자는 의식적으로 모든 남자는 범죄자이며 그래서 죽어 마땅하다는 확신을 품고 있었다. 이 확신은 그녀가 성행위를 피가 나고 고통스런 것으로 인식하는 데 따른 자연스런 결과였다. 그녀는 결혼하는 모든 여자를 여장부로 여겼다. 대체로 보면 이 같은 적대감은 위장된 형태로 나타난다. 이런 경우에는 환자의 말보다는 행동을 통해서 남자를 대하는 태도를 들여다볼 수 있다. 소녀들은 자신이 남자들을 잘 돌보고 또 이상화하고 있다고 솔직히 털어놓는다. 그러나 그와 동시에 그런 소녀들은 "남자 친구"를 뚜렷한 이유도 없이 아주 무례하게 버리기도 한다. 전형적인 예를 하나 보자. X라는 환자는 남자들과 다정하게 성적 관계를 가졌다. 그녀의 남자관계는 1년을 넘어서는 것이 없었다. 남자를 만나고 조금 시간이 지나면 그녀는 예외 없이 남자에게 짜증을 느꼈다. 그러다 그녀는 남자를 더 이상 참아내지 못하게 되었다. 그러면 그녀는 남자를 버릴 핑계를 찾았다. 사실은 남자에 대한 그녀의 적대적 충동이 대단히 강했기 때문에 그녀가 자신이 남자들을 해치게 될까 두려워 그들을 피하게 된 것이다.

간혹 자기 남편에게 헌신하고 있다고 느끼는 환자들이 찾아온다. 그러나 깊이 조사하고 들어가면, 일상생활에서 작지만 매우 혼란스런 적대감의 신호가 나타난다. 근본적으로 남편을 낮춰보거나 남편의 강점을 평가절하하거나 남편의 관심사나 친구들에게 관심을 두지 않거나 경제적 요구를 지나치게 많이 하거나 권력을 위한 싸움을 줄기차게 벌이는 모습이 보이는 것이다.

이런 환자들은 성 불감증이 두 사람 사이의 밑바닥에 흐르는 적대감의 직접적 표현이라는 인상을 다소 분명하게 준다. 그러나 더욱 깊은 단계의 분석으로 들어가면, 남자에 대한 혐오감의 새로운 원인이 드러날 때 성 불감증이 시작된 이유를 매우 정확하게 추적할 수 있게 된다. 또 동시에 이 갈등이 극복될 때 성 불감증이 중단되는 이유도 확인이 가능해진다.

남자들의 심리와 여자들의 심리 사이에는 뚜렷한 차이가 있다. 평균적인 환자들을 보면, 여자들의 성욕은 남자들에 비해 부드러움과 감정, 애착과 훨씬 더 밀접하게 연결되어 있다. 평균적인 남자라면 특별히 부드러운 감정을 느끼지 않는 여자와도 성교가 불가능하지 않을 것이다. 이와 대조적으로, 성생활과 사랑 사이에 균열이 생기는 경우가 종종 있다. 그래서 극단적으로 병적인 경우엔 그런 남자는 자신이 전혀 마음을 두지 않고 또 성욕도 느끼지 않는 여자들과는 성관계를 갖지만 자신이 진정으로 사랑하는 여자 앞에서는 성 불능이 될 수도 있다.

대부분의 여자들의 경우에는 성적 감정과 전반적인 정서가 밀접히 연결되어 있을 것이다. 그렇게 해야 하는 생물학적 이유들이 분명히 있다. 그래서 여자가 은밀히 품은 적대적 태도는 성적 접촉을 꺼리는 태도를 통해 쉽게 겉으로 드러날 것이다.

남자들을 대하는 이런 방어적인 태도는 뿌리가 그다지 깊지 않을 수 있다. 일부 예에서, 여자의 내면에 부드러운 감정을 일깨울 줄 아는 남자들은 여자의 성 불감증을 완벽히 극복할 수 있다. 그러나 다른 예에서는 이 같은 적대적인 방어의 태도는 그 뿌리가 매우 깊으며, 따라서 여자가 그런 태도를 없애려면 그 뿌리까지 완전히 뽑아낼 수 있어야 한다.

두 번째 예들의 경우에는 남자에 대한 적대감이 아주 어릴 때 습득되었다는 사실이 확인될 것이다. 어린 시절의 경험이 훗날까지 미치는 영향이 어느 정도 강한지를 이해하기 위해선, 정신분석 이론에 대해 많이 알 필요도 없다. 두 가지 사항만 알아도 그 막강한 영향력을 미뤄 짐작할 수 있다. 아이들도 성적 감정을 갖고 태어나고 또 매우 열정적으로 느낄 수 있다는 점이다. 아이들은 온갖 구속을 다 받는 성인들보다 더 열정적으로 느낄 것이다.

이런 여자들의 삶의 역사를 통해서 당신은 그들이 초기의 사랑에 크게 실망한 상처를 안고 있다는 사실을 발견할 것이다. 아버지나 오빠에게 애착을 느꼈다가 실망한 사람도 있을 것이고, 부모의 편애를 받던 남동생을 둔 사람도 있을 것이고, 다음의 예처럼 이런 것들과는 아주 다른 상황에 처한 사람도 있을 것이다. 한 환자는 11세 때에 남동생을 구슬렸다. 그런데 몇 년 뒤 이 남동생이 독감으로 죽었다. 그러자 그녀는 죄책감을 강하게 느꼈다. 30년이 지난 지금도 분석을 할 때면 그녀가 남동생을 죽게 만들었다고 확신하고 있다는 사실이 드러난다. 그녀는 자신이 유혹한 결과 남동생이 자위를 하기 시작했고 그의 죽음은 그 결과라고 믿고 있었다. 이 죄책감이 그녀로 하여금 여자의 역할을 혐오하게 만들었다. 그녀는 남자가 되기를 원하고, 노골적으로 남자들을 부러워하는 한편으론 기회가 날 때마다 남자를 낮춰보고, 거세의 꿈을 꾸고 공상에 빠졌으며, 그러다 완전히 성 불감증에 빠졌다.

그런데 이 예는 질경(膣痙)의 심리적 원인에 대해 어느 정도 밝혀준다. 이 환자는 결혼하고 4주가 지난 뒤에도 처녀성을 잃지 않았다. 그래서 처녀성 파열이 의사에 의해 이뤄졌다. 그녀의 처녀막에 비정상적인 것이 하나도 없고, 남편의 성기능도 정상이었음에도 그런 일이 벌어졌다. 경련은 부분적으로 여성의 역할에 대한 그녀의 강력한 혐오의 표현이었고 또 부분적으로는 자신이 부러워하는 남자에게 느끼는 거세 충동에 대한 방어 기제이기도 했다.

여자의 역할에 대한 이 같은 혐오는 종종 그것이 어떤 식으로 시작되었든 엄청난 영향력을 행사한다. 어느 환자를 보면, 그녀에겐 부모의 총애를 받던 남동생이 있었다. 이 환자가 남동생에게 느낀 부러움이 그녀의 삶 전체를, 특히 그녀의 남자관계를 망쳐놓았다. 그녀는 자신이 남자가 되기를 원했으며 공상과 꿈에서 남자의 역할을 맡았다. 성교 동안에 그녀는 가끔 역할을 바꿔보고 싶은 소망을 꽤 의식적으로 품었다.

성 불감증을 겪는 여자들의 내면에서 또 다른 갈등 상황이 발견될 것이다. 앞에 설명한 갈등보다 영향력의 면에서 더욱 중요한 갈등이다. 엄마 혹은 언니와의 갈등이 그것이다. 이 환자들이 엄마에 대해 의식적으로 느끼는 감정은 다를 수 있다. 간혹 이 환자들은 치료를 시작할 단계에는 어머니와의 관계 중 긍정적인 측면만을 인정한다. 아마 그들은 어머니의 사랑을 갈망하고 있음에도 불구하고 실제로 보면 자신이 엄마가 원하는 것과 정반대로 행동하고 있다는 관찰을 통해서 이미 마음을 크게 다친 상태였을 것이다.

다른 환자들을 보면 어머니에 대한 증오가 꽤 노골적이다. 그러나 환자들이 갈등의 존재에 대해서는 깨닫고 있다 할지라도, 그 갈등의 근본적인 원인이나 그것이 자신의 심리성적 생활에 미치는 영향에 대해 아는 사람은 아무도 없다. 예를 들어, 이런 기본적인 특징 중 하나는 어머니가 이 여자 환자들에게 성생활과 성적 쾌락을 금지시키는 존재를 상징한다는 점이다. 어느 민족학자는 최근에 이런 갈등의 보편성을 설명해 줄 어느 원시 부족의 관습에 대해 보고했다. 이 원시 부족의 경우에 아버지가 세상을 떠나면, 딸들은 죽은 사람의 집에 남고 아들들은 그곳을 떠났다. 죽은 아버지의 영혼이 아들들에게 적의를 품고 해를 입힐 수 있기 때문이다. 어머니가 죽으면, 아들들은 집에 남고 딸들은 그곳을 떠났다. 어머니의 영혼이 딸들을 죽일지도 모른다는 두려움 때문이다. 이 관습은 성 불감증의 여자들에게서 발견되는 것과 똑같은 적의와 보복에 대한 두려움을 나타내고 있다.

여기서 정신분석 과정을 잘 모르는 사람은 이런 질문을 던질지도 모르겠다. 만약에 이 갈등들이 환자에게 의식적으로 느껴지는 것이 아니라면, 갈등들이 존재하고 또 그것들이 이런 중요한 역할을 한다는 것을 어떻게 그렇게 강하게 믿을 수 있는가? 정신분석 경험이 부족한 사람은 이해하기 어렵겠지만, 이 물음에 대한 대답이 있다. 환자의 오래된 비이성적인 태도가 되살아나 분석가 쪽으로 작용하게 된다는 것이 그 대답이다. 예를 들어, X라는 환자는 의식적으로 나에게 애정 어린 태도를 보였다. 물론 그 태도에는 약간의 두려움이 섞여 있었다. 그러나 그녀가 유아기에 어머니에게 품었던 증오가 표면 가까이로 끌어올려졌을 때, 그녀는 대기실에 앉아서 두려움에 몸을 떨었으며 정서적으로 나의 내면에서 냉혹하고 사악한 영혼 같은 무엇인가를 보았다. 이 상황에서 그녀는 자기 어머니에 대한 옛날의 두려움을 나에게 투영시킨 것이 분명했다. 어떤 특별한 사건이 금지하려 들던 어머니에 대한 두려움이 그녀의 성 불감증에 미친 영향을 들여다볼 기회를 주었다. 정신분석을 받던 어느 때에, 그러니까 그녀의 섹스에 대한 금지가 이미 사라진 뒤에, 내가 2주일 간 출장을 떠난 적이 있었다. 훗날 그녀는 나에게 이런 이야기를 들려주었다. 어느 날 밤 그녀는 몇몇 친구들과 함께 술을 어느 정도 마셨다. 그러나 평소 주량을 넘지는 않았다. 그런데 그녀에겐 그 후의 일이 기억나지 않았다. 그런데 그녀의 남자 친구가 그녀에게 그날 그녀가 대단히 흥분해서 그에게 섹스를 하자고 요구했으며 또 오르가슴까지 느꼈다고 일러주었다(그때까지 그녀는 완전한 성 불감증 상태에 있었다). 남자 친구의 말에 따르면, 그러면서 그녀가 승리감에 취한 목소리로 "호나이가 없으니, 이제 휴가야!"라고 외쳤다고 한다. 그녀의 공상에 나타나는 험악한 어머니 같은 내가 도시를 떠났고, 따라서 그녀는 두려움을 느끼지 않는 가운데 사랑스런 여인이 될 수 있었다.

질경(膣痙)에다가 뒤에는 성 불감증까지 겪은 또 다른 환자는 자기 어머니에게, 그리고 특히 자기보다 여덟 살 위인 언니에게 느낀 옛날의 두려움을 나에게 전이시켰다. 이 환자는 남자들과 관계를 가지려고 몇 차례 시도했지만 자신의 콤플렉스 때문에 실패했다. 그런 상황에서 주기적으로 그녀는 나에게 분노를 느끼곤 했으며 가끔은 내가 그녀로부터 남자를 떼어놓고 있다는 망상을 표현하기도 했다. 비록 그녀도 지적으로는 내가 자신이 적응할 길을 찾도록 도와주고 있다는 사실을 잘 알고 있었을지라도, 그녀의 언니에 대한 옛날의 두려움이 그보다 훨씬 더 강했다. 어떤 남자와 처음으로 성관계를 가졌을 때, 그녀는 자기 언니가 자기를 뒤쫓는 그런 불안한 꿈을 꾸었다.

다른 심리적 요인이 작용하는 성 불감증의 예들도 있다. 그 예 중 일부에 대해 언급할 것이다. 그러나 그 요인들과 성 불감증의 연결을 파고들지는 않고 단지 그 요인들이 다른 기능 장애에 미치는 영향의 중요성만 지적할 것이다

무엇보다 먼저, 자위 공포가 신체적 작용뿐만 아니라 정신적 태도에 미치는 영향이 있다. 자위와 관련한 공포를 감안하면, 거의 모든 질병이 그 공포의 결과로 여겨질 수도 있다는 것은 잘 알려져 있다. 이런 공포들이 종종 취하는 특별한 형태는 성기가 자위로 인해 부상을 입을 수 있다는 두려움이다. 이 두려움은 종종 자신의 성기가 소년의 것처럼 생겼다가 거세를 당하게 되었다는 매우 공상적인 생각과 연결되

어 있다. 그런 공포는 다양한 형식으로 표현된다.

1) "정상"이 아니라는, 불분명하지만 깊은 공포가 있다.

2) 신체에 아무런 증세가 없이 나타났다가 사라지는 통증과 같은, 건강에 대한 염려와 관련 있는 공포와 증후로도 나타난다. 신체적 증상이 없는 통증은 환자들로 하여금 부인과에 조언을 구하도록 한다. 그러면 환자들은 치료법을 제안 받거나 안심시키는 말을 들으며 차도를 보일 수도 있다. 그러나 이 공포는 다시 돌아오게 되어 있으며 똑같은 불만을 낳는다. 간혹 이 공포가 환자들로 하여금 수술을 요구하도록 만들기도 한다. 이 환자들은 자신이 뭔가 육체적으로 잘못되어 있다고 느끼며 그것을 바로잡는 것은 수술 같은 근본적인 수단밖에 없다고 생각한다.

3) 공포는 다음과 같은 형식을 취할 수도 있다. 나 자신이 나의 몸에 해를 입혔기 때문에, 나는 아이를 갖지 못할 것이라는 식이다. 매우 어린 소녀들의 예를 보면 이런 연결을 갖는 공포는 간혹 매우 의식적이다. 그러나 이 어린 환자들조차도 언제나 분석가들에게 아이를 갖는다는 생각 자체가 혐오스러우며 그러기에 아이는 절대로 갖고 싶지 않다는 식으로 말한다. 이런 환자들의 경우에는 분석이 어느 정도 진행되어야만 이 혐오감이 어릴 때 많은 아이를 갖고 싶어 했던 강력한 소망에 대한 일종의 "신포도" 반응인 것으로 확인된다. 앞에 언급한 공포가 소녀들이 이런 소망을 부정하도록 만든 것이다.

아이를 원하는 소망과 연결된, 서로 충돌하는 무의식적 경향들이 많이 있을 수 있다. 타고난 모성애적 본능은 무의식적 동기들에 의해 희석될 수 있다. 나는 여기서 이 무의식적 동기들에 대해 깊이 파고들지 않고 한 가지 가능성만을 언급할 것이다. 자신의 내면 어느 한 구석에 남자가 되기를 바라는 치열한 소망을 품고 있는 여자들에겐, 그에 버금가는 여자의 성취를 상징하는 임신과 모성이 그만큼 더 큰 의미를 지닐 수도 있다는 점이다.

불행히도 나는 상상 임신으로 힘들어하는 환자는 한 번도 경험해 보지 못했다. 그러나 짐작컨대 상상 임신 또한 아이를 갖고자 하는 소망이 무의식적으로 강화되는 데서 비롯되는 것 같다. 분명 일시적 무월경은 어떠한 대가를 치르더라도 아기를 갖겠다는 소망을 암시할 것이다. 대단히 초조해 하고 우울해 하는 성격이면서도 임신한 동안에는 완벽하게 행복하고 편안해 하는 여자들을 모든 부인과의사들은 알고 있다. 그런 여자들에게도 임신은 특별한 형식의 만족을 상징한다.

내가 기억하고 있는 환자들의 내면에서 강화된 것은 아이를 갖고 돌보고 보듬는 생각보다는 임신 자체에 대한 생각, 말하자면 자신의 몸 안에 아기를 갖고 있다는 생각이다. 임신 상태는 그런 여자들에게 아주 멋진 자기애적 가치를 지닌다. 그런 환자 두 사람은 예정일을 넘겨 출산했다. 아직 자료가 많지 않아서 결론을 내리긴 어렵지만, 여기서 아이를 자신의 몸 안에 간직하려는 무의식적 소망이 예정일을 넘긴 출산에 대한 설명이 될 가능성도 없진 않다.

간혹 영향을 미치는 또 다른 요소는 출산 중 죽음에 대한 공포이다.

이 공포 자체는 의식적일 수도 있고 의식적이지 않을 수도 있다. 그러나 이 두려움의 진짜 기원은 절대로 의식적이지 않다. 나의 경험에 따르면 그런 공포의 중요한 한 요소는 옛날에 임신한 엄마에게 품었던 적대감이다. 기억에 남아 있는 한 환자는 출산 중 사망에 대해 극도의 공포를 품고 있었다. 그녀는 어릴 때 몇 년 동안 자기 어머니가 또 다시 임신을 하는지를 불안한 마음으로 살폈던 기억을 갖고 있었다. 그녀는 거리에서 임신부를 만날 때마다 그 여자의 배를 발로 차고 싶은 충동을 느꼈으며 자연히 그와 똑같이 무서운 일이 자신에게도 일어날 것이라는 공포를 느꼈다.

그런 한편 모성적 본능은 무의식에서 일어나는 아이에 대한 적대적 충동에 의해 완화될 수 있다. 여기서 매우 흥미로운 문제들은 그런 충동이 입덧과 조산, 산후 우울증에 미치는 영향이다.

여기서 다시 자위 공포로 돌아가자면, 나는 그 공포가 육체적으로 손상을 입는다는 생각에서 비롯될 수 있고 또 그 공포가 건강 염려증으로 이어질 수 있다는 점에 대해 이미 언급했다. 이 자위 공포가 표현되는 또 다른 길이 있다. 월경을 보는 태도이다. 손상을 입었다는 생각이 이 여자들로 하여금 자신의 생식기를 일종의 상처로 여기게 만들고, 따라서 월경은 정서적으로 이 추측을 뒷받침하는 증거로 여겨진다. 이런 여자들에게는 피를 흘리는 것과 상처 사이에 매우 강한 연상이 형성된다. 이런 맥락에서 본다면, 이 여자들에게는 월경이 결코 자연스런 과정이 될 수 없고 또 여자들이 월경에 대해 깊은 혐오감을 느낄 것이라는 점은 충분히 이해가 된다.

이것이 나를 월경과다증과 월경곤란증의 문제로 이끈다. 물론 나는 지금 육체적으로 아무런 원인이 없는 환자들에 대해서만 이야기하고 있다. 월경 장애에 대한 이해의 바탕은 기본적으로 이렇다. 그 시기에 생식기에 일어나는 육체적 작용에 해당하는 심리적 작용은 성욕에 따른 긴장의 증대이다. 심리성적 발달이 매우 순조로운 여인은 이 긴장을 별다른 어려움을 겪지 않고 직면할 것이다. 그러나 그런 균형을 간신히 유지하는 여자들이 많다. 이런 여자들에겐 성욕에 따른 긴장의 증가는 낙타 등을 부러뜨려 놓을 마지막 지푸라기 하나가 된다.

이 긴장의 압박 속에서 온갖 종류의 유아기 공상들이, 특히 피를 흘리는 과정과 관계있는 공상들이 많이 살아날 것이다. 대체로 말하면, 이 공상들은 성행위는 잔인하고 피를 흘리고 고통스런 짓이라는 내용으로 되어 있다. 월경과다증과 월경곤란증으로 힘들어 하는 모든 환자들에게서 나는 이런 종류의 공상들이 예외 없이 결정적 역할을 한다는 사실을 발견했다. 월경곤란증은 대체로 환자가 성인의 성적 문제들을 접하게 될 때 시작된다.

여기서 몇 가지 예를 제시할 생각이다. 한 환자는 성교에 대해 생각하다가 피를 흘리는 장면을 상상할 때면 언제나 심각한 월경과다증으로 힘들어했다. 분석 작업을 벌인 결과, 어린 시절의 기억이 일부 상황에서 이런 공상을 일으킬 요소들을 담고 있다는 사실이 확인되었다.

그녀는 여덟 형제 중 맏이였다. 그녀가 가장 놀라운 것으로 기억하고 있는 일은 아이가 태어날 때와 관련 있는 것이었다. 그녀는 자기 어머니의 비명을 들었으며, 엄마의 방에서 나오는 대야에 피가 가득 담긴 것을 보았다. 그녀에게 출산과 섹스, 피는 어릴 때부터 서로 아주 밀접하게 연결되어 있었다. 그런 까닭에 어느 날 밤에 어머니가 폐출혈을 일으키자, 그녀는 즉각 그 출혈을 부모의 성교와 연결시켰다. 그런 그녀에게 그녀의 월경은 어릴 적의 이런 인상과 피를 많이 흘리는 성생활의 공상을 다시 일깨우는 요인이 되었다.

방금 언급한 환자는 심각한 월경곤란증을 앓았다. 그녀는 자신의 진짜 성생활이 온갖 종류의 가학적 공상과 관계있다는 것을 완벽하게 깨닫고 있었다. 그녀는 잔인성에 관한 것을 듣거나 읽을 때 성적으로 흥분되는 느낌을 받았다. 그녀는 월경을 하는 동안에 겪는 통증에 대해 몸 안쪽이 찢어지는 것 같다고 묘사했다. 이런 특별한 형식의 두려움은 유아기의 공상에 의한 것이었다. 그녀는 어릴 적에 남자가 성교를 하는 동안에 여자의 몸에서 무엇인가를 찢어낸다는 생각을 품었던 기억을 떠올렸다. 이 월경곤란증을 통해서 그녀는 정서적으로 이런 오래된 공상을 현실로 옮기고 있었다.

심인성 요소들에 관한 나의 설명 모두는 공상이 아니고 단지 현재 우리 의료계의 사고방식에 낯선 것일 뿐인데도, 그 중 상당히 많은 부분이 완전히 공상으로 들릴 수 있을 것이라고 나는 생각한다. 만약에 누군가가 단순한 감정적 판단 그 이상의 평가를 내리길 원한다면, 과학적으로 유효한 길이 하나 있다. 사실들을 테스트하는 것이다. 분석이 구체적인 심리적 뿌리를 들춰내고 또 그 과정이 진행되는 동안에 증후가 사라진다는 생각은 이런 치유를 낳는 것이 분석 과정이라는 것을 뒷받침하는 증거는 절대로 될 수 없다. 제대로 된 조언이라면 어떤 것이든 그와 똑같은 결과를 낳을 것이다.

과학적 테스트는 여기서도 다른 과학 분야와 똑같아야 한다. 정신분석 기법인 자유연상을 적용하고 그 결과가 비슷한지를 확인하는 것이다. 이 요건을 충족시키지 못하는 판단이면 어떤 것이든 과학적 가치를 결여하고 있다.

그래도 내가 볼 때에는 부인과의사가 적어도 정서적 요소들과 기능적 장애 사이의 구체적인 상관성을 뒷받침할 증거가 있다는 느낌을 받을 수 있는 길이 하나 더 있는 것 같다. 환자들에게 어느 정도의 시간과 주의를 기울인다면, 적어도 그들 중 일부는 자신들의 갈등을 매우 쉽게 드러낼 것이다. 나는 이런 식으로 진행하는 방법 자체가 다소 직접적인 치료의 가치를 지닌다고 생각한다. 정확한 분석은 오직 정신분석 훈련을 적절히 받은 의사에 의해서만 가능하다. 그것은 절대로 수술보다 덜 정교한 절차가 아니다. 그럼에도 수술에도 큰 수술만 있는 것이 아니라 작은 수술도 있다. 작은 심리 치료는 보다 최근의 갈등을 다루고 그 갈등과 증후의 연결을 찾는 것이다. 이 영역에서는 이미 이뤄진 연구 성과가 쉽게 확장될 것이다.

그런 가능성에는 제한이 한 가지밖에 없다. 누구나 다 알고 있어야 하는 제한이다. 실수를 피하길 원한다면, 심리학 지식을 완벽하게 갖춰야 한다는 점이다. 감당하지도 못할 감정을 휘저어놓는 실수를 저지르지 않기 위해선 심리학적 지식이 특별히 더 강조된다.

11장

—

모성의 갈등

지난 3, 40년 동안, 어머니들의 타고난 교육 능력에 대한 평가가 상반된 모습을 보였다. 약 30년 전에는 어머니의 본능이 어린이들의 양육에 꼭 필요한 무오류의 지침으로 여겨졌다. 이 같은 관점이 부적절한 것으로 드러나자, 이번에는 교육에 대한 이론적 지식에 대한 믿음이 똑같이 과도하게 강조되었다. 불행하게도, 과학적인 교육 이론의 도구들도 학생들의 실패를 예방하는 데 있어서는 모성 본능보다 결코 더 완벽하지 못한 것으로 확인되었다. 이제 우리는 다시 어머니와 아이의 관계의 정서적 측면을 강조하는 쪽으로 돌아서고 있다. 그러나 이번에는 본능이라는 모호한 개념에 의지하는 것이 아니라 한 가지 명확한 문제에 초점을 맞추고 있다. 바람직한 태도를 흩뜨려 놓을 수 있는 정서적 요인들은 무엇이며, 그 요인들은 어디에서 비롯되는가?

나는 여기서 어머니들을 분석할 때 직면하는 다양한 갈등에 대해서는 논하지 않을 것이다. 그 대신에 자녀들을 대하는 태도에 어머니와 어머니의 부모 사이의 관계가 그대로 반영되는 그런 특별한 유형의 어머니를 예로 제시할 것이다. 지금 내가 마음에 떠올리고 있는 여자는 서른다섯 살 때 나를 찾아왔다. 그녀는 지능과 능력이 탁월한 선생이었으며, 두드러진 성격의 소유자였으며, 대체로 균형이 잘 잡힌 사람 같았다. 그녀가 안고 있던 두 가지 문제 중 하나는 자기 남편이 다른 여자를 사귀면서 자기를 속이고 있다는 사실을 알게 되었을 때 느낀 가벼운 우울증이었다. 그녀의 도덕 기준은 교육과 소명에 의해 강화되었기 때문에 상당히 높았다. 그러나 그녀는 다른 사람을 너그럽게 대하는 태도를 길렀으며, 따라서 남편에게 품게 된 적대적 감정은 의식의 차원에서는 그녀에게 받아들여질 수 없는 것이었다. 그럼에도 남편에 대한 믿음의 상실은 삶을 대하는 그녀의 태도에도 영향을 미쳤고 또 그녀를 고민하게 만들었다.

그녀의 다른 문제는 13세 된 아들과 관련 있었다. 이 아들은 강박적인 신경증에 걸려 불안으로 고통을 받고 있었다. 아들을 대상으로 한 분석은 그 불안이 아들이 자기 엄마에게 느끼는 유별난 애착과 관계가 있음을 보여주었다. 두 가지 문제 중 어느 것도 만족스럽게 풀리지 않았다.

5년이 지나서 그녀가 다시 나를 찾아왔다. 이번에는 그 시기에 숨겨져 있던 또 다른 문제 때문이었다. 그녀는 남학생들 중 일부가 자신에게 호감 그 이상의 감정을 보였다고 말했다. 실제로 어떤 소년들은 그녀를 열정적으로 사랑한다는 점을 보여주는 증거도 있었다. 그래서 그녀는 스스로 자신이 그런 열정과 사랑을 자극할 만한 행동을 했는지를 물었다. 그녀는 학생들을 대하는 태도에 잘못이 있다고 느꼈다. 그녀는 내가 그러는 그녀를 비난해야 한다고 강하게 확신하고 있었다. 그런 상황에서 내가 그녀를 비난하지 않자, 그녀는 나를 믿으려 하지 않았다. 나는 그 상황에는 이상한 구석이 하나도 없으며 만약 누군가가 어느 한 분야에서 창조적으로 그렇게 열심히 일할 수 있다면 그때는 보다 깊은 본능이 작동하는 것이 지극히 자연스런 일이라고 말하면서 그녀를 안심시키려 했다. 그러나 그 설명도 그녀가 고민을 놓아버리도록 만들지 못했다. 그래서 우리는 이 관계의 보다 깊은 원인을 찾아야 했다.

최종적으로 드러난 결과는 다음과 같다. 첫째, 그녀의 감정이 성적인 성격을 지닌 것이 명백했다. 학생 중 하나가 그녀가 정신분석 치료를 받던 도시까지 그녀를 따라왔다. 그녀는 실제로 스무 살이나 어린 이 소년과 사랑에 빠졌다. 아주 차분하고 자제력 있는 여자가 자기 자신과 나에 맞서, 상대적으로 미숙한 소년과 사랑의 관계를 맺고 싶은 충동에 맞서, 그리고 사랑의 관계에 유일한 장애로 여겨지는 온갖 관습적 장벽에 맞서 싸우는 모습을 지켜보는 것은 정말 놀라운 경험이었다.

그런데 이 사랑이 진정으로 그 소년을 향한 것이 아니라는 점이 드러났다. 이 소년과 그 앞의 다른 소년들은 그녀에게 아버지의 이미지를 상징했다. 이 소년들은 한결같이 그녀에게 아버지를 떠올리게 하는 육체적 및 정신적 특성을 가졌다. 그녀의 꿈에서 이 소년들과 그녀의 아버지는 종종 같은 사람으로 나타났다.

그녀는 자신이 사춘기에 아버지에게 쌀쌀하게 대한 그 이면에는 아버지에 대한 깊은 사랑이 숨겨져 있었다는 것을 의식적으로 깨닫게 되었다. 아버지 고착이 일어나는 경우에 환자는 대체로 아버지를 상기시킨다는 이유로 나이 많은 남자들을 선호하는 경향을 뚜렷이 보인다. 이 경우에는 유아기의 나이 관계가 거꾸로 바뀌었다. 그 문제를 해결하려는 그녀의 시도는 공상에서 이런 형식을 취했다. "난 아버지의 사랑을 받지 못할 그런 꼬마가 아니야. 그러나 만약에 내가 크다면, 아버지는 작을 거야. 그러면 내가 엄마가 되겠지. 아버지는 나의 아들이 될 것이고." 그녀는 자기 아버지가 죽었을 때 자신의 소망이 그의 옆에 나란히 누워서 엄마가 자식을 품에 안듯이 아버지를 자신의 가슴에 안는 것이었다는 사실을 기억했다.

추가 분석을 통해 이 어린 학생들이 아버지에 대한 그녀의 사랑이 두 번째로 전이된 대상이라는 것이 분명하게 드러났다. 그녀의 아들이 이 전이된 사랑의 첫 번째 대상이었다. 그러나 이 사랑은 그녀의 마음이 근친상간적인 사랑의 대상에 집중하지 않도록 하기 위해 다시 나이가 그녀의 아들과 똑같은 소년들에게로 돌려졌다. 학생들을 향한 그녀의 사랑은 일종의 도피로서, 그녀의 아버지의 일차적 화신인 자기 아들에 대한 사랑이 두 번째 형식으로 나타난 것이었다. 그녀가 이 다른 소년을 향한 열정을 자각하게 되자마자, 그녀가 아들에게 느꼈던 엄청난 긴장이 풀렸다. 지금까지 그녀는 자기 아들로부터 매일 편지를 받아야 한다고 주장해왔다. 편지를 받지 못하면, 그녀는 걱정을 하곤 했다. 다른 소년을 향한 열정이 그녀를 사로잡게 되자, 그 즉시 자기 아들을 향한 그녀의 정서적 과잉 요구가 사라졌다. 이것은 이 소년과 이 소년 앞의 다른 소년들이 실제로 그녀의 아들을 대신했다는 점을 입증한다. 그녀의 남편도 그녀보다 나이가 어렸고 성격적으로도 그녀보다 훨씬 더 약했다. 남편과의 관계에도 엄마와 아들의 관계의 특징이 두드러지게 나타났다. 아들이 태어나자마자, 그녀가 남편과 맺고 있던 끈은 정서적 의미를 상실해버렸다. 아들이 사춘기로 접어들면서 강박 신경증을 앓도록 만든 것은 사실 아들에 대한 그녀의 정서적 과잉 요구였다.

정신분석의 근본적인 개념 하나가 성욕은 사춘기에 시작하지 않고 출생 때부터 시작한다는 것이다. 따라서 우리가 삶의 초기에 느끼는 사랑의 감정은 언제나 성적인 성격을 띤다. 동물의 왕국에서 보듯, 성욕은 이성 간의 끌림을 의미한다. 우리는 어린 시절에 성욕이 표현되는 것을 목격한다. 딸이 본능적으로 아버지에게 더 강하게 매력을 느끼고, 아들이 어머니에게 더 강하게 매력을 느낀다는 점에서 보면 그렇다. 이 원천에서 비롯되는 갈등은 동성의 부모와 관련하여 일어나는 경쟁과 질투의 요소들 때문에 일어난다. 앞에서 언급한 환자의 예에서 우리는 그 갈등이 비극적으로 작용하고 있는 것을 확인했다. 그 갈등이 3대에 걸쳐 작용하고 있으니 말이다.

나는 아버지에서 아들로 그런 식으로 사랑이 전이되는 예를 5명의 환자를 통해서 확인할 수 있었다. 아버지에게 느낀 감정이 이런 식으로 거꾸로 바뀌는 것은 대체로 무의식적으로 이뤄진다. 아들에 대한 감정의 성적 본질은 오직 2명의 환자에게서만 의식적인 것으로 확인되었다. 대체로 의식적인 것으로 확인되는 것은 엄마와 아들 사이의 이런 관계에 실린 감정뿐이다. 그런 관계의 특징을 제대로 이해하기 위해선, 그 관계는 성격상 혼란스런 관계라는 사실을 깨달아야 한다. 근친상간의 성적 요소들이 유아기 아버지와의 관계로부터 전이될 뿐만 아니라, 그런 요소에 한때 필히 연결되어 있었던 적대적 요소들까지도 전이된다. 질투와 좌절, 죄책감으로 야기된, 똑같이 피할 수 없는 정서들의 결과로 적대적인 감정의 잔재가 남는 것은 불가피한 일이다. 만약 아버지를 향한 감정이 아들에게로 완전히 전이된다면, 그 아들은 사랑만 아니라 케케묵은 적의까지 받을 것이다. 대체로 보면, 아들에 대한 사랑과 케케묵은 적의는 둘 다 억눌러질 것이다. 사랑과 증오 사이의 갈등이 의식적으로 드러나는 한 형식은 과도하게 염려하는 태도이다. 이런 엄마들은 자기 자식들이 끊임없이 위험한 것들로 포위되어 있다고 본다. 그들은 어린 자식이 질병이나 전염병에 걸리거나 사고를 당할 위험에 처해 있다는 식으로 두려움을 과도하게 품고 산다. 그들은 자식을 보살피는 일에 열광적으로 매달린다. 방금 논한 여자는 무수한 위험으로 둘러싸인 것 같은 아들을 돌보는 일에 몰두함으로써 <u>스스로를 보호</u>했다. 아들이 어린 소년이었을 때, 아들 주변에 있는 모든 것은 살균 처리해야 했다. 그 후에도 아들이 약간의 불행한 일이라도 겪게 되면, 그녀는 학교에 출근하지 않고 집에 남아서 아들을 보살피는 일에 헌신했다.

다른 예들을 보면, 그런 어머니들은 자기 아들을 다치게 할까 두려워서 감히 손도 대지 않으려 한다. 기억에 남아 있는 두 여자는 어린 아들을 돌볼 보모를 따로 두었다. 비용도 그들의 경제 사정에 비춰보면 결코 가볍지 않았고 보모가 있다는 사실이 정서적인 측면을 논외로 하더라도 가정에 엄청난 불편을 야기하는데도 말이다. 그래도 그 어머니들은 보모를 두는 데 따르는 불편을 감수하는 쪽을 택했다. 왜냐하면 아들을 위험으로부터 보호하는 역할이 너무나 중요했기 때문이다.

그런 어머니들이 아들의 안전을 지나치게 걱정하는 또 다른 이유가 있다. 그들의 사랑이 금기시되는 근친상간적인 사랑의 성격을 띠고 있기 때문에, 그들은 아들을 빼앗길 수 있다는 위협을 언제나 느끼고 있다. 예를 들어, 한 여자는 교회 안에서 아들을 안고 서 있는데 괴상한 어머니 여신에게 아들을 제물로 바쳐야 하는 상황에 처하게 되는 꿈을 꾸기도 했다.

아버지 고착의 예를 복잡하게 만드는 또 다른 요소는 엄마와 딸 사이의 질투이다. 엄마와 성숙하고 있는 딸 사이에는 어느 정도의 경쟁은 자연스런 현상이다. 그러나 어머니 자신이 처한 오이디푸스적인 상황이 과도한 경쟁심을 야기하게 될 때, 그 경쟁은 딸의 유아기에 일찍부터 괴상한 형태로 나타날 것이다. 그런 경쟁은 아이에 대한 전반적인 위협으로 나타날 것이다. 엄마는 딸을 조롱하거나 얕보려 들고, 딸이 매력적으로 보이지 않도록 하거나 소년들을 만나지 못하도록 막으면서 언제나 딸이 여자로서 발달을 꾀하는 것을 방해하겠다는 은밀한 목적을 추구한다. 다양한 형식을 통해 교묘하게 표현되고 있는 질투를 탐지해내는 것은 어려울지라도, 전체적인 심리 기제는 아주 단순하고 간단한 구조를 갖고 있으며, 따라서 세세한 설명조차 필요하지도 않다.

어떤 여자가 자기 아버지가 아니라 자기 어머니에게 특별히 강한 끈을 느꼈을 때, 이런 경우에 예상되는 보다 복잡한 해결책을 고려해 보자. 내가 분석한 이런 유형의 환자들에게서 어떤 특징들이 일관되게 두드러져 보였다. 그 전형적인 모습은 다음과 같다. 소녀는 아주 어릴 때부터 여자들의 세계를 혐오할 이유들을 갖게 될 것이다. 아마 어머니가 딸을 협박할 수도 있고, 소녀 자신이 아버지나 오빠를 통해 정말로 환멸스런 실망을 경험할 수도 있고, 소녀가 일찍부터 성적 경험을 하면서 크게 놀랐을 수도 있고, 아니면 소녀가 자기 오빠가 자기보다 사랑을 훨씬 더 많이 받는다는 사실을 깨달았을 수도 있다.

이 모든 것들의 결과로 그녀는 타고난 성적 역할을 정서적으로 멀리 하고 남자 같은 태도와 공상을 발달시킬 수 있다. 남자를 선망하는 공상은 한 번 확립되기만 하면 남자에 대해 경쟁적인 태도를 취하게 하는데, 이는 원래 남자들에게 품었던 분개를 더욱 키우게 된다. 그런 태도를 가진 여자들은 틀림없이 결혼에 그다지 적합하지 않을 것이다. 그런 여자들은 냉담하고 불만이 많으며, 남자 같은 경향은 상대방을 지배하려는 소망으로 나타날 것이다. 이 여자들이 결혼해 아이들을 갖게 될 때, 그들은 아이들에게 과도하게 애착을 보일 확률이 높다. 이 같은 애착은 종종 그녀의 리비도가 아이에게 고착된 것으로 묘사된다. 이 묘사는 그 자체로 정확함에도 불구하고 이 과정에 어떤 일이 일어나는지에 대해서는 전혀 아무런 통찰을 주지 못한다. 그런 발달의 기원을 확인할 수 있을 때에만, 우리는 초기 갈등을 해결하려는 시도의 결과로 나타난 특징들을 이해할 수 있다.

남자 같은 성향은 상대방을 지배하려 드는 여자의 태도와 아이들을 절대적으로 통제하려는 욕망에서 드러난다. 아니면 그녀는 지배와 통제를 두려워하고, 따라서 아이들을 지나치게 풀어놓을 수도 있다. 어쨌든 두 가지 극단 중 하나가 보일 것이다. 그녀는 아이들의 일을 사사건건 참견하며 들여다보거나 아니면 가학적인 성향을 보이게 될까 두려워하여 수동적인 모습을 보이며 개입하려 들지 않을 것이다. 여자의 역할에 대한 분개는 아이들에게 남자들은 야수이고 여자들은 고통 받는 존재라거나, 여자의 역할은 혐오스럽고 측은하다거나, 월경은 저주이고 성교는 아내가 남편의 욕망을 위해 희생하는 것이라는 식으로 가르치는 과정에 드러난다. 이런 어머니들은 어떠한 성적 표현도 참아주지 않을 것이며, 그런 측면에서 특히 딸에게 가혹할 것이지만 아들에게도 엄하게 나온다.

이런 남자 같은 여자들이 딸에게 과도한 애착을 보이는 경우가 자주 있다. 다른 엄마들이 아들에게 과도한 애착을 보이는 것과 비슷하다. 이때 딸도 역시 엄마에게 강한 애착으로 보답하는 경우가 자주 있다. 그러면 딸은 여자의 역할로부터 멀어지게 되고, 이런 요소들이 작용한 결과 나중에 커서 남자들과 정상적인 관계를 이루는 데 어려움을 겪게 될 것이다.

아이들은 또 다른 중요한 방식으로 이런 여자들로 하여금 부모의 이미지와 역할을 직접적으로 떠올리게 한다. 부모들은 유아기와 사춘기에 사랑과 증오의 대상이었을 뿐만 아니라 유아기에 공포의 대상이기도 했다. 우리의 양심의 형성 중 상당 부분, 특히 양심 중에서 슈퍼에고라고 불리는 무의식적인 부분은 부모들의 이미지가 우리의 성격 안에 통합된 것이다.

한때 아버지나 어머니에게 느꼈던 유아기의 이 케케묵은 두려움은 또한 자식들에게로 전이되어 그들과 관련해 막연한 불안감을 낳을 수 있다. 이 같은 현상은 여러 가지 복잡한 이유로 미국에 특별히 자주 나타나는 것 같다. 부모들은 이 두려움을 두 가지 중요한 형식으로 보여준다. 부모들은 자식들로부터 인정을 받지 못할까 두려워하고, 또 자신의 행동과 흡연과 음주, 혹은 성관계가 자식들의 비판을 받게 될까 두려워한다. 아니면 부모들은 자신들이 자식들에게 적절한 교육과 훈련의 기회를 제공하고 있는지에 대해 끊임없이 걱정한다. 이유는 아이들과 관련해 은밀히 느끼는 죄책감 때문이다. 이 죄책감 때문에 부모는 자식들의 비난을 피하기 위해 자식들에게 지나치게 몰입하게 되거나 아니면 적대감을 보이게 된다. 말하자면 방어의 한 수단으로 본능적으로 공격을 이용하는 것이다.

이 주제에 대한 논의는 결코 끝이 없을 것이다. 어머니와 어머니의 부모 사이의 갈등에서 간접적으로 생겨나는 갈등의 곁가지들도 많다. 나의 목적은 아이들이 간접적으로 옛날의 이미지들을 상징하고 그리하여 옛날의 정서적 반응들을 충동적으로 자극하는 길을 명쾌하게 보여주는 것이었다.

여기서 이런 질문이 제기될 수 있을 것 같다. "이런 다양한 통찰이 아이를 지도하고 아이들을 양육하는 조건을 향상시키려는 우리의 노력에 실질적으로 어떤 도움을 주는가?" 아이를 돕는 가장 좋은 길은 어머니의 갈등을 분석하는 것이다. 그러나 이 분석은 대규모로 이뤄질 수 있는 것이 아니다. 비교적 작은 숫자의 환자들을 대상으로 한 분석에서 얻은 매우 세세한 지식은 미래의 연구가 나아갈 방향을, 유전적 요인들이 자리 잡고 있는 방향을 제시한다고 나는 생각한다. 더 나아가, 병을 일으키는 원인이 될 요소들이 나타나면서 취하는 위장의 형식에 대한 지식을 높여놓으면, 그 지식도 치료 과정에 그런 요소를 탐지하는 데 큰 도움을 줄 것이다. 〈1933년〉

12장

―

여성 마조히즘의 문제

여성 마조히즘의 문제에 대한 관심은 의학 및 심리학의 영역 그 너머로까지 확장되고 있다. 이유는 적어도 서구 문화권의 학생들에게는 여성 마조히즘의 문제가 여성에 대한 정의에까지 영향을 미치는 것으로 다가오기 때문이다. 우리의 문화적인 영역들에서는 자기학대적인 현상이 남자의 경우보다 여자들 사이에 훨씬 더 자주 나타나는 것이 사실인 것 같다. 이 관찰에 대한 설명을 찾는 방법은 두 가지이다. 하나는 자기학대적인 성향이 여자의 본성에 고유한 것인지 여부를 밝히는 것이다. 다른 한 방법은 사회적 조건화가 여자의 자기학대적인 성향의 형성에 미친 영향을 파악하는 것이다.

이 맥락에서 산도르 라도와 헬렌 도이치의 관점을 대표적인 것으로 받아들이고 있는 정신분석 보고서들을 보면, 여성 마조히즘의 문제는 마조히즘을 남녀의 해부학적 차이에 따른 심리적 결과로 보는 관점에서만 다뤄져 왔다. 따라서 정신분석은 마조히즘과 여성의 생리 사이에 어떤 유사한 관계가 있다고 주장하는 이론을 뒷받침하는 과학적 도구가 되어 주었다. 사회적 조건화의 가능성은 아직 정신분석적 측면에서 고려되지 않았다.

이 논문의 목적은 여성 마조히즘의 문제에 생물학적 및 문화적 요소들이 미치는 영향을 파악하려는 노력에 힘을 실어주는 데에 있다. 또 이런 방향으로 나온 정신분석 자료의 유효성을 주의 깊게 검토하고, 사회적 조건화와의 연결을 조사하는 데 정신분석의 지식을 이용할 수 있는가 하는 문제를 제기하는 것도 이 논문의 중요한 목적이다.

지금까지 제시된 정신분석의 견해들은 다음과 같이 요약될 수 있다. 여성이 성생활과 모성에서 추구하고 발견하는 구체적인 만족은 자기학대적인 성격을 갖고 있다. 어린 시절 초기에 아버지와 관련해서 일어나는 성적 소원과 공상의 내용은 아버지에게 육체를 잘리고 싶어 하는, 즉 거세당하고 싶어 하는 욕망이다. 월경은 자기학대적인 경험을 은밀히 암시한다. 여자가 성교에서 은근히 바라는 것은 강간과 폭력 혹은 정신적 굴욕이다. 출산은 여자에게 무의식적으로 자기학대적인 만족을 준다. 여자가 아이의 관계에서 자기학대적인 만족을 얻는 것과 똑같다. 더욱이, 남자들이 자기학대적인 공상이나 행동에 빠져 있다면, 그것은 여자의 역할을 하고 싶은 욕망의 표현이다.

도이치는 생물학적 본질을 가진 어떤 유전적 요인이 있으며, 이 유전적 요인이 불가피하게 여자의 역할을 자기학대적인 것으로 인식하게 만든다고 단정한다. 라도는 성적 발달이 자기학대적인 경로를 밟도록 하는 유전적 요인을 지적한다. 이처럼 특별히 여성적인 형식의 마조히즘이 여성의 발달에 일어난 일탈에서 비롯되는 것인지 아니면 "정상적인" 여자의 태도를 나타내는 것인지를 놓고 의견이 엇갈리고 있다.

적어도 암묵적으로는 모든 종류의 자기학대적인 성격의 경향은 남자보다 여자들에게서 훨씬 더 자주 나타난다는 것이 통설로 받아들여지고 있다. 삶의 전반적인 태도는 성적 행동의 패턴에 좌우된다는 기본적인 정신분석 이론을 강조한다면, 이 같은 결론은 불가피하다. 여성의 경우에 성적인 행동의 패턴 자체가 자기학대적인 것으로 여겨지고 있으니 말이다. 만약에 대부분 혹은 모든 여자들이 성과 생식에 대해 자기학대적인 태도를 보인다면, 여자들은 당연히 인생을 대하는 태도에서도 남자보다 자기학대적인 태도를 더 자주 보이게 되어 있다.

이런 식으로 고려하다 보니, 이 저자들이 실은 정신병리학의 문제만 아니라 정상적인 여자의 심리 문제까지 다루고 있는 것으로 확인된다. 라도 본인은 병리학적 현상에만 관심을 두고 있다고 말하지만, 여성의 마조히즘의 기원에 관한 그의 추론에서 우리는 여성의 절대 다수의 성생활이 병적이라는 결론을 내리지 않을 수 없다. 따라서 그의 견해와 여성적인 것은 곧 자기학대적인 것이라고 주장하는 도이치의 견해 사이의 차이는 사실에 관한 것이라기보다는 이론적인 것으로 여겨질 수 있다.

여자들이 자위와 월경, 성교와 출산에서 자기학대적인 만족을 추구하고 발견할 수도 있다는 점에 대해서는 의문을 제기할 필요조차 없다. 의문의 여지없이 그런 일은 일어나고 있다. 논의의 대상으로 남는 것은 여성의 마조히즘의 기원과 자기학대적인 일이 일어나는 빈도이다. 도이치와 라도는 이 문제를 다루면서 그 빈도를 완전히 무시하고 있다. 두 저자는 심리적 유전 요소들이 너무 강하고 또 곳곳에서 나타나고 있기 때문에 빈도에 대한 고려는 불필요하다는 입장을 취하고 있는 것이다.

여성 마조히즘의 기원의 문제에 대해, 두 저자는 여자의 발달에 있어서 결정적인 전환점은 어린 소녀가 자신에게 페니스가 없다는 사실을 자각하는 때라고 주장한다. 이 깨달음의 충격이 오랫동안 영향을 미치게 된다는 가정이다. 이 가설을 뒷받침하는 자료의 원천은 두 가지이다. 신경증을 앓는 여자들을 대상으로 한 분석에서 페니스를 갖고 싶어 하는 소망이나 페니스를 갖고 있다는 공상과 관련해서 나온 발견이 있고, 소녀가 소년에게 페니스가 있다는 것을 알게 되었을 때 그걸 갖고 싶다는 소망을 표현하는 것을 지켜본 관찰이 있다.

앞에 제시한 관찰들은 연구를 위한 가설을 세우기에 충분하다. 남성성에 대한 소망이 여성의 성생활에 어떤 역할을 할 수도 있다는 가설 말이다. 이 가설은 여성에게 나타나는 신경증적 현상들에 대한 설명을 찾는 데 이용될 것이다. 그러나 그것은 어디까지나 하나의 가설일 뿐 사실이 아니라는 점을 기억해야 한다. 또 이것을 가설로 이용하는 데조차도 논란이 있을 수 있다는 점을 기억해야 한다. 더욱이, 남성성에 대한 욕망이 신경증을 앓는 여자의 내면에서도 중요한 역할을 하는 요소일 뿐만 아니라 다른 정상적인 여자의 내면에서도 개인적 혹은 문화적 조건과 상관없이 중요한 역할을 한다는 주장이 제기될 때, 우리는 이 주장을 뒷받침할 만한 자료가 하나도 없다고 말하지 않을 수 없다. 불행히도 역사적 및 민족학적 지식의 한계 때문에, 정신적으로 건강한 여자들이나 다양한 문화적 조건에 처한 여자들에 대해서는 알려진 것이 거의 없거나 전혀 없다.

소녀들 중에서 페니스의 발견에 특별한 반응을 보이는 소녀들의 비중이 어느 정도인지, 그리고 그런 발견이 어떤 조건에서 이뤄지는지 등에 관한 자료가 전혀 없기 때문에, 페니스의 부재를 깨닫는 것이 여자의 발달에 전환점이 된다는 가설은 자극적이긴 하지만 증거로 사용될 수는 없다. 정말이지, 소녀가 페니스의 부재를 깨달으면서 자기학대적으로 변해야 하는 이유가 뭘까? 도이치와 라도는 이 가설에 대해 서로 매우 다른 방법으로 설명한다. 도이치는 "지금까지 클리토리스에 집중되었던, 능동적이고 가학적인 리비도가 페니스의 부재에 대한 소녀의 깨달음을 계기로 방향을 바꾸는데, 이때 대부분 마조히즘 쪽으로 퇴행하는 모습을 보인다."고 믿는다. 마조히즘 쪽으로 방향 전환이 일어나는 것은 "여자의 해부학적 운명"이라는 것이 두 전문가의 견해이다.

여기서 다시 질문을 던지도록 하자. 그런 주장을 뒷받침하는 자료는 무엇인가? 내가 아는 한, 아주 어린 아이들의 내면에 가학적인 공상이 존재할 수 있다는 짐작밖에 없다. 이 짐작은 부분적으로 신경증이 있는 아이들을 정신분석적으로 관찰한 데서 나오고, 또 부분적으로는 신경증이 있는 어른들을 분석한 결과를 바탕으로 아이들의 심리를 그린 것에서 나오고 있다. 초기에 이런 가학적인 공상이 널리 일어나고 있다는 점을 뒷받침할 증거는 어디에도 없다. 예를 들어 나는 미국 인디언 소녀들이나 파푸아뉴기니에 있는 트로브리안드 군도의 어린 소녀들도 그런 공상을 하는지 궁금하다. 그러나 이런 공상이 실제로 널리 일어나고 있다는 것을 당연한 것으로 받아들일 때조차도, 그 그림을 완성하기 위해선 3가지 가설이 더 필요하다.

1) 이 가학적인 공상들은 클리토리스에 가학적인 리비도가 집중됨에 따라 일어난다.

2) 소녀는 페니스를 갖지 못했다는 사실에 대해 심리적 상처를 받은 결과 클리토리스 자위를 부정한다.

3) 지금까지 능동적이고 가학적이었던 리비도가 자동적으로 내면으로 향하면서 자학적이게 된다.

이 세 가지 가설 모두가 대단히 이론적인 것 같다. 사람들은 자신의 적대적 공격성에 놀라게 되고 따라서 고통 받는 역할을 선호하게 된다는 것은 잘 알려져 있다. 그렇지만 어떤 신체기관에 집중되었던 리비도가 어떤 식으로 가학적일 수 있으며 그런 다음에 그것이 어떤 식으로 안쪽으로 향할 수 있는지는 분명하지 않은 것 같다.

도이치는 "여성성의 기원"을 조사하길 원했는데, 그녀가 사용하는 여성성의 기원이라는 표현은 "여자들의 정신생활에 나타나는 여성적이고 수동적이고 또 자학적인 그런 성향"을 뜻한다. 그녀는 마조히즘은 여성의 정신생활에서 가장 기본적인 힘이라고 확언하고 있다. 틀림없이, 신경증을 앓는 여자들 중 많은 사람의 경우에 그 말이 맞을 것이다. 그러나 마조히즘이 모든 여성의 내면에 심리적으로나 생물학적으로 필요한 요소라는 가설은 설득력이 약하다.

라도는 보다 조심스런 길로 접근하고 있다. 첫째, 그는 "여성성의 기원"을 제시하려는 노력부터 시작하지 않고 신경증 여자 환자들에게서 임상적으로 관찰 가능한 그림들에 대한 설명만을 제시하길 원하고 있다. 그러면서 그는 여성의 내면에 있는 자기학대적인 동인들을 배제할 수 있는 소중한 자료를 제시하고 있다. 더 나아가 그는 남근 소유에 대한 소망을 기정사실로 여기지 않고 단지 거기에 어떤 문제가 있을 수 있다는 점을 인정한다. 여기서 나 자신도 예전에 이와 똑같은 문제를 제기했고, 존스(Ernest Jones)와 그루트(Lampl-de Groot)도 그런 문제를 제기했다는 사실이 기억난다. 이들이 제시한 다양한 해결책은 서로 조화를 이루지 못하고 있다. 나와 존스와 라도는 남자이기를 바라는 소망 혹은 남성성 허구에서 방어 기제를 본다는 점에서 서로 일치한다. 존스는 그것을 성욕 감퇴의 위험에 대한 방어 기제로, 라도는 자기학대적인 충동에 대한 방어 기제로, 나는 아버지를 향한 근친상간의 소망에 대한 방어 기제로 각각 보고 있다. 그루트는 남성성에 대한 욕망은 어머니를 향한 초기의 성적 소망 때문이라고 주장한다. 여기서 이 문제의 곁가지들을 논의하는 것은 이 논문의 범위 밖이다. 간단히 말해, 내가 볼 때 이 문제는 아직 풀리지 않고 있다.

라도는 여자들의 내면에서 페니스의 발견에 이어 일어나는 자기학대적인 발달에 대해 다음과 같이 설명한다. 그는 이 발견이 불가피하게 소녀의 자기애에 충격을 준다는 점에서 프로이트의 의견에 동의한다. 그러나 그는 그 효과는 소녀의 정서적 조건에 따라 다 다르다고 생각한다. 라도에 따르면, 만약에 페니스의 발견이 성적 발달이 이뤄지는 시기에 일어난다면, 그것은 소녀의 자기애에 상처를 입히는 외에 특별히 고통스런 경험으로 남을 것이다. 왜냐하면 그것이 소녀의 내면에 남자는 자위를 통해 여자에 비해 훨씬 더 큰 쾌감을 얻을 수 있다는 믿음을 일으키기 때문이다. 이 경험은 너무나 고통스럽기 때문에 소녀가 그때까지 자위에서 발견한 쾌감을 영원히 파괴해버린다고 라도는 생각한다. 라도가 이 같은 반응으로부터 여성 마조히즘의 기원을 어떤 식으로 추론해내는지를 보기 전에, 강한 쾌감의 가능성을 자각함에 따라 그보다 못한 것으로 여겨지는, 성취 가능한 쾌감이 의미를 잃어버린다는 전제에 대해 논의할 필요가 있다.

이 가설은 일상생활에서 나오는 자료와 어떤 식으로 일치하는가? 예를 들어, 이 가설에 따르면, 여배우 그레타 가르보(Greta Garbo)가 다른 여자들보다 더 매력적이라고 생각하고 있으면서도 그녀를 만날 기회를 절대로 갖지 못하는 어떤 남자는 그녀의 탁월한 매력을 "발견한" 결과 그가 접근할 수 있는 다른 여자들과의 관계에서 누릴 모든 쾌락을 상실하게 될 것이다. 이 가설은 또 산을 좋아하는 사람은 바닷가 리조트가 그보다 더 큰 즐거움을 줄 것이라고 상상함으로써 자신의 내면에 있는 쾌락을 완전히 망쳐놓을 수도 있다고 암시한다. 물론 이런 식의 반응도 이따금 관찰된다. 하지만 어떤 유형의 사람들, 즉 과도하게 탐욕스럽거나 병적으로 탐욕스런 사람들에게서만 관찰될 뿐이다. 라도가 적용한 원칙은 분명 쾌락 원칙은 아니지만 탐욕 원칙 정도로 불려도 무방할 것이다. 라도의 원칙은 그러한 것으로서 어떤 신경증적 반응을 설명하는 데는 도움이 될지 몰라도 "정상적인" 아이들이나 어른들에게는 거의 적용되지 않을 것이다. 실제로 보면 그것은 쾌락 원칙과 모순된다. 쾌락 원칙은 사람은 주어진 모든 상황에서 만족을 추구하게 되어 있다고 주장한다. 최대한의 쾌락의 가능성을 제시하지 않는 환경에서도, 심지어 그런 가능성이 아주 희박할 때조차도 만족을 추구하게 되어 있다는 것이 쾌락 원칙이다. 정상적으로 일어나는 이런 반응은 두 가지 요소로 설명된다. 프로이트가 신경증을 가진 사람과 대조적인 건강한 사람의 특징으로 제시한, 쾌락을 추구하는 노력에 나타나는 높은 적응성과 유연성이 그 한 요소이다. 다른 한 요소는 자동적으로 일어나는 현실 테스트 과정이다. 이 테스트 과정은 이룰 수 있는 것과 이룰 수 없는 것을 거의 자동적으로 의식적으로나 무의식적으로 등록한다. 후자의 과정이 성인들보다 어린이들에게서 더 천천히 일어난다고 가정하더라도, 자신의 헝겊 인형을 좋아하는 어린 소녀는 장난감 가게에 진열되어 있는, 멋진 드레스를 입은 인형을 일시적으로 갈망할지라도 더 아름다운 그 인형을 손에 넣는 것이 불가능하다는 사실을 깨달은 뒤에도 자신의 인형을 갖고 계속 재미있게 놀 것이다.

그러나 여기서 잠시 지금까지 자신의 성적 해소에 만족했던 소녀가 페니스의 발견에 의해서 자위로 얻던 쾌감을 잃어버린다는 라도의 가설을 받아들인다고 가정하자. 그러면 이것이 어떤 식으로 소녀가 자기학대적인 충동을 일으키도록 할까? 이에 대해 라도는 이런 식으로 주장한다. 페니스의 발견으로 일어난 극도의 정신적 고통이 소녀를 성적으로 흥분시키고, 이것이 그녀에게 대리적인 희열을 안겨준다. 그녀가 자연스레 만족을 얻던 수단이 이런 식으로 강탈당했기 때문에, 그때부터 그녀에겐 고통을 느끼며 만족을 갈망하는 길밖에 없다. 그래서 그녀의 성적 추구는 자기학대적이게 된다. 그녀는 후에 그런 성적 갈망의 목표가 위험하다고 인식하면서 다양한 방어 기제를 일으킬 것이다. 그러나 성적 갈망 자체는 자기학대적인 경로 쪽으로 확고히, 그리고 영원히 이동할 것이다.

여기서 한 가지 질문이 제기된다. 소녀가 쾌감의 주요 원천을 결코 가질 수 없다는 사실에 대한 생각으로 인해 심각하게 고통을 받는다는 점을 인정한다 하더라도, 그 고통이 왜 그녀를 성적으로 흥분시켜야 하는가? 추정에 지나지 않는 이 같은 반응이 저자가 일생동안 이어질 자기학대적인 태도를 주장하는 근거로 제시되고 있기 때문에, 그것이 실제로 일어난다는 점을 뒷받침할 증거가 반드시 필요하다.

그런 증거가 아직 제시되지 않았기 때문에, 우리는 그 가설을 그럴 듯하게 만들 비슷한 반응들을 찾고 있다. 어린 소녀 환자의 예에서 제시한 똑같은 전제, 즉 일반적인 성적 배출이 어떤 고통스런 사건에 의해 갑작스럽게 방해를 받는다는 전제에 대해서도 증거를 제시해야 할 것이다. 예를 들어 지금까지 만족한 성생활을 영위해오던 남자가 교도소에 갇혀 삼엄한 감시를 받는 나머지 모든 성적 배출이 금지되게 된 상황을 고려해 보자. 그런 남자는 자기학대적이게 될까? 말하자면 그가 두들겨 맞는 것을 목격하거나 두들겨 맞는 것을 상상하거나 실제로 두들겨 맞거나 형편없는 대접을 받음으로써 성적으로 흥분되게 될까? 그는 학대와 고통의 공상에 몰입하게 될까? 틀림없이 그런 자기학대적인 반응도 일어날 수 있다. 그러나 틀림없이 그것은 몇 가지 가능한 반응들 중 하나일 뿐이며, 그런 자기학대적인 반응은 그 전에 이미 자기학대적인 성향을 가졌던 사람에게만 일어날 것이다. 다른 예들도 똑같은 결론으로 이어진다. 자기 남편에게 버림 받아서 지금 당장에도 성적 배출구가 없고 앞으로도 그런 것이 예상되지 않는 여자는 자기학대적으로 반응할 수 있을 것이다. 그러나 이 여자가 냉정한 사람일수록, 일시적으로 자신의 성욕을 부정하며 친구나 자식, 일이나 취미 활동에서 만족을 얻을 확률이 더 높다. 다시 말하지만, 그런 상황에 처한 여자는 자기학대적인 성향을 이미 갖고 있을 경우에만 자기학대적으로 반응할 것이다.

도대체 어떤 암묵적 전제가 있었기에 이 저자가 그런 도전적인 진술을 자명한 것으로 여기게 되었는지에 대해 감히 짐작을 한다면, 나는 성적 욕구의 급박성에 대한 과대평가가 그 전제라고 말해야 한다. 마치 이 저자는 쾌락을 추구하는 전반적인 노력의 원인으로 꼽히는 조급한 탐욕을 성적 충동에도 그대로 적용시켰다. 더 구체적으로 설명하면, 어떤 사람의 성적 배출구가 가로막힐 때, 그 사람은 즉시 성적 흥분이나 만족을 위해 그 다음 가능성을 잡아야 하는 것처럼 이 저자는 주장하고 있다.

달리 말하면, 라도가 짐작하는 것과 같은 반응들은 절대로 자명하거나 불가피한 것은 아니지만 분명 존재한다. 그러나 그 반응들은 자기학대적인 충동이 이미 존재할 때에만 가능하다. 그 반응들은 자기학대적인 성향의 한 표현이지 그런 성향의 뿌리는 아니다.

라도의 추론의 기차를 따른다면, 어린 소년이 자기학대적으로 변하지 않는 것이 정말 이상하지 않는가? 거의 모든 어린 소년은 어른들의 페니스가 자신의 것보다 엄청나게 더 크다는 것을 안다. 소년은 아버지를 포함한 어른은 자기보다 훨씬 더 큰 쾌감을 얻을 수 있다고 생각한다. 자기보다 훨씬 더 큰 쾌감을 얻을 수 있다는 생각 자체가 소년이 자위에서 누리는 희열을 망쳐놓아야 한다. 소년은 자위를 포기해야 한다. 소년은 심각한 정신적 고통을 겪어야 하고, 이 고통은 그를 성적으로 흥분시킨다. 그러면 소년은 이 고통을 하나의 대용적인 희열로 채택해야 하고 이후로는 자기학대적이어야 한다. 이런 예는 매우 드문 것 같다.

이제 마지막 비판으로 넘어갈 것이다. 소녀가 페니스의 발견에 심각한 정신적 고통을 겪고, 보다 큰 쾌감이 가능하다는 생각이 그녀가 누릴 수 있는 쾌감을 파괴하고, 그녀가 정신적 고통에 의해 성적으로 흥분하고 또 그 고통에서 대용적인 성적 만족을 발견하고, 또 마지막으로 논의를 위해 논쟁의 여지가 많은 이 모든 고려사항들을 그대로 받아들인다 하더라도, 그래도 그녀가 지속적으로 고통에서 만족을 찾아야 하는 이유는 무엇인가? 여기엔 원인과 결과 사이에 불일치가 있는 것 같다. 땅에 떨어진 돌은 외부의 힘에 의해 움직이지 않는 한 그 자리에 그대로 있을 것이다. 살아 있는 유기체는 충격적인 사건을 겪게 되면 새로운 상황에 스스로를 적응시킨다. 라도는 방어적인 반응들이 위험한 자기학대적인 충동에 대한 보호로 나온다고 가정하는 한편으로 적응하려는 노력 자체의 지속성에 대해 의문을 제기하지 않는다. 이 같은 적응 노력은 한번 확립되기만 하면 자극의 힘을 끊임없이 발휘하는 것으로 믿어지는데도 말이다.

어린 시절에 각인된 인상들의 집요함을 열렬히 강조한 것은 프로이트가 이룬 위대한 과학적 업적 중 하나이다. 그럼에도 정신분석에서 나온 경험은 어린 시절에 일어났던 정서적 반응은 다양한 역동적 충동들에 의해 지속적으로 뒷받침되는 한에서만 평생 동안 이어질 수 있다는 점을 보여주고 있다.

만약 라도가 단 하나의 강한 충격도 그 사람의 성격 안에 있는 다른 어떤 욕구의 뒷받침을 받지 않는 가운데서 영향력을 지속적으로 행사할 수 있다고 단정하지 않는다면, 그는 그 충격이 지나갈지라도, 페니스가 없다는 고통스런 사실은 그대로 남고 자위는 포기되고 성적 리비도는 자기학대적인 쪽으로 영원히 방향이 맞춰진다고 단정해야 한다. 그러나 임상적 경험은 자위를 하지 않는 것이 자기학대적인 아이들에게 공통적으로 나타나는 현상은 결코 아니라는 점을 보여주고 있다. 따라서 이 인과관계의 고리도 마찬가지로 연결되지 않는다.

비록 라도가 도이치와 달리 이 같은 충격적인 사건이 여자의 발달에 불가피하게 일어나는 일이라고 가정하지는 않았을지라도, 그는 그런 사건이 "놀라울 정도로 빈번하게" 일어나게 되어 있다는 식으로 말하고 있다. 또 그의 가설에 따르면, 소녀는 사실 자기학대적인 편향의 운명에서 예외적으로만 탈출할 수 있을 뿐이다. 여자들은 거의 보편적으로 자기학대적이라는 결론에 도달하면서, 그는 의사들이 병적인 현상을 보다 넓은 바탕에서 설명하려고 할 때 저지르게 되는 것과 똑같은 실수를 저질렀다. 말하자면 어처구니없게도 제한적인 자료를 바탕으로 일반화를 시도한 것이다. 그것은 원칙적으로 그보다 앞서 정신과의사들과 부인과의사들이 저지른 실수와 똑같은 실수이다. 예를 들어 보자. 크라프트 에빙(Richard von Krafft-Ebing)은 자기학대적인 남자들은 종종 고통 받는 여자의 역할을 한다고 관찰하면서 자기학대적인 현상에 대해 일종의 여성적인 자질의 과도한 성장이라고 설명한다. 프로이트는 똑같은 관찰에서 시작하면서 마조히즘과 여성성 사이에 밀접한 연결을 가정하고 있다. 러시아 부인과의사 네밀로프(A. W. Nemilow)는 처녀막 파열과 월경, 출산에서 여자들이 겪는 고통에 강한 인상을 받으면서 "여자의 슬픈 비극" 운운한다. 독일 부인과의사 리프만은 여자의 삶에 수반되는 질병과 사고, 고통의 빈도에 강한 인상을 받으면서 취약성과 성급함, 민감성은 여성의 자질의 근본적인 요소라고 가정한다.

이런 일반화를 정당화할 수 있는 길은 한 가지밖에 없다. 병적인 현상과 "정상적인" 현상 사이에는 근본적인 차이는 전혀 없다는 프로이트의 가설을 제시하는 것이다. 말하자면 병적인 현상은 인간 존재의 내면에서 일어나는 과정을 확대경을 통해 보듯이 보다 분명하게 보여줄 뿐이라는 가설이다. 이 원칙이 지평을 크게 넓혔다는 사실에는 의심의 여지가 없지만, 우리는 이 원칙의 한계도 동시에 알아야 한다. 예를 들어 오이디푸스 콤플렉스를 다룰 때에는 다음과 같은 것들이 고려되어야 한다. 첫째, 오이디푸스 콤플렉스의 존재와 의미는 신경증 환자들의 내면에서 명확하게 보였다. 이 같은 지식은 분석가들의 관찰력을 더욱 정교하게 만들어 주었다. 그래서 가벼운 오이디푸스 콤플렉스도 관찰 가능하게 되었다. 그 결과 이것이 신경증 환자들에게서 조금 더 심해질 뿐 사람들에게 보편적으로 나타나는 현상이란 결론이 내려졌다. 이 같은 결론에는 논쟁의 소지가 있다. 왜냐하면 민족학적 연구서들이 오이디푸스 콤플렉스라는 용어가 뜻하는 특이한 상황은 다른 문화 조건들에서는 전혀 존재하지 않는다는 점을 보여주었기 때문이다. 따라서 우리는 그 가설을 이런 진술로, 말하자면 부모와 자식의 관계에 나타나는 이 특이한 패턴은 일부 문화적 조건에서만 일어난다는 진술로 바꿔야 한다.

여성 마조히즘의 문제에도 똑같은 원칙이 적용되어야 한다. 도이치와 라도는 신경증을 앓는 여자들의 내면에서 여성의 역할에 대한 자기학대적 인식이 발견되는 횟수에 강한 인상을 받았다. 여기서 나는 모든 분석가가 똑같은 관찰을 했거나 아니면 모든 분석가가 도이치와 라도의 발견 덕에 자신의 관찰을 더 정확하게 했을 것이라고 짐작한다. 여자들의 내면에 있는 자기학대적인 현상은 더욱 예리해진 관찰의 결과 탐지될 수 있다. 관찰이 예리해지지 않았더라면, 아마도 여자들과의 사교적 만남이 이뤄지는 곳(완전히 정신분석의 영역을 벗어나 있다)이나, 문학 속의 여자 등장인물에 대한 묘사, 아니면 남편이 두들겨 패지 않으면 남편에게 사랑받고 있다는 느낌을 받지 못하는 러시아 여자 농부와 같은 다소 생소한 도덕관을 가진 여자들을 대상으로 한 조사에서처럼 그 현상도 눈길을 끌지 못하고 그냥 넘어갔을 것이다. 이 증거 앞에서, 분석가는 자기 앞에 자연의 법칙의 규칙성을 갖고 심리생리학적 바탕에서 작동하고 있는, 어떤 보편적인 현상이 전개되고 있다고 결론을 내린다.

그림에 대한 부분적 검사를 통해 얻은 결론에 담긴 편파성은 문화적 혹은 사회적 요인들을 무시한 탓에, 말하자면 다른 관습을 가진 문명에서 사는 여자들을 그림에서 배제한 때문에 생긴다. 가부장적인 차르 통치 하에서 살던 러시아 농부의 아내는 마조히즘이 여성의 본성에 아주 깊이 각인되어 있다는 점을 보여주는 목적의 논의에 반드시 인용되었다. 그럼에도 이 여자 농부는 오늘날 소련에서는 자부심 강한 여자로 탈바꿈했다. 지금 소련에서 살고 있는 여자 농부는 남편의 폭력이 애정의 신호로 받아들여지고 있다는 사실을 알게 되면 아마 기절초풍할 것이다. 이 변화는 여자들의 내면에 일어난 것이 아니고 문화의 패턴에 일어난 것이다.

보다 일반적으로 말하면, 빈도의 문제가 그림에 끼어들 때마다, 거기서 사회학적 의미가 거론된다. 그렇게 되면 정신분석적 관점에서 사회학적 의미와 연결시키길 거부하더라도, 사회학적 의미의 존재는 좀처럼 지워지지 않는다. 그렇다고 이런 고려사항들을 제외시켜 버리면, 부분적으로 혹은 전적으로 사회적 조건화의 결과일 수도 있는 현상에 대한 설명이 엉터리로 해부학적 차이에 따른 것으로 나올 수도 있다.

따라서 두 가지 방식을 적절히 종합하려는 노력만이 완벽한 이해로 나아갈 수 있다.

사회학 및 민족학적 접근을 위해서는 다음과 같은 질문들을 통해 얻은 자료가 적절할 것이다.

1) 다양한 사회적 및 문화적 조건에서 여자들의 기능과 관련하여 자기학대적인 태도가 어느 정도로 빈번하게 일어나는가?
2) 다양한 사회적 및 문화적 조건에서 여자들의 내면에서 전반적인 자기학대적 태도가 일어나는 빈도는 남자들의 경우와 비교해 어느 정도인가?

만약에 이 두 가지 질문을 통해서 모든 사회적 조건에서 여성의 역할에 대해 자기학대적으로 보는 인식이 있다는 견해가 뒷받침되는 것으로 확인된다면, 또 여자들 사이에서 남자들에 비해 자기학대적 현상이 특별히 더 두드러지게 나타나는 것으로 확인된다면, 그때서야 이런 현상에 대한 심리적 이유들을 찾아나서는 노력이 정당화될 것이다. 그러나 만약에 여자의 마조히즘이 보편적이라는 것이 확인되지 않는다면, 사회학 및 민족학 연구에서 다음과 같은 질문들에 대한 연구를 기대할 수 있을 것이다.

1) 여자의 기능과 연결된 마조히즘이 특별히 빈번하게 일어나는 사회적 조건은 어떤 것인가?

2) 전반적인 자기학대적 태도가 남자들보다 여자들에게서 더 자주
   나타나는 사회적 조건은 어떤 것인가?

이런 연구에서 정신분석의 임무는 인류학자에게 심리학적 자료를
제공하는 것이다. 성도착과 자위 공상을 제외하고, 자기학대적 성향과
희열은 무의식적이다. 인류학자는 이런 것들을 탐구하지 못한다. 인류
학자에게 필요한 것은 자기학대적 충동의 존재를 강력히 암시하는 징
후를 확인하고 관찰하는 데 이용할 기준이다.

이 자료들을 제공하는 것은 여자의 기능에 나타나는 자기학대적 징
후를 찾는 질문인 경우에 비교적 쉽다. 정신분석 경험을 바탕으로 할
때, 다음과 같은 경우에 자기학대적 성향이 있다고 보면 비교적 무난
할 것이다.

1) 월경곤란과 월경과다 같은 월경 장애가 아주 빈번하게 일어날 때
2) 출산이나 산통에 대한 두려움 같은, 임신과 출산에 심인성 장애가
   아주 빈번하게 일어날 때
3) 성관계를 두고 여자를 비하하거나 악용하는 짓이라는 식의 태도
   가 자주 나타날 때

그렇다고 이런 징후들을 절대적인 것으로 받아들여서는 안 된다. 이
때도 지금 제시하는 두 가지 제한적인 사항을 고려하는 것이 바람직
하다.

1) 정신분석에서 고통이나 고통에 대한 두려움이 자기학대적인 충동에 의해서 일어나거나 자기학대적인 희열을 낳는다고 단정하는 것이 습관처럼 되어 버린 것 같다. 그러므로 이 같은 단정도 증거를 필요로 한다는 점을 지적해야 한다. 예를 들어, 프란츠 알렉산더(Franz Gabriel Alexander)는 무거운 배낭을 짊어지고 산을 오르는 사람은 자기학대적이라고 단정한다. 특히 산 정상까지 쉽게 오르게 할 자동차나 케이블카가 있는데도 굳이 걸어서 산을 오를 경우에 더욱 자기학대적인 사람으로 여겨진다. 물론 그럴 수도 있겠지만, 무거운 배낭을 짊어지고 산을 오르는 이유가 매우 현실적인 경우가 자주 있다.

2) 원시 부족의 경우엔 고통 혹은 자신이 가한 통증이 위험을 물리치기 위한 주술적 사고의 표현이고 개인의 마조히즘과는 아무런 관련이 없을 수도 있다. 따라서 그런 자료의 해석은 부족의 전체 역사에 대한 지식과의 연결 속에서 이뤄져야 한다.

2번 문제와 관련해서 정신분석이 해야 할 임무, 즉 전반적인 자기학대적 태도를 암시하는 자료를 찾는 일이 훨씬 더 어렵다. 왜냐하면 전체 현상에 대한 이해가 여전히 제한적이기 때문이다. 사실, 전체 현상에 대한 이해는 프로이트의 주장, 즉 마조히즘은 성욕이나 도덕성과 어떤 관계가 있다는 주장에서 아직 별로 더 나아가지 못하고 있다. 그러나 다음과 같은 질문들도 여전히 아직 답을 얻지 못한 채로 남아 있다. 마조히즘은 원칙적으로 도덕의 영역으로 확장되고 있는 성적인 현상인가, 아니면 성적 영역으로 확장되고 있는 도덕적인 현상인가? 도덕적 마조히즘과 성욕을 자극하는 마조히즘은 두 개의 별도 과정인가, 아니면 어떤 공통의 과정에서 생겨나는 두 가지 징후인가? 혹은 마조히즘은 매우 복잡한 현상을 집단적으로 일컫는 용어인가?

사람들은 차이가 상당히 많이 나는 징후들에 대해 똑같은 용어를 쓰면서도 정당하다는 느낌을 받는다. 이유는 징후들 모두가 공통적인 어떤 경향을 보이고 있기 때문이다. 공상과 꿈 혹은 현실에서 고통을 암시하는 상황들이 두드러져 보이는 경향이 있고, 또 평균적인 사람에게는 고통으로 느껴지지 않을 상황에서도 고통을 느끼는 경향이 있는 것이다. 이때 고통은 육체적 혹은 정신적 영역에서 느껴질 것이다. 그 고통으로 인해 희열이 느껴지거나 긴장의 완화가 느껴진다. 이것이 마조히즘을 추구하는 이유이다. 희열이나 긴장의 완화는 의식적이거나 무의식적이며, 성적이거나 성적이지 않다. 성적이지 않은 기능들은 매우 다양할 것이다. 두려움을 떨칠 믿음, 저질러진 죄에 대한 속죄, 새로운 죄를 저지를 허가, 다른 방법으로는 성취 불가능했을 목표를 성취하기 위한 전략, 간접적인 형태의 적대감 등이 그런 기능들이다.

마조히즘 현상이 이처럼 광범위하게 나타난다는 사실을 깨닫는 것은 고무적인 일이기보다는 당혹스럽고 도전적인 일이다. 이런 일반적인 설명은 분명 인류학자에게 큰 도움이 되지 않을 것이다. 그러나 만약에 조건과 기능에 관한 모든 과학적 우려를 접어두고 정신분석적 상황 안에서 자기학대적인 성향을 분명히 보이는 환자들에게서 관찰되는 표면적 태도를 연구의 바탕으로 삼는다면, 인류학자가 이용할 수 있는 구체적인 자료들이 있다. 따라서 이 목적을 위해서라면 이런 태도들을 개별적으로 세세하게 파고들지 않고 그냥 나열하는 것만으로도 충분할 것이다. 두말할 필요 없이, 이 태도들이 이 범주에 속하는 모든 환자들에게 다 나타나는 것은 아니다. 그럼에도 전반적인 증상은 아주 전형적이다. 그렇기 때문에 이런 경향들 중 일부가 치료를 시작하는 초기에 분명하다면, 그때도 물론 세부적인 사항이야 다르겠지만 전체적인 그림을 예상해도 별 무리가 없을 것이다. 세부적인 사항은 경향들이 나타나는 순서, 그 경향들 사이의 비중의 차이, 이 경향들에 맞서기 위해 일어나는 방어 기제들의 형식과 강도 등을 말한다.

마조히즘 경향을 광범위하게 보이는 환자들에게서 어떤 자료들을 관찰할 수 있는지에 대해 고려해 보자. 나 자신도 확인한 바와 같이, 그런 환자들의 성격에 나타나는 중요한 특징은 다음과 같다.

깊은 두려움 앞에서 편안한 마음을 찾을 수 있는 길은 몇 가지 있다. 포기하는 것도 한 방법이고, 억제하는 것도 한 방법이고, 두려움을 부정하면서 낙관적인 마음을 갖는 것도 한 방법이다. 이 외에도 방법은 더 있을 것이다. 사랑을 받는 것은 마조히즘 성향이 있는 사람이 안심을 얻기 위해 사용하는 한 수단이다. 그 사람은 걷잡을 수 없는 불안에 시달리고 있기 때문에 관심과 애정의 신호를 끊임없이 필요로 한다. 또 그는 이런 신호들을 단지 일시적으로만 믿기 때문에 관심과 애정에 과도한 욕구를 품는다. 따라서 대체로 말하면 그는 사람들과의 관계에서 매우 감정적이다. 말하자면 사람들이 자신을 안심하게 해 줄 것이라고 기대하기 때문에 사람들에게 쉽게 애착을 느끼고, 또 그가 기대하는 것을 절대로 얻지 못할 것이기 때문에 쉽게 실망하게 된다는 뜻이다. "위대한 사랑"에 대한 기대 혹은 환상이 종종 중요한 역할을 한다. 성욕이 애정을 얻는 가장 평범한 방법 중 하나이기 때문에, 그는 또한 성욕을 과대하게 평가하고 성욕이 삶의 모든 문제에 대한 해답을 쥐고 있다는 착각에 집착한다. 그러나 그가 성적 관계를 갖거나 가지려 시도한 곳에서, 그의 역사는 "불행한 사랑"을 펼쳐 보인다. 그는 버림받고, 낙담하고, 수치심을 느끼고, 형편없이 다뤄진다. 비(非)성적인 관계에서도, 무능하거나 자신을 희생시키고 있다거나 복종적이라고 느끼는 것에서부터, 순교자의 역할을 하고 있다거나 수치를 당하고 있다고 느끼거나 학대당하고 이용당하고 있다고 느끼는 감정에 이르기까지, 똑같은 경향들이 그 정도를 달리하며 다양하게 나타난다. 다른 상황이었더라면 그가 자신이 무능하거나 삶이 가혹하다는 것을 하나의 주어진 사실로 느낄 것이다. 그러나 분석가는 분석적 상황에서 그가 그런 식으로 일을 끌고 가도록 하는 것은 사실들이 아니고 어떤 완고한 성향이라는 것을 확인할 수 있다. 게다가 이 성향은 정신분석의 상황에서 그가 공격하도록 부추기고 또 뚜렷한 이유도 없이 망가졌다거나 해를 입었다거나 형편없는 대접을 받았다거나 수치를 당했다고 느끼도록 만드는 무의식적 요인인 것으로 드러난다.

타인의 애정과 공감이 그에게 대단히 중요하기 때문에, 그는 극도로 의존적이게 된다. 이 같은 극단적인 의존성은 분석가와의 관계에서도 분명하게 드러난다.

그가 실제로 받고 있을지도 모르는 애정에 대해 전혀 믿지 않는 또 다른 이유는 그의 형편없는 자긍심에 있다. 그는 자신이 열등하고, 사랑을 받을 만한 존재가 절대로 아니라고 느낀다. 그런 한편, 바로 이 자신감의 부족 때문에 그는 열등감과 나약함을 드러내면서 동정심에 호소하는 것이 자신에게 간절히 필요한 애정을 얻는 유일한 수단이라고 느낀다. 사람들은 그가 자긍심을 결여한 원인을 "적당한 공격성"을 갖추지 못한 데서 찾는다. 나는 "적당한 공격성"을 일에 대한 능력이라는 뜻으로 받아들이고 있다. 무엇인가를 처음 시작하고, 그것을 성취하기 위해 노력하고, 그것을 마무리하고, 성공을 거두고, 자신의 권리를 주장하고, 공격을 받을 경우에 자신을 방어하고, 독립적인 관점을 형성하거나 표현하고, 자신의 목표를 인식하고 또 그 목표에 따라 자신의 삶을 계획할 줄 아는 것이 그 능력에 포함된다. 자기학대적인 사람들의 내면에서 이런 능력이 전반적으로 억제되고 있는 것이 확인될 것이다. 이 억제가 그들이 삶의 현장에서 불안감과 무력감을 느끼게 되는 이유와 또 다른 사람에게 의존하고 다른 사람의 응원이나 도움을 바라는 태도를 갖게 되는 이유를 설명해줄 것이다.

정신분석은 자기학대적인 사람들이 자신감을 갖지 못하는 그 다음 이유가 경쟁을 회피하려는 경향이라는 점을 보여줄 것이다. 따라서 그들의 억제는 경쟁의 위험을 피하기 위해 스스로를 저지한 결과 나타나는 것이라고 할 수 있다.

그런 자기 방어적인 경향에서 불가피하게 생기는 적대적 감정은 자유롭게 표현되지 못한다. 왜냐하면 적대적 감정이 불안 앞에서 자신을 보호해줄 타인의 사랑을 위협하는 것으로 여겨지기 때문이다. 따라서 이미 많은 부작용을 낳고 있는 나약과 고통이 이젠 적대감을 간접적으로 표현하는 도구의 역할까지 하게 된다.

관찰 가능한 이런 태도들을 인류학적 연구에 이용할 경우에 한 가지 중대한 실수를 저지를 위험이 있다. 말하자면, 자기학대적인 태도가 방어 기제에 의해 가려지는 경우가 자주 있기 때문에 그런 태도가 언제나 분명하게 드러나지는 않는다는 점이다. 이 방어 기제를 제거한 뒤에야 자기학대적인 태도가 분명하게 나타나는 예가 자주 보인다. 이 방어 기제에 대한 분석은 인류학적 연구의 범위 밖에 있을 것이 틀림없기 때문에, 방어 기제는 겉으로 드러나는 그대로 받아들여질 것이고 그 결과 자기학대적인 태도는 관찰에 잡히지 않을 것이다.

관찰 가능한 자기학대적 태도를 그 깊은 동기를 무시한 상태에서 검토하면서, 나는 인류학자들에게 다음과 같은 질문들에 관한 자료를 찾을 것을 제안한다. 어떤 사회적 혹은 문화적 조건에서 다음에 열거하는 내용이 남자들보다 여자들에게서 더 자주 발견되는가?

1) 요구 사항이나 공격성을 직접적으로 표현하는 것을 자제한다.
2) 자기 자신을 나약하고, 무력하고, 열등하다고 여기면서 이를 근거로 배려나 특혜를 요구한다.
3) 정서적으로 이성(異性)에 기댄다.
4) 자기희생적이고, 복종적이고, 이용되거나 착취당하고 있다고 느끼고, 책임을 이성에게 넘기는 경향을 보인다.
5) 나약함과 무력함을 이성에 호소하거나 이성을 압도하는 수단으로

이용한다.

마조히즘 성향을 가진 여성들을 대상으로 정신분석을 한 경험들을 일반화한 이런 것들 외에도, 나는 또한 여성에게서 마조히즘이 많이 나타나도록 만드는 인과적 요소들에 대한 일반화도 시도할 것이다. 나는 다음에 제시하는 요소 중 한 개 이상을 내포하고 있는 문화권에서 여성 마조히즘 현상이 나타날 것이라고 예상한다.

1) 성욕의 배출구가 봉쇄되고 있다.

2) 아이들의 숫자에 제한이 있다. 아이들을 갖고 양육하는 것이 여자에게 다양한 희열(보살핌과 성취, 자긍심)을 느낄 기회가 될 수 있다는 점에서 하는 말이다. 아이를 갖고 양육하는 것이 사회적 평가의 잣대가 될 때, 이 제한은 그만큼 더 중요해진다.

3) 여성들에 대한 평가가 대체로 남자보다 열등한 것으로 여겨진다. 이것이 여자들의 자신감 하락으로 이어진다는 점에서 보면 중요한 요소이다.

4) 여자들이 남자나 가족에게 경제적으로 의존하고 있다. 이는 정서적 의존을 통한 적응을 촉진시킨다.

5) 여성들의 활동을 가족생활이나 종교 혹은 자선 같이 주로 정서적 끈을 바탕으로 구축되는 영역으로만 한정시킨다.

6) 결혼이 성적 희열과 어린이, 안전, 사회적 인정의 중요한 기회를 제공하는 때, 결혼 적령기의 여자들이 남아돈다. 이 조건은 여자가

남자에게 정서적으로 의존하도록 만든다. 대략적으로 말하면, 여자들이 자율적이지 못하고 기존의 남성 이데올로기에 의해 형성되는 그런 발달 상태를 보인다. 여자들 사이에서 경쟁이 특별히 치열해지며, 여기서 경쟁을 회피하는 것은 자기학대적인 현상을 촉진하는 중요한 요소이다.

여기 나열한 요소들은 모두 중첩된다. 예를 들어, 여자들 사이의 성적 경쟁은 다른 경쟁적인 노력의 배출구가 봉쇄될 경우에 더욱 치열해질 것이다. 어느 한 요소만으로는 일탈적인 발달이 이뤄지지 않는 것 같다. 그보다는 이 요소들이 연쇄적으로 이어지면서 일탈을 일으키는 것 같다.

특히 이 요소들 일부 혹은 전부가 문화권 안에 존재할 때 여성의 "본성"과 관련하여 고착된 이데올로기가 나타날 수 있다는 점을 고려해야 한다. 여자는 원래 약하고, 감정적이고, 의존을 즐기고, 독립적으로 일을 수행하지 못하고 자율적으로 사고하는 능력이 떨어진다는 식의 이데올로기가 생겨나게 되는 것이다. 이 범주에 여자는 원래 자기학대적이라는 정신분석 분야의 믿음을 포함시키고 싶은 유혹을 받는 사람도 있을 것이다. 이 이데올로기들은 여자들의 종속적인 역할을 변경 불가능한 것으로 제시함으로써 여자들이 종속적인 역할을 받아들이도록 만들 뿐만 아니라 여자들에게 그런 역할이 그들이 바라던 성취를 상징한다거나 권장할 만한 이상을 상징한다는 믿음까지 심는다. 이 이데올로기들이 여자들에게 발휘하는 영향은 그런 특별한 특질들을 보여주는 여자들이 남자들에게 쉽게 선택된다는 사실로 인해 구체적으로 강화된다. 이는 여자들의 성애 가능성은 그들의 "진정한 본성"으로 여겨지는 이미지와 어느 정도 부합하느냐에 따라 달라진다는 것을 암시한다. 따라서 그런 사회 조직 안에서 자기학대적인 태도(혹은 경미한 마조히즘)가 남자들 사이에는 경시되는 반면에 여자들 사이에는 선호된다고 말해도 결코 과장이 아니다. 이성에 대한 정서적 의존(벽을 타고 올라가는 덩굴나무), "사랑"에 대한 몰입, 확산적이고 자율적인 발달의 억제 같은 자질은 여자들에게 상당히 바람직한 것으로 여겨지지만 남자들에게서 발견될 때에는 치욕과 조롱의 대상이 된다.

이 같은 문화적 요소들이 여자들에게 막강한 영향력을 행사한다는 사실은 쉽게 확인된다. 그 영향력이 너무나 강하기 때문에, 실제로 보면, 서구 문화에서 여자들이 문화의 영향을, 그리고 그 문화적 영향이 심리에 미치는 영향을 피할 수 있는 길을 발견하기란 참으로 어렵다.

그러나 헬렌 도이치를 포함한 일부 저자들은 신경증이 있는 여자들을 대상으로 한 분석 경험을 일반화하면서 내가 언급한 문화는 여자들의 해부학적 및 생리학적 특성들이 작용한 결과라는 입장을 보였다. 앞에서 제시한 그런 인류학적 연구가 이뤄지기 전까지, 이런 과잉일반화에 대해 지적하고 나서봐야 아무 소용이 없을 것이다. 그러나 여성들의 신체 조직 중에서 여자들이 자기학대적인 역할을 받아들이도록 만드는 요소들을 보도록 하자. 여자들의 내면에서 자기학대적 현상이 성장할 토양을 준비해주는 해부학적 및 생리학적 요소들을 보면 다음과 같다.

1) 육체적 힘은 평균적으로 보면 남자들이 여자들보다 월등히 더 강하다. 민족학자들에 따르면, 이것은 습득된 남녀 차이이다. 그럼에도 불구하고 그 차이는 지금도 존재한다. 육체적 약함이 마조히즘과 동일한 것은 아님에도, 육체적 힘이 열등하다는 깨달음이 여성의 역할은 자기학대적이라는 인식을 갖게 할 수 있다.

2) 강간의 가능성도 비슷하게 여성의 내면에 공격당하고, 짓밟히고, 부상당하는 공상을 일으킨다.

3) 월경과 처녀막 파열, 출산 등이 피와 고통을 동반하는 과정인 탓에 자기학대적인 성향을 강화할 수 있다.

4) 성교에 나타나는 생물학적 차이도 여자에게 마조히즘을 떠올리게 할 수 있다. 사디즘과 마조히즘은 근본적으로 성교와는 아무런 관련이 없는데도 성교에서 여성의 역할(관통당하는 이미지이다)이 개인적으로 오해를 불러일으켜 마조히즘의 성격이 있는 쪽으로 행동하도록 할 수 있다. 그리고 남자의 역할은 가학적인 행동으로 이어질 수 있다.

이 같은 생물학적 기능들 자체는 여자들에게 자기학대적인 성향이 있다는 암시를 전혀 담고 있지 않으며 또 자기학대적인 반응으로 이어지지도 않는다. 그러나 다른 기원을 가진 자기학대적 욕구가 있을 때, 여자들은 쉽게 자기학대적인 공상을 일으킬 수 있다. 그러면 이 공상은 여자들에게 자기학대적 희열을 안겨줄 것이다. 여자들의 내면에 여자의 역할을 자기학대적인 것으로 받아들이도록 만들 어떤 바탕이 준비되어 있다는 것을 제외하고는, 여성들의 기질과 마조히즘의 관계에 관한 다른 단언들은 아직 가설의 단계에 있다. 그리고 정신분석을 성공적으로 끝내고 난 뒤에는 모든 자기학대적 경향들이 사라진다는 사실과 자기학대적 성향이 없는 여성들을 대상으로 관찰한 사실들은 우리에게 여자가 마조히즘을 받아들일 준비가 잘 되어 있다는 식의 예단을 과대하게 평가하지 말라고 경고하고 있다.

요약하면 이렇다. 여성 마조히즘의 문제가 여성의 해부학적, 생리학적, 심리학적 특징에 고유한 요소들하고만 연결되어 있는 것은 절대로 아니다. 여성이 문화적 환경과 사회적 조직화에 의해 자기학대적인 쪽으로 발달하도록 조건화된다는 점도 반드시 고려되어야 한다. 이 두 집단에 속하는 요소들이 여성의 마조히즘에 미치는 영향이 각각 어느 정도인지는 아직 제대로 평가할 수 없다. 서구 문화와 상당히 다른 여러 문화권에서 정신분석 기준을 이용해 인류학적 연구를 실시한 다음에야 그런 평가가 가능할 것이다. 그러나 해부학적, 심리학적, 정신적 요소들의 중요성이 이 주제를 논한 일부 저자들에 의해 과도하게 평가된 것만은 분명하다.

13장

사춘기 소녀들의
성격 변화

신경증 문제나 성격 장애를 가진 여자들을 분석하면서, 분석가들은 자주 두 가지 조건을 발견한다. 첫째, 모든 환자들한테서 중요한 갈등이 어린 시절에 나타남에도 불구하고, 최초의 성격 변화는 사춘기에 일어난다는 점이다. 사춘기에 나타나는 성격 변화는 주변 사람들에게 경고로 보이지도 않고, 미래의 성격 발달을 위험하게 만들고 치료가 요구되는 병적 증후라는 인상을 주지도 않는다. 오히려 그 변화는 인생의 이 시기에 자연스레 일어나는 과도적인 문제로 희망적인 신호로 여겨진다. 둘째, 이 변화의 시작이 월경의 시작과 거의 비슷하게 일어난다는 점이다. 이 연결은 사람들에게 분명하게 보이지 않는다. 한 가지 이유는 환자들이 그 시간적 일치를 자각하지 못하거나 시간적 일치를 관찰했다 하더라도 거기에 어떠한 의미도 부여하지 않기 때문이다. 또 다른 이유는 환자들이 월경이 자신들에게 지니는 심리적 의미를 알아

차리지 못하거나 "망각"하기 때문이다. 성격 변화는 신경증 증후와 대조적으로 점진적으로 이뤄지는데, 이는 그 연결을 가리거나 흐리게 만든다. 대체로 보면, 환자들이 그 연결을 스스로 보게 되는 것은 월경이 그들에게 끼치는 정서적 영향에 대한 통찰을 얻은 뒤의 일이다. 잠정적으로 나는 이 변화를 4가지 유형으로 구분한다.

1) 소녀가 승화된 활동에 몰입한다. 그러면서 성애의 영역에 대해 혐오감을 키운다.

2) 소녀가 성애의 영역에 몰입한다. 그러면서 일에 대한 관심이나 능력을 잃는다.

3) 소녀가 정서적으로 "소외"되고, "무관심한 태도"를 키우고, 어떠한 것에도 에너지를 투입하지 않는다.

4) 소녀가 동성애적인 경향을 키운다.

이 분류는 절대로 완벽하지 않으며, 분명히 기존의 가능성을 전부 다 포함하지 못할 것이고(예를 들면, 매춘이나 범죄의 발달) 오직 내가 치료를 받기 위해 어쩌다 나를 찾은 환자들을 통해 직접 또는 간접적으로 관찰할 기회를 누린 그런 변화만 언급하고 있을 뿐이다. 게다가, 행동 유형의 구분이 늘 그렇듯이 이 구분도 작위적이다. 또 마치 유형이 칼로 자르듯 명쾌하게 구분되는 것처럼 여겨지고 있지만, 현실 속에서는 온갖 종류의 과도적 변화와 혼합이 자주 보이고 있다.

첫 번째 집단은 남녀 사이에 나타나는 해부학적 및 기능적 차이에 대해 자연스레 호기심을 보이는 소녀들로 이뤄져 있다. 이 소녀들은 생식의 수수께끼에도 관심을 강하게 보이고, 소년들에게 끌리고 또 소년들과 함께 어울리기를 좋아한다. 사춘기를 맞으면서 이 소녀들은 갑자기 정신적인 문제에 몰입하게 되고, 종교적, 도덕적, 예술적 혹은 과학적인 것을 추구하는 일에 몰두하게 된다. 동시에 그들은 성애의 영역에 대한 관심을 잃는다. 대체로 이런 변화를 겪는 소녀는 그 시기에는 치료를 받으러 오지 않는다. 왜냐하면 가족이 오히려 그녀가 경박한 경향을 버리고 진지해진다는 사실을 환영하기 때문이다. 문제가 분명하게 나타나지 않는다. 문제는 훗날에야, 특히 결혼 후에야 나타날 것이다. 이 변화의 병적인 성격은 두 가지 이유로 간과되기 쉽다. 한 이유는 정신적 활동에 치열한 관심을 쏟는 것은 이 시기에 충분히 예상되는 일이라는 점이다. 또 다른 이유는 소녀가 자신이 성애에 대해 혐오감을 품고 있다는 점을 의식하지 않기 때문이다. 그녀는 단지 자신이 소년에 대한 관심을 잃었으며, 댄스와 데이트, 시시덕거림을 다소 좋아하지 않아 점차적으로 그런 일로부터 관심을 거둬들이고 있다고만 느낀다.

두 번째 집단은 정반대의 그림을 제시한다. 재능이 많고 앞날이 유망하던 소녀가 갑자기 이 시기를 맞으면서 소년 외에는 어떠한 일에도 관심을 갖지 않는다. 그들은 정신 집중도 하지 못하고, 어떠한 정신적 활동도 시간이 조금만 지나면 포기해버린다. 그들은 성애의 영역에 완전히 빠져 지낸다. 그 반대가 그렇듯, 이 같은 변화도 "자연스런" 것으로 여겨지고 그런 것으로서 그 나이의 소녀에게는 소년과 댄스, 시시덕거림에 주의를 쏟는 것은 "정상적"인 행위로 옹호된다. 물론 정상일 수도 있다. 하지만 다음과 같은 경향도 정상일까? 소녀가 소년을 바꿔가며 강박적으로 사랑에 빠진다. 그러면서 소년들에게 진정으로 신경을 쓰는 모습을 보이지 않는다. 소년을 정복했다는 확신이 서면, 소녀는 소년을 버리거나 소년을 자극하여 자기를 버리도록 만든다. 그녀는 자신이 매력적이라는 증거가 있음에도 불구하고 절대로 매력적이지 않다고 느낀다. 그러면서 그녀는 성관계를 피한다. 그녀는 이에 대해 사회가 요구하기 때문이라는 식으로 정당화한다. 그녀가 용기를 내어 그런 관계를 가지려 할 때 확인되듯이, 진짜 이유는 성 불감증인데도 말이다. 주변에 자신을 감탄할 남자가 더 이상 없게 되자마자, 그녀는 우울해지거나 불안해지게 된다. 한편 일을 대하는 그녀의 태도는, 방어 기제가 암시하듯이, 소년에 대한 관심 때문에 다른 관심사들이 뒤로 밀려났다는 사실에 따른 "자연스런" 결과가 아니다. 실제로 보면 소녀는 매우 야심적이고, 아무것도 성취하지 못하고 있다는 무능력의 느낌 때문에 상당히 힘들어하고 있다.

　세 번째 유형은 일과 사랑의 영역 모두에서 억제당하는 모습을 보인다. 다시 말하지만, 이것도 반드시 겉으로 분명하게 드러나는 것은 아니다. 피상적으로 관찰하면, 그녀는 적응을 꽤 잘 하고 있다는 인상을 줄 것이다. 그녀는 사회적 접촉에도 전혀 어려움을 겪지 않으며, 소녀 친구와 소년 친구를 두루 두고 있으며, 세련되고, 성적인 모든 것에 대해 솔직하게 말하고, 억제 같은 것은 전혀 갖고 있지 않은 것처럼 꾸미고, 간혹 감정적으로 얽히지 않으면서도 이런저런 성적 관계를 맺기도

한다. 그녀는 소외되어 지내며, 삶의 방관자이다. 그녀는 세상사에 무심하면서도 스스로는 그렇지 않다고 스스로를 속이고 있으나 간혹 자신이 어떠한 사람이나 대상과도 깊은 감정적 연결을 전혀 갖고 있지 않다는 사실을 예리하게 자각한다. 그녀에게 중요하게 여겨지는 것은 하나도 없다. 그녀의 활력이나 재능과 확장성의 결여 사이에 불일치가 아주 뚜렷하게 나타난다. 대체로 보면 그녀는 자신의 삶이 얕고 지겹다고 느끼고 있다.

네 번째 집단은 특징을 규정짓기도 가장 쉽고 또 잘 알려져 있다. 이 집단의 소녀는 소년들에 대한 관심을 모두 접고 소녀들과 뜨거운 우정을 맺는다. 이 우정의 성적인 성격은 의식적일 수도 있고 의식적이지 않을 수도 있다. 만약에 이런 경향의 성적인 성격을 알게 된다면, 소녀는 마치 자신이 죄인이나 되는 것처럼 깊은 죄책감에 시달릴 수도 있다. 그런 소녀가 일을 대하는 태도는 다양할 수 있다. 양심적이고 가끔은 매우 유능한 소녀는 종종 자기주장을 펴는 데 어려움을 겪거나 높은 능률을 발휘하는 시기들 사이에 "신경쇠약"을 경험한다.

이것들이 매우 다른 4가지 유형이다. 표면적인 관찰일지라도 정확하게만 이뤄진다면 이 4가지 유형은 공통적인 경향을 몇 가지 갖고 있다는 사실이 확인될 것이다. 여자로서의 자신감이 흔들리는 모습을 보이고, 남자들에게 갈등이나 적대적인 태도를 보이고, "사랑"의 능력이 떨어진다는 점이다. 만약에 여자의 역할을 피하지 않는다면, 그들은 그 역할에 반기를 들거나 왜곡된 방식으로 그 역할을 과장할 것이다. 모든 유형의 소녀에게서, 성욕은 자신들이 인정하는 것보다 더 큰 죄책감을 일으키고 있다. 누가 말했듯이, "자신을 묶고 있는 쇠사슬을 조롱한다고 해서 모두가 자유로운 것은 아닌" 법이다.

분석적 관찰은 이 유형들의 소녀들 사이에 이보다 훨씬 더 놀라운 유사점이 있다는 것을 보여주고 있다. 이 유사점을 보면 소녀들이 서로 너무나 비슷하기 때문에, 삶을 대하는 소녀들의 태도에 나타나는 차이에 대해서는 한 동안 잊게 될 정도이다. 그 유사점은 다음과 같다.

소녀들 모두는 남녀 따지지 않고 모든 사람들에게 전반적으로 적대감을 품는다. 그럼에도 소녀가 남자와 여자를 대하는 태도에 차이가 있다. 남자에게 품는 적대감은 그 강도와 동기에서 서로 다르고 비교적 쉽게 알아낼 수 있지만, 여자에게 품는 적대감은 절대적으로 파괴적인 적의이며 따라서 깊이 숨겨져 있다. 소녀들은 그 적대감의 존재에 대해 막연히 알 수는 있지만 적대감의 범위와 폭력성, 잔혹성, 그리고 그것이 의미하는 바에 대해서는 절대로 의식적으로 깨닫지 못한다.

소녀들 모두는 자위에 대해 방어적인 태도를 아주 강하게 보인다. 기껏 그들은 어릴 적에 자위를 했다는 것을 기억하고 있을 정도이며 심지어 자위가 자신의 형성에 어떤 역할을 했다는 점을 극구 부인하기도 한다. 그들은 의식의 차원에서는 자위에 대해 꽤 정직하다. 그들은 정말로 자위를 하지 않거나 아니면 매우 위장된 형식으로만 할 것이다. 그들은 의식적으로는 그런 것을 할 욕망을 전혀 느끼지 않는다. 뒤에 확인하게 되겠지만, 이런 종류의 강력한 충동은 분명 존재하긴 하지만 그들의 나머지 성격과 완전히 분리되어 있으며, 또 거기에 엄청난 죄책감과 두려움이 얽혀 있기 때문에 그런 식으로 숨겨진다.

그러면 소녀들이 여자들에게 품는 극도의 적대감은 무엇으로 설명 되는가? 그런 적대감 중 일부만 그들의 삶의 이야기를 바탕으로 이해 가 가능하다. 분명 어머니에 대한 책망이 떠오른다. 이런 유형들에 속 하는 소녀들의 어머니는 따스함과 보호, 이해가 부족했고, 남동생만 선호했고, 성적 순수성에 대한 요구가 지나쳤다. 이 모든 것은 다소 사 실들에 의해 뒷받침되고 있다. 그러나 소녀들 본인들은 그 적대감이 현실에 존재하는 의심과 반항과 증오의 크기에 비하면 터무니없다고 느낀다.

그러나 소녀들이 여자 분석가를 대하는 태도를 보면, 그 적대감의 의미가 분명하게 드러난다. 전문적인 세부사항을 배제하고 또 개인적 차이뿐만 아니라 지금 논의하고 있는 유형들의 특징인 방어 기제의 차이까지 배제한다면, 다음과 같은 그림이 점점 선명하게 드러날 것이 다. 소녀들은 자신이 분석가에게 미움을 사고 있다고 확신한다. 그들 은 분석가가 환자에게 정말로 심술궂게 대하고 있다고 의심한다. 또 그들은 분석가가 자신들이 행복해지는 것을 탐탁하게 여기지 않는다 고 생각한다. 특히 소녀들은 분석가가 자신들의 성생활을 비난하면서 거기에 개입하거나 개입하기를 원한다고 의심한다.

이런 것이 죄책감에 대한 반응으로, 또 두려움의 표현으로 드러나고 있는 사이에, 분석가는 소녀들이 그런 식으로 걱정해야 할 이유가 있 다는 사실을 점차적으로 확인하게 될 것이다. 그런 사실을 확인하는 것이 가능한 이유는 소녀들이 분석적 상황에서 분석가에게 실제로 하 는 행동이 엄청나게 큰 반항심과 자신의 목적을 이루지 못하는 한이 있더라도 분석가를 패배시키려 드는 경향에서 비롯되기 때문이다.

그러나 실제 행동은 현실에 존재하는 적대감을 표현하는 것에 지나지 않는다. 이때 적대감의 범위는 꿈으로 나타나는 소녀의 공상 속의 삶을 깊이 파고들 수 있을 때에만 드러날 것이다. 여기서 적대감은 가장 잔인하고 원시적인 형식으로 나타난다.

조악하고 원시적인 이 충동은 공상 속에서 펼쳐지며 또 어머니와 어머니의 이미지에 대해 느끼는 죄책감의 깊이를 이해하도록 돕는다. 게다가 이 충동은 자위가 완전히 억압된 이유와 지금도 자위를 떠올리되면 공포의 기미가 느껴지는 이유를 이해할 수 있게 한다. 자위에는 공상이 수반되었으며, 따라서 공상은 자위에 관한 죄책감을 불러일으켰다. 달리 표현하면, 죄책감은 자위의 육체적 과정과 관련 있었던 것이 아니라 그 공상과 관련 있었던 것이다. 그럼에도 육체적 과정과 그 과정에 대한 욕망만 억눌러질 수 있을 뿐이다. 공상들은 마음 속 깊은 곳에 계속 살아남았으며 또 어릴 때에 억압되었기 때문에 유치한 성격을 계속 간직하고 있었다. 개인은 공상의 존재를 모르고 있는 가운데서도 죄책감을 계속 보이고 있다.

그럼에도 자위의 육체적인 부분도 중요하다. 자위의 육체적인 부분에서 강한 두려움이 나왔다. 두려움의 핵심은 상처를, 말하자면 치료 불가능한 부상을 입게 되지 않을까 하는 두려움이다. 이 두려움의 내용물은 의식적인 것이 아니다. 그러나 이 두려움은 여러 가지 위장을 통해서 표현된다. 뇌에서 발끝까지 온갖 신체 기관의 건강에 관한 두려움, 여자로서 신체 기관에 무엇인가 잘못된 것이 있을 수 있다는 두려움, 결혼도 하지 못하고 아기도 갖지 못하게 되지 않을까 하는 두려움, 마지막으로 모든 환자들에게 공통적인, 매력적이지 않다는 두려움이 나타난다. 비록 이 두려움들이 직접적으로 육체적 자위로 거슬러 올라갈지라도, 이 두려움들에 대한 이해는 자위의 심리적 영향이라는 측면에서 볼 때에만 가능하다.

이 두려움은 곧 이런 의미이다. "나는 나의 어머니와 다른 여자들에게 잔인하고 파괴적인 공상을 품고 있어. 그렇기 때문에 그들도 똑같은 방법으로 나를 파괴하길 원하지 않을까 겁이 나. 눈에는 눈, 이에는 이 식으로."

그들이 분석가 앞에서 편안함을 느끼지 못하는 것은 똑같이 보복에 대한 두려움 때문이다. 의식적으로는 분석가의 공정성과 신뢰성에 대한 믿음을 갖고 있음에도 불구하고, 그들은 자신들의 머리 위에 매달려 있는 칼이 언젠가는 떨어질 것이라고 깊이 걱정하지 않을 수 없다. 그들은 분석가가 악의적으로 자신들을 고문하려 한다는 느낌을 받지 않을 수 없다. 그들은 분석가를 불쾌하게 만들 위험과 자신의 적대적인 충동을 드러낼 위험 사이의 좁은 길을 아슬아슬하게 걷는다.

소녀들이 치명적인 공격의 공포를 지속적으로 느끼고 있기 때문에, 그들이 자신을 방어할 필요성을 강하게 느끼는 이유를 이해하기는 쉽다. 그들은 회피하고 또 분석가를 패배시키려고 노력함으로써 자신을 방어한다. 따라서 그들의 적대감은 방어 기제의 의미를 지닌다. 마찬가지로, 엄마를 향한 소녀들의 증오의 대부분은 엄마에게 죄책감을 느끼고 있고 따라서 엄마에게 등을 돌림으로써 죄책감과 연결된 공포를 벗어던진다는 의미를 담고 있다.

이 과정을 다 거치고 나면, 엄마에게 느끼는 적대감의 일차적 원천에 정서적으로 접근하는 것이 가능해진다. 그 원천의 흔적들은 다음과 같은 사실에 비춰보면 처음부터 눈에 두드러졌다고 할 수 있다. 말하자면 두 번째 집단, 즉 다른 소녀들과 경쟁을 벌이면서 큰 걱정을 안고 있는 소녀들의 집단을 제외하곤 소녀들 모두가 다른 소녀들과의 경쟁을 조심스럽게 피했던 것이다. 현장에 또 다른 여자가 있을 때마다, 그들은 즉시 뒤로 물러난다. 그들은 자신이 매력적이지 못하다고 확신하면서 주위의 다른 소녀들보다 열등하다고 느낀다. 이 싸움에서, 그들은 분석가와 함께 분석 작업을 할 때와 마찬가지로 경쟁처럼 비치는 것을 피하려는 경향을 보일 것이다. 실제로 존재하는 소녀들의 경쟁심은 분석가보다 열등하다는 감정 뒤에 숨어 있다. 결국엔 자신들의 경쟁적인 의도를 인정하지 않을 수 없게 되더라도, 그들은 지능과 일의 능력과 관련해서만 경쟁을 인정할 것이다. 여자의 차원에서 경쟁을 암시할 비교는 가급적 피하게 될 것이다. 예를 들어, 그들은 분석가의 외모와 옷을 헐뜯고 싶어 하는 마음을 끊임없이 억누를 것이며 따라서 이런 종류의 생각이 표면으로 나타나면 크게 당황할 것이다.

경쟁을 극구 피해야 하는 이유는 소녀들이 어린 시절에 어머니나 언니와 경쟁을 특별히 강하게 벌였기 때문이다. 대체로 다음에 제시하는 요소들 중 한 두 가지가 딸이 어머니나 언니와 자연스럽게 벌이게 되는 경쟁을 더욱 치열하게 만들었다. 조숙한 성적 발달과 성의식, 초기에 자신감을 느끼지 못하게 만든 위협, 딸이 부모 중 어느 한편에 붙게 만드는 부모의 갈등, 어머니의 직접적 혹은 간접적 거부, 그리고 딸에게만 관심을 집중하는 태도에서부터 공개적인 성적 접촉까지 다양한 형태로 나타나는, 딸에 대한 아버지의 과도한 애착 등이 딸과 가족 내 여자 사이의 경쟁을 치열하게 만든다. 소녀들에 관한 사실들을 체계적으로 요약하다 보면, 거기서 어떤 악순환의 고리가 발견된다. 어머니나 자매에 대한 질투와 경쟁이 있고, 적대적인 충동이 공상으로 나타나고, 죄책감과 함께 공격받거나 처벌 받지 않을까 하는 두려움이 생기고, 방어적인 적대감이 일어나면서 두려움과 죄의식을 강화하게 되는 것이다.

내가 말한 바와 같이, 이 원천들에서 나오는 두려움과 죄책감은 자위 공상들 안에 가장 확실하게 자리 잡고 있다. 그러나 이 두려움과 죄책감은 이런 공상에만 국한되지 않고 모든 성적 욕망과 성적 관계로까지 퍼져간다. 거기서 끝나는 것도 아니다. 남자들과의 성관계로까지 확산되면서 소녀들을 죄와 불안의 분위기로 몰아넣는다. 그러면 소녀들이 남자들과의 관계가 불만족스러운 사실에 대해 책임감을 대단히 강하게 느끼게 된다.

이 같은 결과를 설명할 다른 이유들도 있다. 남자들을 대하는 소녀들의 태도와 직접적인 관계가 있는 이유들이다. 나는 이 이유들이 이 논문에서 강조하고자 하는 바와 별다른 관계가 없기 때문에 그것들을 간략히 언급하는 선에서 그칠 것이다. 소녀들은 남자들에게 옛날의 실망에서 비롯된 해묵은 분개를 품고 있을 수 있으며, 이 분개가 은밀한 복수의 욕망을 낳을 수 있다. 게다가, 소녀는 자신이 호감을 사지 못할 것이라고 느끼면서 남자들로부터 퇴짜를 맞을 것이라고 예상하며 그들에게 적대적으로 반응한다. 소녀들이 온통 갈등으로 점철된 여자의 역할을 멀리했다는 점에서 본다면, 그들은 종종 남자처럼 행동하려 애를 쓰면서 경쟁적인 성향을 남자와의 관계 쪽으로 옮겼다고 할 수 있다. 그래서 소녀들은 지금 여자들과 경쟁을 벌이지 않고 남자들의 영역에서 남자들과 경쟁을 벌이고 있다. 만약에 이 남자의 역할이 소녀들에게 아주 바람직하다면, 소녀들은 남자들의 능력을 헐뜯는 경향을 보이면서 남자들에게 강한 시기심을 보일 것이다.

이런 정신적 구조를 가진 소녀가 사춘기로 접어들 때 어떤 일이 일어나는가? 사춘기에 이르면, 성적 욕구에 따른 긴장이 증가하고, 성욕이 더욱 강해지면서 필히 죄의식과 두려움의 반응을 일으키게 된다. 죄의식과 두려움은 실제 성적 경험의 가능성에 의해 강화된다. 이 시기에 시작되는 월경은 자위로 자신의 육체에 손상을 입었다는 걱정을 안고 사는 소녀에게 정서적으로 정말 그런 훼손이 일어났다는 것을 뒷받침하는 증거로 다가온다. 월경에 관한 지적 지식을 갖추었더라도 별 차이가 없을 것이다. 왜냐하면 이해는 표면의 차원에서 이뤄지고 두려움은 깊은 곳에서 일어나는 탓에 이해와 두려움이 서로에게 닿지 못하기 때문이다. 그러면 상황은 갈수록 심각해진다. 이젠 욕망과 유혹도 강하고 두려움도 강하다.

사람은 의식적인 불안의 압박 속에서 오래 버티지 못하는 것 같다. 환자들은 "그런 불안의 공격을 받으니 차라리 죽고 말겠어."라는 식으로 말한다. 따라서 이 같은 상황에서는, 생존을 위한 필요에 의해서도 사람들은 보호 수단을 찾기 마련이다. 말하자면 불안을 피하거나 불안을 막을 안전 조치를 취하는 쪽으로 인생을 대하는 태도를 자동적으로 바꾸려 노력하게 되는 것이다.

지금 논의 중인 4가지 유형 모두에게 공통적으로 나타나는 근본적인 갈등에 대해 말하자면, 이 갈등은 불안을 물리치는 다양한 방법을 상징한다. 다양한 방법이 선택된다는 사실이 유형들 사이의 차이를 설명해준다. 이 갈등은 같은 종류의 불안을 물리친다는 공통의 목표를 갖고 있음에도 상반되는 특징을 낳고 상반되는 경향을 낳고 있다. 1번 집단에 속하는 소녀는 여자들과의 경쟁을 피하고 또 여자의 역할을 철저히 피함으로써 두려움에 맞서 스스로를 보호한다. 그녀의 경쟁적인 충동은 원래의 토양에서 뿌리까지 뽑혀 정신의 다른 영역으로 옮겨진다. 최선의 성격과 최고의 이상을 실현하거나 최고의 학생이 되기 위한 경쟁은 남자를 노린 경쟁과 많이 동떨어져 있다. 따라서 소녀의 두려움도 크게 경감된다. 동시에 완벽을 추구하려는 노력은 그녀가 죄책감을 극복하도록 돕는다.

이 같은 해결책은 상당히 근본적이기 때문에 일시적 이점을 크게 발휘한다. 몇 년 동안 그녀는 만족감을 꽤 크게 느낄 것이다. 그러다 그녀가 남자들과 접촉하게 될 때면, 특히 결혼을 하게 될 때면, 그 이면이 드러난다. 그러면 만족과 자신감이 갑자기 허물어지게 되고, 자신에게 만족하고 밝고 능력 있고 또 독립적이던 소녀가 열등감에 시달리고 곧잘 우울해하고 결혼에 따른 책임을 지려 하지 않는, 불만투성이 여자로 변한다. 그녀는 성적으로 둔감하고, 남편에게 사랑의 태도를 보이지 않고 경쟁적인 태도를 보이게 된다.

2번 집단에 속하는 소녀는 다른 여자들을 대하는 경쟁적 태도를 접지 않는다. 다른 여자들에 대한 폭넓은 저항이 그녀로 하여금 기회가 날 때마다 여자들을 이기도록 만든다. 그 결과 이 집단의 소녀는 1번 집단의 소녀와 대조적으로 막연한 불안을 겪게 될 것이다. 이 불안을 물리치는 방법은 남자들에게 집착하는 것이다. 1번 집단의 소녀들이 전쟁터에서 후퇴하는 한편, 이 집단의 소녀들은 동맹을 찾아 나선다. 남자들로부터 경탄의 소리를 듣고 싶어 하는 갈망이 그들이 체질적으로 성적 희열에 대한 욕구를 강하게 느끼고 있다는 것을 의미하는 것은 절대로 아니다. 사실 그들도 막상 성적 관계로 들어가면 성 불감증을 갖고 있는 것으로 드러날 것이다. 그들에게 남자친구가 없어지는 순간, 남자들이 그런 소녀들에게 안심을 느끼게 하는 역할을 맡는다는 사실이 명백히 드러날 것이다. 남자친구가 없을 때, 2번 집단에 속하는 소녀들의 불안이 표면에 나타나게 된다. 그러면 소녀들은 절망을 느끼고 불안해하며 완전히 길을 잃은 모습을 보이게 된다. 남자들의 경탄의 소리는 또한 그들에게 "정상"이 아닐 수 있다는 두려움과 관련해서도 안심해도 좋다는 느낌을 안겨준다. 이 두려움은 내가 앞에서 설명한 바와 같이 자위로 인해 신체적 손상이 일어났을지도 모른다는 두려움의 산물이다. 이 소녀들에게는 성욕과 관련한 죄책감과 두려움이 워낙 크기 때문에 그들이 남자들과 만족스런 관계를 이어가는 것은 지극히 어렵다. 따라서 영원히 남자들을 새롭게 정복해가는 길만이 안도감을 얻으려는 그들의 목적에 이바지할 것이다.

네 번째 집단, 즉 잠재적 동성애자들은 여자들에 대한 자신의 파괴적인 적대감에 대한 과잉보상을 통해서 그 문제를 풀려고 노력한다. "난 당신을 미워하지 않아. 난 당신을 사랑해." 이런 소녀의 변화를 보면서 사람들은 맹목적으로 증오를 부정하는 것으로 볼 수도 있을 것이다. 그들이 증오의 부정에 어느 정도 성공할 것인지는 개인적인 요소들에 달려 있다. 그들의 꿈은 대체로 그들이 의식적으로 끌리고 있는 소녀에게 극도의 폭력성과 잔인성을 보이는 쪽으로 나타난다. 소녀들과의 관계에 실패할 경우에 이 집단의 소녀들은 절망에 빠지고 자살까지 생각하게 된다. 이는 그들의 공격성이 그들 자신에게로 향하고 있음을 암시한다. 1번 집단의 소녀들처럼, 그들은 여자의 역할을 완전히 회피한다. 한 가지 차이는 네 번째 집단의 소녀들이 자신이 남자가 되는 허구를 보다 명확히 개발해낸다는 점이다. 비(非)성적인 차원에서는 그들과 남자들의 관계에 갈등이 일어나지 않는다. 게다가 1번 집단의 소녀들은 성욕을 포기하는 한편, 네 번째 집단의 소녀들은 이성애에 대한 관심만 거둬들인다.

3번 집단의 소녀들이 추구하는 해결책은 다른 집단의 해결책과 근본적으로 다르다. 다른 모든 해결책들이 정서적으로 무엇인가에, 예를 들어 성취나 남자나 여자들에게 매달림으로써 안도감을 얻는 것을 목표로 삼고 있는 반면, 3번 집단의 소녀들의 중요한 방법은 자신의 정서적 생활을 차단함으로써 불안을 경감시키는 것이다. "정서적으로 말려들지 말라. 그러면 상처 입을 일도 없을 거야." 이런 무관심의 원칙은 아마 대단히 효과적이고 또 불안을 지속적으로 막을 수 있는 방법일 것이다. 그러나 그 대가는 아주 큰 것 같다. 그 원칙이 생명력과 자발성뿐만 아니라 생기를 크게 떨어뜨리는 것이 분명하기 때문이다.

　겉보기에 단순한 결과를 낳는 것 같은 복잡한 정신 역학에 대해 잘 아는 사람은 4가지 성격 유형에 대한 이 설명들을 그 역동성까지 완전히 드러낸 것으로 절대로 잘못 해석하지 않을 것이다. 이 유형을 제시한 의도는 예를 들어서 동성애나 무관심 현상을 "설명"하려는 것이 아니고 하나의 관점에서 그런 것들을 비슷한 갈등을 풀기 위한 다양한 해결책 혹은 유사 해결책으로 보자는 것이다. 어떤 해결책이 선택되는가 하는 문제는 '선택'이라는 단어가 암시하는 것과 달리 소녀들의 자유의지에 좌우되지 않는다. 선택되는 해결책은 어디까지나 어린 시절에 일어난 사건들과 그 사건들에 대한 소녀의 반응에 의해 결정된다. 환경의 영향이 워낙 강하기 때문에 오직 한 가지 해결책만 가능하다. 그런 다음에 어떤 소녀는 사춘기 이후에도 순수하고 분명한 형태로 그 유형을 그대로 다시 만날 것이다. 다른 소녀들은 사춘기 동안이나 이후의 경험에 떼밀려 어쩔 수 없이 어느 한 길을 포기하고 다른 길을 시도할 것이다. 예를 들면, 한때 여자 돈 주앙처럼 굴었던 소녀가 훗날엔 금욕적인 경향을 보일 수도 있다. 더욱이 어떤 소녀는 다양한 해결책이 있다는 사실을 깨닫고는 그 해결책들을 동시에 시도하려 할 것이다. 예를 들어, 소년들의 꽁무니를 쫓아다니는 소녀가 그런 한편으로 3번 집단처럼 아주 분명하게는 아니지만 무관심한 태도를 보일 수도 있는 것이다. 아니면 1번 집단과 4번 집단 사이의 과도적인 형태도 있을 수 있다. 앞에 4가지 유형으로 소개한 소녀들의 태도가 하는 근본적인 기능을 제대로 이해한다면, 그 그림에 나타나는 변형과 그런 전형적인 경향의 결합을 이해하는 것은 특별히 어렵지 않다.

그래도 예방과 치료에 대해 몇 마디 하고 싶다. 지금까지의 대략적인 설명으로도 사춘기에 취하는 예방적인 노력, 예를 들면 월경에 대한 교육 등이 너무 늦게 이뤄지고 있다는 사실이 분명히 전달되기를 나는 바란다. 교육은 지적인 차원에서 받아들여질 뿐 깊이 숨어 있는 유아기의 두려움에는 결코 닿지 못한다. 예방은 삶의 첫날부터 시작되어야 효과적일 수 있다. 나는 예방의 목적을 이런 식으로 정리하면 바람직할 것이라고 생각한다. 아이들이 두려움을 품도록 가르칠 것이 아니라 용기와 인내를 갖게 하는 방향으로 교육을 시키면 좋을 것 같다. 그러나 이런 식의 일반적인 처방은 도움이 되기보다 오해를 낳을 가능성이 더 크다. 왜냐하면 그 처방의 가치가 전적으로 사람들이 거기서 끌어내는 특별한 의미에 따라 달라지기 때문이다. 그러기에 이 문제도 세세한 논의가 필요하다.

치료에 대해 말하자면, 가벼운 문제들은 호의적인 환경에 의해 자연스레 해결될 수 있다. 정신분석보다 덜 섬세한 도구로 치료 활동을 벌이는 심리치료사들이 이런 종류의 명확한 성격 변화에 과연 접근할 수 있을까 하는 문제에 대해 나는 의문을 품고 있다. 왜냐하면 단 한 가지의 신경증 증후와는 대조적으로 이 장애들은 전체 성격에 어떤 불안한 바탕이 있다는 점을 암시하기 때문이다. 그러나 그렇다 하더라도 우리는 삶이 보다 훌륭한 치료사가 될 수 있다는 점을 잊지 말아야 한다.

14장

사랑에 대한
신경증적 욕구

지금 논하고자 하는 주제는 사랑에 대한 신경증적 욕구이다. 나는 이 주제와 관련해서 새로운 관찰을 제시하지는 않을 것이다. 왜냐하면 여러분이 이런저런 형식으로 여러 차례 설명된 임상 자료들을 잘 알고 있기 때문이다. 이 주제는 대단히 광범위하고 복잡하기 때문에 나는 몇 가지 사항을 논의하는 것으로 만족해야 한다. 나는 관련 현상에 대한 설명은 가급적 줄이고 그 현상의 의미에 대해 보다 명확히 설명할 생각이다.

나는 이 맥락에서 "신경증"이라는 용어를 상황적 신경증보다는 성격적 신경증으로 이해한다. 말하자면 아주 어린 시절에 시작되면서 그 사람의 전체 성격에 두루 영향을 미치는 그런 신경증으로 해석한다는 뜻이다.

사랑에 대한 신경증적 욕구라는 표현을 나는 우리 시대의 거의 모든 신경증 환자에게서 다양한 형태와 강도로 발견되고 있는 어떤 현상을 의미하는 것으로 쓰고 있다. 그 현상이란 바로 사랑을 받고, 평가를 받고, 인정을 받고, 도움을 받고, 조언을 받고, 지지를 받고자 하는 욕구를 과도하게 품는 것을 말한다. 이 욕구가 좌절될 때, 대단히 민감한 반응이 나타난다.

사랑에 대한 정상적 욕구와 신경증적 욕구의 차이는 무엇인가? 나는 어떤 문화권 안에서 일상적으로 일어나는 것을 정상이라고 부른다. 우리 모두 사랑하기를 원하고 사랑받는 것을 좋아한다. 사랑은 우리의 삶을 풍요롭게 만들고 우리에게 행복의 느낌을 안겨준다. 그런 만큼 사랑에 대한 욕구, 더 정확히 말하면 사랑받고 싶은 욕구는 신경증적인 현상이 아니다. 신경증의 경우에는 사랑에 대한 욕구가 지나치게 강해진다. 만약에 어떤 웨이터나 신문 가판대 판매원이 평소 만큼 친절하지 않다면, 그것이 그의 기분을 망쳐놓을 것이다. 참석자 모두가 다 우호적이지 않은 파티에서도 이런 일이 일어날 수 있다. 이런 현상은 잘 알려져 있기 때문에, 여기서 예를 추가로 더 들 필요는 없을 것이다. 사랑에 대한 정상적인 욕구와 신경증적 욕구의 차이는 이런 식으로 정리될 것이다. 건강한 사람에게도 자신이 존경하거나 의존하는 사람으로부터 사랑을 받고 존경을 받고 높이 평가 받는 것이 중요하다. 하지만 사랑에 대한 신경증적 욕구는 충동적이고 무차별적이다.

이런 반응은 정신분석에서 가장 잘 관찰된다. 환자와 분석가의 관계에는 다른 인간관계와 다른 특징이 한 가지 있기 때문이다. 정신분석의 상황에서는 의사가 환자와 정서적으로 연결되어 있지 않다는 사실과 환자의 자유연상 덕에 이런 반응을 일상생활에서보다 더 쉽게 관찰할 수 있다. 신경증의 내용이 서로 아무리 많이 달라도, 분석가들은 환자들이 분석가의 동의를 얻기 위해 많은 것을 기꺼이 희생하려 하고 분석가의 불쾌감을 자극하지 않으려 노력한다는 사실을 거듭해서 관찰한다.

사랑에 대한 신경증적 욕구를 보여주는 수많은 증후들 중에서, 나는 우리 문화에 아주 흔한 한 가지를 강조하고 싶다. 그것은 사랑에 대한 과대평가이다. 특히 자신에게 헌신하고 자신을 사랑해주고 돌봐줄 누군가를 옆에 두지 않을 경우에 불행해하고 불안해하고 우울해하는 그런 유형의 신경증 여자들에 대해 언급하고 있다. 또한 나는 결혼하려는 소망이 강박적인 성격을 보이는 그런 여자들을 염두에 두고 있다. 그들은 인생에서 오직 한 가지 목표, 즉 결혼에만 온 신경을 다 쏟는다. 본인은 사랑할 능력도 갖추지 않았고 남자와의 관계가 정말 형편없으면서도 결혼을 추구하는 모습을 지켜보고 있으면 마치 최면에 걸린 것 같다는 생각이 든다. 그런 여자들은 창의적 잠재력과 재능을 개발하지 못한다.

사랑에 대한 신경증적 욕구의 중요한 한 특징은 만족을 모르는 탐욕이다. 이 탐욕은 극도의 질투심으로 나타난다. "당신은 나만을 사랑해야 해!" 많은 결혼과 연애, 우정에서 이런 현상이 관찰된다. 내가 여기서 이해하고 있듯이, 질투는 이성적인 요소들을 근거로 한 반응도 아니고, 절대로 충족될 수도 없으며, 독점적인 사랑을 요구한다.

사랑에 대한 신경증적 욕구의 탐욕을 보여주는 또 다른 한 표현은 "내가 무슨 짓을 하든, 당신은 나를 사랑해야 해."라는 식의 무조건적 사랑에 대한 욕구이다. 이것은 중요한 요소이다. 분석 시작 단계에 특별히 더 중요하다. 분석가들은 분석을 시작하는 단계에서 환자들이 도발적인 태도를 보인다는 인상을 받는다. 그렇다고 환자가 공격성을 보인다는 뜻은 아니다. 오히려 "내가 이렇게 진저리나게 행동해도 당신은 나를 받아들일 거죠?"라는 식으로 간청하는 모습을 보인다. 이런 환자들은 분석가의 목소리에 약간의 뉘앙스만 느껴져도 이의를 제기한다. 그럴 때면 마치 환자가 분석가에게 "당신은 결국엔 나를 견뎌내지 못할 거야."라고 말하는 듯하다. 무조건적인 사랑에 대한 욕구는 자신은 전혀 아무것도 내놓지 않으면서 사랑받기를 원하는 태도에서도 나타난다. 이런 경우엔 마치 그 사람이 "서로 사랑하는 것은 쉬운 일이야. 그러나 당신이 아무런 보답을 받지 않는 상태에서도 나를 사랑할 수 있는지 보도록 하자."라고 말하는 듯하다. 분석가에게 돈을 지불해야 한다는 사실조차도 환자에겐 의사의 주된 목표는 환자를 돕는 것이 아니라는 것을 뒷받침하는 증거가 된다. 의사의 입장에서 보면 환자를 치료해 봐야 특별히 득 될 게 없다는 식으로 생각하는 것이다. 아마 그런 사람들의 경우에는 자신의 성생활에서도 이런 식으로 느낄 것이다. "당신이 나를 사랑하는 것은 단지 나로부터 성적 만족을 얻기 위함이야." 그러면 파트너는 자신의 도덕적 가치와 명성, 돈, 시간 등을 희생함으로써 진정한 사랑을 증명해야 한다. 이 절대적 요구에 미달하는 것이면 무엇이든 거부로 받아들여진다.

사랑에 대한 신경증적 욕구의 탐욕을 관찰하면서 나는 신경증을 가진 사람이 갈구하는 것이 정말로 애정인지 아니면 물질적 이득인지

자문해본다. 사랑에 대한 요구는 단지 다른 사람으로부터 무엇인가를, 이를테면 시간이나 돈, 선물 등의 희생이나 호의를 얻으려는 은밀한 소망을 가리는 구실에 지나지 않는 것은 아닐까?

이 물음에 대한 대답은 일반적인 용어로는 불가능하다. 진정으로 애정과 자긍심, 도움을 갈구하는 사람에서부터 애정에는 전혀 관심이 없는 상태에서 단지 이용만 하며 최대한 많을 것을 챙기려 드는 신경증 환자에 이르기까지, 개인에 따라 편차가 아주 크기 때문이다. 물론 두 극단 사이에는 그 정도가 다 다른 사람들이 많이 자리 잡고 있다.

이 대목에서 다음과 같은 의견을 제시하는 것이 적절할 것 같다. 의식적으로 사랑을 철저히 거부하는 사람들은 이런 식으로 말할 것이다. "사랑을 놓고 이런 식으로 논의하는 것은 터무니없는 짓이야. 나에게 진정한 뭔가를 주라!" 이런 사람들은 삶의 초반에 쓰라린 경험을 깊이 한 사람들이다. 그들은 세상에 사랑 같은 것은 절대로 없다고 믿는다. 그들은 자신의 삶에서 사랑을 완전히 지워버렸다. 이런 나의 가설이 진실이라는 것은 이런 개인들의 분석을 통해서 확인되는 것 같다. 만약에 충분히 오랫동안 분석 과정을 밟는다면, 그들도 친절과 우정, 애정은 진정으로 존재한다고 동의한다. 그러면 연통관(連通管: 둘 또는 둘 이상의 그릇의 아랫부분을 서로 연결하여 액체가 자유로이 흘러 서로 통하도록 만든 용기/ 옮긴이)에서 보듯, 물질적인 것들에 대한 탐욕적인 욕망과 갈망이 사라진다. 그러고 나면 사랑받고 싶은 정직한 욕망이 전면으로 나타나고, 그 다음에는 그 욕망이 더욱더 강해진다. 사랑에 대한 탐욕적인 욕망과 일반적인 탐욕 사이의 연결이 분명하게 관찰되는 환자들이 있다. 탐욕이라는 신경증적 특질을 보이는 사람들이 사랑의 관계를 맺었다가 그 관계가 내면적인 이유로 깨어질 때, 그들은 음식을 탐욕적으로 먹기 시작하고 몸무게를 크게 늘릴 것이다. 그러다가도 새로운 사랑의 관계를 시작하면, 그들은 과도한 몸무게를 줄이게 된다. 이 같은 순환은 여러 차례 되풀이될 것이다.

사랑에 대한 신경증적 욕구의 또 다른 신호는 거부에 대한 극단적인 예민함이다. 히스테리가 있는 사람들 사이에서 자주 보인다. 그들은 온갖 것들을 거부로 지각하고 거기에 증오의 반응을 대단히 강하게 보인다. 나의 환자 중에 고양이를 키우는 사람이 있다. 그런데 이 고양이는 그가 애정을 보여도 아무런 반응을 하지 않았다. 그러자 한번은 그가 화가 나서 고양이를 벽에 던져버렸다. 이런 것이 거부로 야기될 수 있는 분노의 전형적인 예이다.

진짜 혹은 상상된 거부에 대한 반응은 언제나 분명하게 드러나지는 않는다. 숨겨져 있을 때가 더 많다. 분석 과정에 숨겨진 증오는 분석 작업의 생산성 저하로, 또 분석의 가치에 대한 회의로, 아니면 다른 형식의 저항으로 나타날 수 있다. 환자는 분석가의 어떤 해석을 거부하는 까닭에 저항을 보일 수 있다. 분석가는 환자에게 현실적인 통찰을 전하고 있다고 믿는데, 환자는 거기서 비판이나 경멸 외엔 아무것도 읽지 못하고 있는 것이다.

사랑 같은 것은 절대로 없다는, 무의식적이지만 확고부동한 확신을 품은 환자들은 대체로 어린 시절에 심각한 실망을 경험한 사람들이다. 그 실망이 그들로 하여금 삶에서 사랑과 애정과 우정을 영원히 지워

버리도록 만들었다. 그런 확신은 동시에 퇴짜로부터 보호해주는 역할을 한다. 예를 보도록 하자. 나의 상담실에는 나의 딸의 조각상이 하나 놓여 있다. 언젠가 어떤 환자가 나에게 그 조각상을 좋아하는지를 물었다. 그러면서 그녀는 오래 전부터 묻고 싶었던 질문이었다고 덧붙였다. 이에 나는 "그것이 나의 딸을 상징하는 것인데, 당연히 좋아 하죠."라고 대답했다. 그러자 환자는 이해하지 못하겠다는 표정을 지어 보였다. 그녀는 자각하지 못하고 있었지만, 사랑과 애정이 그녀에게는 절대로 믿을 수 없는 그런 공허한 단어가 되어 버렸기 때문이다.

이런 환자들은 자신은 절대로 호감을 사지 못한다고 사전에 단정함으로써 실제로 퇴짜를 경험할지 모르는 상황으로부터 자신을 보호하는가 하면, 다른 환자들은 과잉보상을 함으로써 자신을 실망으로부터 보호한다. 과잉보상을 택한 사람들은 실질적인 거부를 존경의 표현으로 왜곡한다. 최근에 나는 환자 3명을 통해서 다음과 같은 경험을 했다. 한 환자는 어떤 일자리가 정말로 좋아서 지원했다가 회사 관계자로부터 그 자리가 자신에게 어울리지 않는다는 답변을 들었다. 이 같은 답변은 예의를 갖춰서 '노'라는 뜻을 전하는, 미국인의 전형적인 방식이다. 그런데 그는 이 대답을 자신의 능력이 그 자리에 어울리지 않을 만큼 출중하다는 식으로 해석했다. 또 다른 환자는 상담이 끝난 뒤에 내가 창가로 가서 자신이 떠나는 모습을 지켜본다는 공상을 남몰래 품었다. 훗날 그녀는 자신이 나에게 거부당할까 크게 두려워했다는 점을 인정했다. 세 번째 환자는 내가 인간 존재로 존경하지 않는 몇 안 되는 부류의 사람이었다. 그는 내가 자신을 경멸한다는 확신을 품고 있음을 보여주는 꿈을 꾸는 한편으로 의식적으로는 내가 자신을 대단히 좋아한다고 생각하고 있었다.

사랑에 대한 이런 신경증적 욕구가 얼마나 큰지, 신경증을 가진 사람이 얼마나 큰 희생을 받아들이려고 하는지, 그리고 그런 사람이 사랑을 받거나 존경을 받거나 친절과 조언, 도움을 받기 위해서 비이성적인 행동을 하려 하는 마음이 얼마나 큰지를 알게 된다면, 우리는 그 사람이 이런 것들을 얻는 것이 그렇게 어려운 이유가 무엇인지 묻지 않을 수 없다.

그런 사람은 자신이 원하는 것만큼 치열한 사랑을 얻는 데 성공하지 못한다. 한 가지 이유는 사랑에 대한 욕구의 특징인 그 탐욕성이다. 그런 탐욕 앞에서는 어떠한 것도 결코 충분할 수 없다. 예외는 극히 드물다. 그를 더욱 깊이 분석하고 들어간다면, 첫 번째 이유에 은밀히 숨어 있는 또 다른 이유가 나올 것이다. 그것은 신경증을 가진 사람이 사랑하는 능력을 전혀 갖추고 있지 않다는 점이다.

사랑을 정의하는 것은 매우 어려운 일이다. 여기서 우리는 사랑을 매우 일반적이고 비과학적인 방법으로 묘사하는 것으로 만족해야 한다. 모든 것을 이기적으로 자신만을 위해 갖지 않고, 사람이나 명분 혹은 사상을 위해 자기 자신을 자발적으로 희생시킬 줄 아는 능력을 사랑으로 볼 수 있을 것이다. 신경증적인 사람은 일반적으로 이런 능력을 갖추지 못하고 있다. 이유는 그 사람이 삶의 초기에 형편없는 대접을 받으면서 습득하게 된 불안과 잠재적이거나 공개적인 적대감 때문이다. 이 적대감은 그가 발달하는 과정에 상당히 더 커졌다. 그러나 그는 두려움 때문에 적대감을 거듭해서 억눌렀다. 그 결과, 그는 두려움 혹은 적대감 때문에 자신을 선뜻 내주거나 양보하지 못한다. 똑같은 이유로, 그는 다른 사람들을 진정으로 배려하지도 못한다. 그는 사람이 베풀 수 있거나 베풀기를 바라는 사랑과 시간, 도움이 얼마나 큰지에 대해 거의 생각하지 않는다. 따라서 그는 누군가가 간혹 혼자 있기를 원하거나 다른 목표나 사람에게 시간과 관심을 쏟기라도 하면 그것을 뼈아픈 거부로 받아들이게 된다.

신경증이 있는 사람은 일반적으로 자신에게 사랑하는 능력이 없다는 사실을 알지 못한다. 그는 자신이 다른 사람을 사랑하지 못한다는 사실을 모르고 있다. 물론 그런 사실을 어렴풋이 자각하는 신경증 환자도 있다. 어떤 환자는 공개적으로 "아뇨. 저는 사랑하지 못해요."라고 대답한다. 그러나 대부분의 신경증 환자들은 자신이 사랑을 아는 위대한 존재라는 착각 속에 살고 있다. 또 자신이 아낌없이 베푸는 능력을 소유한 존재라는 착각 속에 살고 있다. 그런 신경증 환자는 분석가들에게 "다른 사람들을 위해 뭔가를 챙겨주는 것은 쉽지만 정작 나자신을 위해서는 그러질 못하겠다."라고 말할 것이다. 이것은 그 환자가 믿고 있는 바와 달리 모성애적이고 남들을 보살피는 태도 때문이 아니라 다른 요소들 때문이다. 권력 욕구 때문일 수도 있고 아니면 그가 쓸모없는 존재라면 타인들에게 받아들여지지 않을 것이라는 두려움 때문일 수도 있다. 게다가, 그의 내면 깊은 곳에는 자신을 위해 무엇인가를 의식적으로 바라든가 행복해지기를 바라는 소망을 억제하려는 경향이 자리 잡고 있다. 이 같은 억제들은 신경증 환자도 앞에서 언급한 이유들 때문에 이따금 다른 사람을 위해 무엇인가를 할 수 있다는 사실과 맞물려 작용하면서 그도 사랑할 수 있고 실제로 깊이 사랑한다는 착각을 강화한다. 그는 이 자기기만에 집착하게 된다. 왜냐하면 자기기만이 사랑에 대한 욕구를 정당화하는 중요한 기능을 하기 때문이다. 만약에 그가 기본적으로 다른 사람들을 전혀 보살피지 않고 있다는 사실을 자각하게 된다면, 다른 사람에게 그렇게 많은 사랑을 요구하는 것이 절대로 정당하지 않을 것이다.

이 같은 생각들은 우리가 "위대한 사랑"이라는 착각을 이해하는 데 도움을 준다. 그러나 여기서는 이 문제를 깊이 파고들 수 없다.

우리는 신경증 환자가 그렇게나 갈망하는 애정과 도움, 사랑 등을 얻기가 대단히 어려운 이유에 대해 논하고 있다. 지금까지 우리가 발견한 이유는 두 가지이다. 탐욕과 사랑할 줄 모르는 무능력이다. 세 번째 이유는 퇴짜에 대한 엄청난 두려움이다. 이 두려움은 그가 질문을 하거나 친절을 베풀기 위해 사람들에게 접근하는 것조차도 하지 못하도록 막을 만큼 클 수 있다. 왜냐하면 그가 끊임없이 다른 사람이 자신을 거부할 수 있다는 두려움 속에 살고 있기 때문이다. 그는 심지어 퇴짜에 대한 두려움 때문에 선물을 주는 것까지도 두려워한다.

지금까지 본 바와 같이, 현실의 퇴짜나 상상된 퇴짜는 이런 유형의 신경증 환자의 내면에 강한 적대감을 불러일으킨다. 퇴짜에 대한 두려움과 퇴짜에 대한 적대적 반응은 그를 더욱더 움츠러들도록 만든다. 신경증이 조금 덜한 환자의 경우에는 친절과 다정한 손길 앞에서 한동안 기분이 더 좋아지는 것을 느낀다. 심각한 신경증 환자들은 인간적인 손길은 어떠한 것도 받아들이지 못한다. 그들은 굶주린 상태에서도 두 손이 등 뒤로 묶여 있는 그런 사람과 비교될 수 있을 것이다. 그들은 스스로 사랑받지 못하는 존재라고 믿고 있다. 이 믿음은 확고하다. 예를 하나 들어 보자. 나의 환자 한 사람은 호텔 앞에 자동차를 주차하길 원했다. 그때 도어맨이 그를 도와주려고 다가왔다. 그러나 나의 환자는 도어맨이 오는 것을 보고는 깜짝 놀라서 "아니, 내가 엉뚱한 곳에 주차를 하고 있나 보네!"라고 생각했다. 혹은 어떤 소녀가 다정하게 대하기라도 하면, 이 환자는 그녀의 다정함을 빈정거림으로 해석할 것이다. 만약에 당신이 그런 환자에게 정직하게 칭찬의 말이라도 하면, 예를 들어 아주 지적이라는 식으로 말하면, 그는 당신이 치료의 목적으로 일부러 그런 말을 한다고 판단하면서 그 말을 액면 그대로 받아들이지 않을 것이다. 이 같은 불신은 다소 의식적일 수 있다.

친절도 정신분열증 환자의 내면에 심각한 불안을 야기할 수 있다. 정신분열증을 치료한 경험이 아주 풍부한 나의 친구 하나는 간혹 추가 분석을 요구해 오는 환자에 대한 이야기를 들려주곤 했다. 환자가 추가 분석을 요구할 때면 나의 친구는 언제나 귀찮은 표정을 지으며 수첩을 확인한 다음에 "그러죠 뭐. 꼭 그러셔야겠다면… "이라고 중얼거린다고 한다. 그는 일부러 그런 식으로 말했다. 왜냐하면 친절이 이런 사람들에게 야기할 수 있는 불안을 잘 알고 있기 때문이다. 신경증 환자들에게서도 이런 반응이 종종 나타난다.

사랑과 성욕을 혼동하지 않도록 하자. 어느 여자 환자는 나에게 "나는 섹스에 대해서는 아무런 두려움이 없는데 사랑은 정말 무서워요."

라고 말했다. 실제로 그녀는 "사랑"이란 단어조차도 제대로 발음하지 못했다. 그녀는 사람들과 정신적 거리를 두기 위해 자신이 할 수 있는 모든 조치를 다 취했다. 그녀는 성적 관계는 쉽게 맺고 심지어 오르가슴도 완벽하게 느꼈다. 그러나 정서적으로는 남자들과 아주 멀리 떨어져 있으며, 남자들에 대해서 마치 자동차에 대해 이야기하듯이 대단히 객관적으로 말할 수 있었다.

사랑에 대한 이런 두려움은 어떤 형태로 나타나든 세세하게 논의할 만하다. 기본적으로 이런 사람들은 스스로를 가둠으로써 삶에 대한 두려움과 근본적인 불안으로부터 자신을 보호한다. 또 자신을 억제함으로써 안전감을 지켜나간다.

문제의 일부는 의존에 대한 두려움에 있다. 이런 사람들은 실제로 다른 사람들의 애정에 의존하고 있고, 또 호흡에 산소가 필요한 것만큼이나 간절하게 애정을 필요로 하고 있다. 그렇기 때문에 고통스런 의존 관계에 빠질 위험이 매우 크다. 그들은 어떠한 형태든 의존을 그만큼 더 두려워하게 되어 있다. 그들이 다른 사람들이 자신들에게 적대적일 것이라고 확신하고 있기 때문이다.

같은 사람이 어느 한 시기에는 완전히 의존적인 모습을 보이다가도 다른 시기에는 의존으로 비칠 수 있는 것이면 무엇이든 뿌리치는 그런 모습을 보이기도 한다. 어느 소녀는 분석 과정을 시작하기 전에 다소 성적인 성격이 있는 연애를 몇 차례 했다. 그런데 그 연애 모두가 엄청난 실망으로 끝나고 말았다. 그 시기에 그녀는 대단히 불행했고, 비참한 상태에서 허우적거렸으며, 이 남자만 있으면 세상을 살아갈 수 있을 것 같은데 하는 느낌이 들었다. 마치 그가 없는 삶은 전혀 아무런 의미가 없는 것처럼 느껴졌다. 실제로 보면 그녀는 이 남자들과 완전히 무관했으며 어느 누구에게도 진정한 감정을 느끼지 못했다. 그런 경험을 몇 차례 한 뒤에, 그녀의 태도가 정반대로 바뀌었다. 의존 가능성에 대해 과도하게 거부하는 몸짓을 보인 것이다. 의존에서 비롯될 위험을 피하기 위해, 그녀는 자신의 감정을 완전히 닫아버렸다. 이제 그녀가 원하는 것은 남자들을 철저히 자신의 통제 아래에 두는 것뿐이었다. 감정을 갖거나 감정을 내비치는 것은 그녀에게 나약함의 증거이고 따라서 경멸의 대상이었다. 이 두려움은 이런 식으로 표현되었다. 그녀는 내가 시카고에 있을 때 분석을 시작했다. 그러다 내가 뉴욕으로 이사를 했다. 그녀가 나와 함께 뉴욕으로 옮기지 못할 이유는 전혀 없었다. 그녀는 뉴욕에서도 마찬가지로 일을 할 수 있었기 때문이다. 그러나 나로 인해 뉴욕으로 옮겼다는 사실이 그녀를 대단히 불안하게 만들었기 때문에, 그녀는 뉴욕이 너무나 끔찍한 곳이라는 식으로 투덜거리며 3개월 동안이나 나를 괴롭혔다. 그때 그녀의 마음에서 작용하는 있던 동기는 이런 것이었다. 절대로 굴복하지 말아라. 또 다른 사람을 위하는 일도 절대로 하지 말아라. 그런 것 자체가 이미 의존을 의미하고, 따라서 위험하기 때문이야.

이런 것들이 신경증 환자가 자신의 뜻을 성취하는 것을 극도로 어렵게 만드는 이유들이다. 그럼에도 불구하고 신경증 환자가 자신의 뜻을 성취할 수 있는 길들에 대해 짧게 소개하고 싶다. 지금 나는 여러분도 잘 아는 요소들에 대해 언급하고 있다. 신경증 환자가 성취를 이루기 위해 이용하는 중요한 수단은 남들이 자신의 사랑에 주의를 기울이게 하거나 타인의 동정심에 호소하거나 협박하는 것이다.

첫 번째 수단의 의미는 "나는 당신을 너무너무 사랑해. 그러니 당신도 나를 사랑해야 해."라는 말에 잘 표현되고 있다. 이 수단이 취하는 형식은 다 다를 수 있지만 기본적인 자세는 똑같다. 사랑의 관계에 가장 흔하게 나타나는 태도이다.

당신은 또한 동정에 호소하는 태도도 잘 알고 있을 것이다. 이는 사랑에 대한 철저한 불신과 타인들의 내면에 기본적으로 적대감이 자리잡고 있다는 믿음을 전제로 하고 있다. 이런 상황에서 신경증 환자는 자신의 무력함과 나약함, 불운을 강조해야만 무엇인가를 얻을 수 있다고 느낀다.

마지막 방법은 협박이다. "나를 사랑해. 그렇지 않으면 죽여 버릴 거야."라는 말에 잘 표현되어 있다. 우리는 일상생활에서만 아니라 분석 과정에서도 이런 태도를 자주 목격한다. 자기 자신이나 타인을 해치겠다는 공개적인 위협도 있고, 자살 위협, 누군가의 명예를 파괴하겠다는 위협도 있다. 그러나 협박이 위장되어 나타날 수도 있다. 예를 들면 사랑의 소망이 충족되지 않을 때, 협박이 병의 형식으로 나타나기도 한다. 철저히 무의식적인 협박이 표현될 수 있는 길은 수없이 많다. 우리는 모든 종류의 관계에서 그런 협박을 본다. 연애와 결혼에서는 물론이고 의사와 환자의 관계에서도 그런 협박이 나타난다.

그렇다면 이처럼 치열하고 강박적이고 탐욕적인, 사랑에 대한 신경증적 욕구를 어떤 식으로 이해해야 하는가? 가능한 해석은 다수 있다. 그런 욕구는 유아기의 특질에 지나지 않는 것으로 고려될 수 있지만 나는 그렇게 생각하지 않는다. 성인들과 비교할 때, 아이들은 지지나 도움, 보호, 따스함에 대한 욕구를 훨씬 더 강하게 느낀다. 이 주제에 대해서 페렌치가 멋진 논문을 몇 편 발표했다. 아이들이 그러는 이유는 그들이 성인보다 더 무력하기 때문이다. 부드럽게 다뤄지고 환영 받는 환경에서, 말하자면 따스한 분위기에서 성장하고 있는 건강한 아이는 사랑에 대한 욕구에 탐욕스런 면을 보이지 않는다. 그런 아이는 놀다가 굴러 떨어지기라도 하면 엄마에게로 다가가 위로를 받을 것이다. 그러나 엄마의 앞치마 끈에 매달려 지내는 아이는 이미 신경증 환자나 마찬가지이다.

사랑에 대한 신경증적 욕구를 "어머니 고착"의 한 표현으로 볼 수도 있다. 이것은 직접적으로나 상징적으로 어머니의 젖을 빨거나 자궁으로 돌아가려는 욕망을 표현하는 꿈들에 의해 뒷받침되는 것 같다. 이런 사람들의 초기 삶의 역사는 정말로 그들이 엄마로부터 사랑과 정을 충분히 받지 못했거나 어린 시절에 이미 비슷한 강박성에 의해 엄마에게 매어 있었음을 보여준다. 엄마의 사랑이나 정을 충분히 받지 못한 환자의 경우에는 사랑에 대한 신경증적 욕구는 어린 시절에 자유롭게 누리지 못한 어머니의 사랑에 대한 끊임없는 욕망의 표현이다. 그러나 이것은 이 아이들이 사람들과의 완전한 단절 같은 다른 가능한 해결책을 찾지 않고 굳이 사랑에 대한 욕구에 그처럼 강하게 집착하는 이유를 설명하지는 못한다. 강박성에 의해 엄마에게 매어 있었던 환자의 경우에 사랑에 대한 신경증적 욕구는 어머니에 대한 집착의 직접적 반복으로 여겨질 수 있다. 그러나 이 같은 해석은 그 문제의 뿌리를 밝히지 않고 단순히 문제를 초기의 어린 시절로 다시 던지는 것에 불과하다. 이 아이들이 우선 자기 어머니들에게 과도하게 집착해야 하는 이유는 여전히 설명되지 않은 채 남는다. 두 가지 경우 모두 문제가 해결되지 않고 있다. 어린 시절에 습득된 어떤 태도를 훗날에도 계속 유지하도록 만드는 역동적인 요소들은 무엇인가? 혹은 유아기의 태도가 사라지지 못하도록 만드는 역동적인 요소들은 무엇인가?

많은 환자들을 보면, 사랑에 대한 신경증적 욕구를 특별히 강력한 자기애적인 특질의 표현으로 해석하는 것이 맞는 것 같다. 앞에서 지적했듯이, 이런 사람들은 실제로 타인들을 사랑하지 못한다. 그들은 정말로 자기중심적이다. 그러나 "자기애적이다"라는 단어를 쓸 때 신중을 기해야 한다고 나는 믿는다. 자기애와 불안에 근거한 자기본위 사이에는 큰 차이가 있다. 내가 알고 있는 신경증 환자들은 결코 자기 자신과 좋은 관계를 맺고 있지 않다. 대체로 그들은 자신을 최악의 적으로 취급하고 있으며 자신을 노골적으로 경멸한다. 그들이 그런대로 안전하다는 느낌을 받고 또 깨어진 자긍심을 높이기 위해선 사랑을 받을 필요가 있다.

또 다른 설명은 사랑의 상실에 대한 두려움이다. 프로이트는 이 두려움을 여자의 심리에만 특별히 있는 것이라고 생각했다. 신경증 환자들의 경우에 사랑의 상실에 대한 두려움이 매우 크다. 그러나 이 현상 자체에 대해 굳이 설명할 필요가 있는지에 대해 나는 의문을 제기한다. 나는 우리가 어떤 사람이 사랑 받는 것에 부여하는 가치에 대해 정확히 알 수 있을 때에만 사랑의 상실에 대한 두려움이 이해될 수 있다고 믿는다.

마지막으로, 우리는 사랑에 대한 욕구의 증대가 정말로 성적 욕망에 따른 현상인지에 대해 물어야 한다. 프로이트는 분명히 성적 욕망에 따른 것이라고 대답할 것이다. 왜냐하면 그에겐 애정은 그 자체로 성적 욕망이기 때문이다. 그럼에도 내가 볼 때에 이 개념은 증명되지 않는 것 같다. 민족학 분야의 연구는 부드러운 감정과 성적 욕망의 연결은 문화적으로 비교적 늦게 습득되었다는 점을 암시하는 것 같다. 만약에 사랑에 대한 신경증적 욕구를 기본적으로 성적인 현상으로 고려한다면, 그런 신경증적 욕구가 만족한 성생활을 하는 신경증 환자에게도 일어나는 이유를 설명하기가 어려워질 것이다. 더욱이, 이 개념은 필히 우리가 성적인 현상을 애정에 대한 욕망뿐만 아니라 조언과 보호, 인정에 대한 욕망으로도 여기도록 할 것이다.

만약에 사랑에 대한 신경증적 욕구의 탐욕을 강조한다면, 모든 현상은 리비도 이론의 관점에서 보면 "퇴행"의 표현이다. 이 개념은 매우 복잡한 심리적 현상을 생리학적 요소로 환원시키려는 의지를 전제로 한다. 이 가설은 증거로 뒷받침되지도 않을 뿐만 아니라 심리학적 현상에 대한 이해를 더욱 어렵게 만들 것이라고 나는 믿는다.

이런 설명들의 유효성과는 별도로, 이 설명들은 모두 그 현상의 한 가지 특별한 측면, 말하자면 애정에 대한 욕구나 탐욕성, 의존, 자기본위 중 어느 하나에만 초점을 맞추고 있다는 사실 때문에 그 힘을 잃게 된다. 이 때문에 그 현상을 하나의 전체로 보는 것이 어렵게 된다. 분석적 상황에서 내가 경험한 바에 따르면, 이 모든 요소들은 오직 한 가지 현상의 다양한 징후들과 그 표현에 지나지 않는다. 만약에 그 현상을 불안에 맞서 자신을 보호하려는 방법 중 하나로 본다면, 이해가 상당히 쉬워질 것이다. 실제로 이 사람들은 근본적인 불안이 커지는 것 때문에 힘들어하고 있으며, 끝없이 이어지는 사랑의 추구가 이 불안을 누그러뜨리려는 또 다른 시도에 지나지 않는다는 점을 그들의 전체 삶이 보여주고 있다.

분석적 상황에서 이뤄진 관찰은 환자가 어떤 구체적인 불안 때문에 압박감에 시달릴 때 사랑에 대한 욕구가 커졌다가 이 연결에 대한 이해가 이뤄지고 나면 그 욕구가 사라진다는 점을 분명히 보여주고 있다. 분석 과정에 불안이 반드시 일깨워지기 때문에, 환자가 분석가에게 거듭해서 매달리려고 노력하는 것은 이해할 만하다. 예를 들어, 분석가에 대한 증오를 억압하고 있는 까닭에 불안에 휩싸여 있는 환자가 특별히 이 같은 상황에서 분석가의 우정이나 사랑을 추구하기 시작하는 것이 관찰된다. "긍정적 전이"라 불리는 것의 대부분과 아버지나 어머니에 대한 애착의 반복으로 해석되는 것은 실제로 보면 불안에 맞서서 안심이나 보호를 추구하려는 욕망이라고 나는 믿는다. 여기서 작용하고 있는 모토는 "만약 당신이 나를 사랑한다면, 당신은 나를 해치지 않을 거야."라는 식이다. 사람을 선택하는 데 나타나는 무차별성과 충동성, 그리고 욕구의 탐욕성 등은 이런 것들이 안심에 대한 욕구의 한 표현이라는 관점에서 접근하면 이해가 가능해진다. 아울러 정신분석을 받는 중인 환자가 매우 쉽게 빠지는 의존의 상당 부분도 같은 맥락에서 보면 피할 수 있을 것이라고 나는 믿는다. 나의 경험을 근거로 하자면, 분석가가 사랑에 대한 환자의 욕구를 환자가 불안으로부터 스스로를 보호하려는 시도로 분석한다면, 불안 문제의 핵심에 훨씬 더 빨리 닿을 수 있을 것이다.

사랑에 대한 신경증적 욕구가 분석가를 향한 성적 유혹의 형태로 나타나는 경우가 매우 잦다. 환자는 행동이나 꿈을 통해서 자신이 분석가를 사랑하고 있고 또 어떤 종류의 성적 관계를 바란다는 점을 표현한다. 일부 환자를 보면 사랑에 대한 욕구가 주로 혹은 전적으로 성적 영역에서 표현되고 있다. 이런 현상을 이해하기 위해선, 성적 욕구라고 해서 반드시 진짜 성적 욕구를 표현하는 것은 아니라는 점을 기억해야 한다. 성적 욕구가 다른 인간 존재와의 접촉을 꾀하려는 한 형식이 될 수도 있는 것이다. 나의 경험에 따르면, 사랑에 대한 신경증적 욕구가 성적 형식을 취하는 경향이 강한 사람일수록 다른 사람과의 정서적 관계가 방해를 더 많이 받고 있었다. 성적인 공상이나 꿈이 분석 초기에 나타날 때, 나는 그것을 그 환자가 불안에 휩싸여 있고 또 다른 사람과의 관계가 기본적으로 약하다는 점을 보여주는 신호로 받아들인다. 그런 경우에 성욕은 다른 사람과의 사이를 잇는 몇 안 되는 다리 중 하나이거나 유일한 다리이다. 분석가를 향한 성적 욕망은 그것을 불안에 따른, 접촉에 대한 욕구로 해석하기만 하면 금방 사라진다. 그렇게 되면 불안을 달랠 수 있는 길이 열리게 된다.

이런 종류의 연결은 성적 욕구의 증대를 낳는 일부 사건들을 이해하는 데 도움을 줄 수 있다. 이 문제를 간략히 요약하면 이렇다. 사랑에 대한 신경증적 욕구를 성적 측면으로 표현하는 사람은 마치 충동에 휘둘리고 있는 것처럼 사람을 바꿔가며 성적 관계를 이어갈 것이다. 그렇게 되는 이유는 그들이 타인과 맺는 관계가 너무나 혼란스러운 탓에 그 관계를 다른 차원에서 유지하는 것이 불가능하기 때문이다. 이 사람들이 성적 금욕을 쉽게 견디지 못하는 것은 이해할 만하다. 지금까지 내가 이성애적 성향을 가진 사람들에 대해 말한 내용은 또한 동성애 혹은 양성애 성향을 가진 사람들에게도 그대로 통한다. 동성애 성향으로 보이거나 그런 것으로 해석되고 있는 것들 중 많은 것이 실은 사랑에 대한 신경증적 욕구의 한 표현이다.

마지막으로, 사랑에 대한 욕구의 증대와 불안 사이의 연결은 오이디푸스 콤플렉스 현상을 더 잘 이해할 수 있도록 돕는다. 실제로 보면, 프로이트가 오이디푸스 콤플렉스라고 부른 그 현상에서 사랑에 대한 신경증적 욕구의 모든 징후들이 다 발견된다. 한쪽 부모에 대한 집착, 결코 채워지지 않는 사랑의 욕구, 질투, 퇴짜에 대한 예민함, 퇴짜에 따른 무서운 증오 등이 그런 징후이다. 모두가 다 잘 알듯이, 프로이트는 오이디푸스 콤플렉스를 기본적으로 누구나 생명체로서 당연히 겪게 되어 있는 한 현상으로 인식하고 있다. 그러나 성인 환자들을 대상으로 분석한 우리의 경험은 프로이트가 아주 멋지게 관찰한 이런 어린 시절의 반응들 중 아주 많은 것이 불안에 의해 야기되는 것이 아닌가 하고 의심하게 한다. 어른의 많은 반응들이 불안에 의해 일어나듯이 말이다. 민족학 분야의 관찰들이 오이디푸스 콤플렉스는 생물학적으로 생기는 현상이라는 주장을 의문스럽게 만들고 있다. 자기 아버지나 어머니와 특별히 강한 관계를 맺고 있는 신경증 환자들의 어린 시절을 보면, 그 시절에 불안을 일으키는 것으로 알려진 요소들이 아주 많이 확인된다. 근본적으로, 이런 환자들의 내면에서는 다음과 같은 요소들이 함께 작용하는 것 같다. 두려움을 일으키는 주변의 분위기와 형편없는 자긍심, 그리고 이 두 가지로 인한 적개심의 활성화가 그 요소들이다. 여기서 나는 억압된 적개심이 쉽게 불안으로 이어지는 이유들에 대해 세세하게 파고들 수 없다. 대략적으로 말한다면, 불안이 아이의 내면에서 일어나는 이유는 아이가 자신의 적대적인 충동을 표현했다가는 존재의 안전을 위협받을 것이라고 느끼기 때문이다.

앞의 마지막 설명과 관련해 오이디푸스 콤플렉스의 존재와 중요성을 부정하는 것이 아님을 밝혀두고 싶다. 단지 나는 그것이 일반적인 현상인지, 그리고 어느 정도가 신경증적 부모의 영향에 따른 것인지에 대해 알고 싶을 뿐이다.

마지막으로, 나는 근본적인 불안의 증대라는 표현을 통해 뜻하려는 바에 대해 간단히 밝히고 싶다. "생명체의 불안"이라는 측면에서 보면, 근본적인 불안은 일반적인 현상이다. 신경증 환자의 내면에서 이 불안은 증대된다. 그것은 간단히 적대적이고 압도적인 세상에서 느끼는 무력감으로 묘사될 수 있다. 대부분의 경우 개인은 이 불안을 그런 것으로 알고 있지 않다. 개인은 단지 매우 다른 내용물을 가진 일련의 불안들에 대해서만 알고 있다. 천둥에 대한 두려움, 도시의 거리에 대한 두려움, 얼굴 붉힘에 대한 두려움, 전염에 대한 두려움, 시험에 대한 두려움, 기차에 대한 두려움 등등 …. 물론 어떤 사람이 이런저런 특별한 두려움을 갖게 된 이유는 각 개인마다 다 다르다. 그러나 보다 깊이 들여다보면, 이 모든 두려움이 보다 커진 근본적인 불안에서 그 힘을 끌어내고 있는 것이 확인된다.

이 근본적인 불안으로부터 스스로를 보호하는 방법은 여러 가지이다. 서구 문화에서는 다음과 같은 방법들이 가장 흔하게 쓰이고 있다. 첫째, 사랑에 대한 신경증적 욕구가 있다. "만약에 당신이 나를 사랑한다면, 당신은 나를 해치지 않을 거야."라는 모토를 내걸고 있는 것 같다. 둘째는 순종이다. "만약에 내가 굴복하면서 사람들이 원하는 것을 언제나 하면서 어떠한 것도 요구하지 않고 저항하지 않는다면, 아무도 나를 해치지 않을 거야." 셋째는 아들러(Alfred Adler)와 특히 퀸켈(Fritz Künkel)에 의해 설명되고 있다. 그것은 "만약에 내가 더 강하고, 더 크게 성공한다면, 당신은 나를 해치지 못해."라는 모토 아래 드러나는 권력과 성공, 소유에 대한 강박적 욕구이다. 네 번째 방법은 안전하고 독립적이기 위해서 사람들을 정서적으로 멀리하는 것이다. 이 전략의 가장 중요한 효과 하나는 감정이 노출되는 일이 없도록 아주 철저히 억압된다는 점이다. 또 다른 한 방법은 소유물을 충동적으로 축적하는 것이다. 이 충동은 권력 욕구와 연결되어 있기보다는 타인들에게 의존하지 않으려는 욕구와 연결되어 있다.

신경증 환자는 이 방법들 중 한 가지만을 독점적으로 선택하지 않는다. 그는 다양하고 종종 상반되는 수단을 이용하여 자신의 불안을 다스리려 시도한다. 이 때문에 신경증 환자가 해결 불가능한 갈등의 상태에 빠진다. 서구 문화에서 가장 중요한 신경증적 갈등은 모든 상황에서 일등이 되려는, 충동적이고 경솔한 욕구와 모든 사람에게 사랑받고 싶어 하는 욕구 사이에 벌어지는 갈등이다.

* 1885년 = 독일 함부르크의 중상층 가정에서 태어났다. 가족들의 종교는 프로테
  스탄트였다. 선장이던 아버지는 믿음이 아주 독실했던 반면, 어머니
  는 자유사상가였다. 호나이는 경제적으로나 사회적으로 유복한 환경
  에서 자랐다. 선장이던 아버지와 함께 장기간 해외 여행을 다니면서
  여행에 대한 열정과 낯선 곳에 대한 동경을 키웠다. 호나이의 일기를
  보면 아버지는 "훈육이 잔인할 정도로 엄격한 인물"로 묘사된다. 그래
  도 호나이의 삶에 결정적 영향을 미친 사람은 어머니였다. 호나이는
  아홉 살 때쯤 되어서 다소 반항적인 아이로 변했다. 이때 호나이는 자
  기 오빠를 흠모했다가 그 마음이 받아들여지지 않자 상처를 크게 입
  었으며 이 상처는 평생 동안 아물지 않은 것으로 전해진다.
* 1906년 = 카렌 호나이는 프라이부르크 대학 의대에 들어갔다. 아버지는 반대했
  지만 어머니는 딸의 의대 입학을 적극적으로 밀어주었다. 이때만 해
  도 여자가 의사가 되는 경우는 무척 드물었다. 당시 호나이는 20세기
  과학 발전에 강한 인상을 받고 의학 쪽으로 관심을 두었다.
* 1908년 = 괴팅겐 대학으로 옮겼다. 그 다음에 다시 정신과와 정신분석 훈련을
  위해 베를린 대학으로 옮겼다. 당시엔 의대를 여러 곳 옮겨 다니며
  공부하는 것이 관행이었다. 호나이가 왜 정신분석 쪽에 관심을 두게
  되었는지는 알려지지 않았다. 그러나 그녀는 정신분석에도 두각을
  나타냈고, 학과에서 대체로 1등을 했다. 성적만 아니라 성격까지도
  가까이 있던 남자들로부터 좋은 평가를 받았다.
* 1909년 = 24세였던 카렌 호나이는 베를린에서 변호사 활동을 하던 오스카 호
  나이와 결혼했다. 둘 사이에 딸 셋이 태어났다. 관심사가 서로 다른
  가운데 카렌 호나이가 정신분석 운동에 더욱 열심히 관여하게 됨에
  따라, 두 사람은 1937년에 이혼했다. 그 전부터 어머니 역할을 하면
  서 커리어를 쌓아야 했던 현실이 호나이가 여성의 심리학 쪽으로 관
  심을 쏟게 만들었다.

* 1913년 = 베를린 대학에서 의학 박사 학위를 받았으며 정신분석 훈련도 끝냈다. 이때 호나이보다 30세 정도 나이가 많았던 프로이트는 스스로 1912년이 자신의 경력에서 최고 절정이었다고 밝혔다. 그러나 프로이트는 남성 중심적인 심리학을 펼쳐보였다. 이에 호나이가 반기를 들면서 프로이트도 자신의 이론을 다시 돌아보지 않을 수 없게 되었다.

* 1917년 = 호나이가 처음으로 정신분석 치료에 관한 논문을 썼다. 이 논문에서 호나이는 이렇게 말했다. "정신분석은 손과 발이 묶인 인간을 자유롭게 만들 수 있다. 그렇다고 새로운 손과 발을 줄 수는 없다. 그러나 정신분석은 신경증 기질로 여겨지는 것 중 많은 것이 성장의 방해에 지나지 않는다는 사실을 보여주고 있다." 그녀에게는 사람의 기질은 출생 때 결정되어 평생 동안 변하지 않는 그런 것이 아니었다. 여기서부터 프로이트의 이론과 크게 다른 점을 보이고 있다. 이 같은 글들을 통해 그녀는 성장 지향적이고, 삶을 전향적으로 살려 노력하고, 자유를 추구하는 철학을 분명히 보여주었다.

* 1920년 = 베를린 정신분석 연구소의 강사진으로 활동을 시작했다. 여기서 몇 년 동안 정신분석을 가르쳤다.

* 1923년 = 남편 오스카 호나이의 회사가 파산한 데다 오빠마저 폐질환으로 죽자 그 충격 때문에 카렌의 정신건강이 나빠졌다.

    여성의 심리학에 관한 일련의 논문 중 첫 번째인 '여성의 거세 콤플렉스의 기원에 대해'를 발표했다. 1937년까지 발표된 총 14편의 논문은 훗날 『여성의 심리학』(Die Psychologie der Frau)이라는 제목의 단행본으로 묶어졌다.

* 1932년 = 히틀러의 집권으로 인해 호나이와 세 딸은 미국으로 이주했다. 이들은 독일 출신 지식인이 많이 살던 브루클린에 정착했다. 에리히 프롬과 해리 스택 설리번 같은 학자들과 교류를 시작한 곳도 브루클린이었다. 미국에서 그녀가 처음 활동을 시작한 무대는 시카고 정신분석 연구소였다.

* 1937년 = 『우리 시대의 신경증적 성격』(The Neurotic Personality of Our Time)을 발표하여 인기를 끌었다.

* 1939년 = 『정신분석의 새로운 방법들』(New Ways in Psychoanalysis)을 발표했다.

* 1941년 = 미국 정신분석 연구소(American Institute of Psychoanalysis)의 학장이 되었다. 그러나 호나이의 이론이 프로이트의 이론에서 많이 벗어남에 따라, 그녀는 이 자리에서 물러나지 않을 수 없었다. 그 직후 그녀는

뉴욕 의대에 자리를 얻었으며, '미국 정신분석 저널'이라는 잡지를 만들었다.

* 1950년 =『신경증과 인간의 성장』(Neurosis and Human Growth)을 발표했다.

* 1952년 = 뉴욕 의대에서 학생들을 가르치면서 정신과의사로 활동하던 중에 세상을 떠났다. 호나이는 여러 면에서 당대의 정신분석가들과 다른 견해를 보였다. 신경증을 예로 들면, 호나이는 신경증이 지속적인 하나의 과정이기 때문에 평생 동안 수시로 나타나게 된다고 주장하는 반면, 그 시대의 정신분석가들은 사별이나 이혼 등 부정적인 외적 자극 때문에 마음이 제대로 기능을 하지 못하게 될 때 나타나는 것이 신경증이라는 입장을 보였다. 프로이트가 제시한 '남근선망'도 호나이로부터 많은 비판을 받았다.

* 1955년 = 카렌 호나이의 성취를 기려 미국 뉴욕에 카렌 호나이 클리닉이 문을 열었다..